读客®文化

# 讲透资治通鉴 26

通篇大白话，拿起来你就放不下；
古人真智慧，说不定你一看就会。

华杉 著

江苏凤凰文艺出版社
JIANGSU PHOENIX LITERATURE AND ART PUBLISHING

**图书在版编目（CIP）数据**

讲透《资治通鉴》. 26 / 华杉著. -- 南京 : 江苏凤凰文艺出版社, 2024.2（2024.6重印）
ISBN 978-7-5594-7781-1

Ⅰ. ①讲… Ⅱ. ①华… Ⅲ. ①《资治通鉴》-研究 Ⅳ. ①K204.3

中国国家版本馆CIP数据核字(2023)第204873号

# 讲透《资治通鉴》. 26

华　杉　著

---

责任编辑　丁小卉
特约编辑　明风飞扬　薛紫菡　王小月
封面设计　申碧莹
封面插画　王　晓
责任印制　杨　丹
出版发行　江苏凤凰文艺出版社
　　　　　南京市中央路165号，邮编：210009
网　　址　http://www.jswenyi.com
印　　刷　三河市龙大印装有限公司
开　　本　710 毫米 × 1000 毫米　1/16
印　　张　18
字　　数　260 千字
版　　次　2024 年 2 月第 1 版
印　　次　2024 年 6 月第 2 次印刷
标准书号　ISBN 978-7-5594-7781-1
定　　价　59.90 元

---

# 目　录

编者注：为了保证阅读流畅性，本书目录列出每卷“主要历史事件”和“主要学习点”的页码，方便读者查找。

【主要历史事件】



【主要学习点】

【主要历史事件】

【主要历史事件】



【主要学习点】

# 卷第二百三十　唐纪四十六

兴元元年（784）二月至四月，不满1年

# 德宗神武圣文皇帝五

## 兴元元年（公元784年）

**1** 二月八日，皇帝下诏，追赠段秀实为太尉，谥号忠烈，重重抚恤其家属。当时贾隐林已经去世，追赠为左仆射，是奖赏他能直言。

**2** 李希烈将兵五万人包围宁陵，引水灌城。濮州刺史刘昌以三千人镇守。滑州刺史李澄秘密遣使请降，皇上许诺任命李澄为汴滑节度使。李澄表面上还事奉李希烈。李希烈怀疑他，派养子六百人戍防白马，召李澄来一起攻打宁陵。李澄到达石柱，让他的部众假装受惊，烧毁军营遁逃。又暗中引诱李希烈的养子们抢掠，李澄再将他们全部逮捕斩首，报告李希烈，李希烈也无法怪罪他。

刘昌镇守宁陵，总共四十五日没有解下盔甲。韩滉派部将王栖曜将兵协助刘洽拒战李希烈，王栖曜以强弩手数千人游过汴水，夜里进入宁陵城。第二天，从城上射李希烈，射到他所坐的幄帐中。李希烈惊道：

“宣州、润州的弩手到了！”于是解围离去。

## 李怀光心生异志，与朱泚通谋

**3** 朱泚既从奉天败归，神策军行营节度使李晟计划夺回长安。汝郑应援使刘德信与李晟都屯驻在东渭桥，不受李晟节制。李晟乘刘德信来军营中的机会，数落他沪涧战败及所过抢掠之罪，将他斩首。然后率数名骑兵，驰入刘德信军中，慰劳部众，无人敢动，于是合并两军，统一指挥，军势更加振作起来。

李怀光既胁迫朝廷驱逐卢杞等人，内心不能自安，于是有了异志；又厌恶李晟独当一面，担心他取得成功，奏请与李晟合军。皇帝下诏批准。

李晟与李怀光会师于咸阳西面的陈涛斜，修筑营垒还未完成，朱泚大兵已到，李晟对李怀光说：“贼军如果固守宫苑，或许旷日持久，不易攻取。现在他们离开巢穴，敢出来求战，这是上天把叛贼赐给明公，机不可失！”李怀光说：“军队刚到，马没吃草，兵没吃饭，岂可立即战斗！”李晟不得已，只好进入军营。

李晟每次与李怀光一同出军，李怀光军士多抢掠百姓牛马，李晟军秋毫不犯。李怀光军士厌恶他们跟自己不一样，把抢来的东西分一部分给他们，李晟军始终不敢接受。

李怀光屯驻咸阳数月，逗留不进。皇帝多次派宦官催促，他都推辞说士卒疲敝，且当休息，等待战机。诸将数次劝他攻打长安，李怀光不听，秘密与朱泚通谋，事情已经非常明显。李晟屡次上奏，担心他有变，自己被他兼并，请求移军到东渭桥。皇帝仍然希望李怀光能洗心革面，得到他的效力，把李晟的奏书压下不回复。李怀光想要延缓战期，并且激怒诸军，上奏说：“诸军粮食赏赐都很微薄，唯独神策军供应非常丰厚，厚薄不均，难以进战。”皇帝因为财政窘迫，如果粮食赏赐都跟神策军一样，则无法供给，如果不一样呢，又不合李怀光的意，让诸军怨愤。于是派陆贽到李怀光军营宣旨慰问，并召李晟一起来商议。李怀光希望李晟自己主动提出来减少神策军待遇，让他失去军心，来阻挠他成功，于是说：“将士们都要进行相同的战斗而粮食和赏赐不同，如何能让他们同心协力！”陆贽不说话，数次转头看李晟。李晟对李怀光说：“您是元帅，可以发号施令；我只是一个将军，接受指挥而已。至于增减衣食，应该由您裁决。”李怀光默然，又不愿意自己下令减少神策军供应，事情遂结束。

当时皇帝派崔汉衡到吐蕃借兵，吐蕃宰相尚结赞说：“按吐蕃法律，要发兵，必须以主兵大臣为凭证。如今制书上没有李怀光署名，所以不敢进兵。”皇帝命陆贽晓谕李怀光，李怀光坚决不同意，说：“如果攻克京城，吐蕃必定纵兵焚烧抢掠，谁能阻止他们！这是第一害。之前有敕旨，招募士卒攻克京城者，每人赏一百缗，他发兵五万，如果依据敕旨求赏，五百万缗从哪里得来！这是第二害。他们即使派来骑兵，必定不先前进，而是按兵不动确保自身安全，观察我们的兵势，如果我们战胜，他们就跟着分功劳，如果我们战败，他们就趁乱图变，诡诈多端，不可亲近信任，这是第三害。”最终也不肯在敕书上签署。尚结赞也不进兵。

陆贽从咸阳回来，上疏说：“叛贼朱泚拖延被诛灭的期限，据守宫苑，势穷援绝，苟延残喘。李怀光统领正义之师，乘着制胜之气，只需击鼓而行，如同剪除杂草，易如摧枯拉朽，但是敌人逃跑不追击，军队很久不出战；将领们每次想要进取，李怀光就阻拦。这些事情，都不可理解，而陛下想顾全大局，维护他，委曲听从他，我看他的所作所为，对陛下的爱护也并不感恩戴德。陛下如果不另想办法，慢慢对他加以控制，而是一味姑息求安，终究恐怕变故难测。现在就是形势危急紧迫之时，一定不可以当成平常容易的事情来处理。如今李晟上奏请求移军，正好遇到臣奉旨宣慰，李怀光偶然间谈论此事，臣于是假装漫不经心地问他怎么做比较好。李怀光说：‘李晟既然想要调到别的地方，我也不是非要靠他不可。’臣担心他反覆后悔，乘势赞美他军势盛强。李怀光于是大肆自夸自大，转而有轻视李晟之意。臣又从容问他：‘改天如果圣旨问李晟之事可否，怎么决定？’李怀光已经说了大话，不可中途改变，于是说：‘如果皇上恩命允许他去，那也无妨。’我跟他再三确认，并不是话没有说清楚，而是要把他套牢，让他最后即使想反悔，也说不出口。希望陛下即刻把李晟的奏表交付中书，下一道敕书，表示准奏，再另赐李怀光一道手诏，通知他李晟移军的事由。手诏大意说：‘昨天收到李晟上奏，请求移军到城东，以分化贼军兵势。朕本来想要和你商量，正巧陆贽回来，上奏说见你时已经说过此事，你说允许他去也无妨，所以敕令李晟，批准他的请求。’如此，则言辞婉转，而理直气壮，光明正大，李怀光就算不愿意，也说不出口！”皇帝听从。

李晟从咸阳结阵而行，回到东渭桥。

当时鄜坊节度使李建徽、神策行营节度使杨惠元仍与李怀光军营相连，陆贽又上奏说：“李怀光本部军队，足以独自制服凶寇，但他逗留不进，或许有其原因。问题就是他兵力太强，根本不需要其他部队协助。最近又派李晟、李建徽、杨惠元三个节度使的军队依附他的军营，这样无益于成功，反而生事。为什么呢？四军营垒相连，而将领们不是一条心，论势力则高低悬殊，论官职则不相隶属。李怀光轻视李晟等人，认为他们兵力微弱，地位也在自己之下，但是不听指挥，为此非常忿恨；李晟等人呢，则怀疑李怀光养寇蓄奸，包藏祸心，也怨恨他经常欺凌自己。如果端居无事，他们就互相防备对方诽谤；到了战斗的时候，又担心对方分了自己功劳。如此龃龉不和，矛盾越来越深，让他们待在一起，必定不能两全。强大的一方，最终恶贯满盈而后覆亡；弱小的一方，形势危急，就先倾覆，覆亡之祸，指日可待！旧寇未平，新患又起，我深切忧叹，实在是揪心！最好的办法，是消患于未萌；其次是在刚刚有征兆时挽救。何况事情已经暴露，祸难马上就要发生，现在不赶快行动，怎么平定祸乱！李晟看见危机，担心事变，先请求移军向东，李建徽、杨惠元势力更加孤弱，将要被李怀光吞噬，这是理所当然，以后即使有什么好计策，恐怕也不能自救。要拯救他们于危急之中，现在正是最后的机会！乘着李晟要走，就派他们与李晟合军同往，跟李怀光托言说李晟兵少，担心被朱泚军邀击，借此两军互为掎角之势。同时，先通知二将，秘密叮嘱他们准备行装，诏书一到军营，即日上路，即使李怀光心里不愿意，也无计可施。这就是古人所谓夺人之心，迅雷不及掩耳的办法。劝架就要把他们拉开，救火不可以不快速，道理都说尽了，只请陛下裁决。”皇帝说：“卿说得非常好！但是李晟移军，李怀光不免怅恨抱怨，如果再把李建徽、杨惠元调走，恐怕因此给他借口，难以调停，不妨再等十天再说。”

**【华杉讲透】**

## 保障“最不坏的结果”，才能有好结果

德宗有陆贽，是天大的福分，他对陆贽，应该“盲目听从”，闭着眼睛听，句句都执行！自己不要做判断，陆贽说怎么办就怎么办！因为一次次事件已经证明，你的判断不如陆贽，为什么要自己做判断呢？这叫“任其私智”，总以为自己有判断。比如你生了病，医生给你开了药，你一般不会质疑，因为你知道自己不懂，这叫“依从性”。医生最无奈的，就是病人依从性差，开始时他听，症状一减轻，他就自己把药停了，于是复发，就更麻烦了。生病这类事情，大家还能同意医生专业；对政治、经济、军事这些大问题呢，谁专业、谁不专业，就看不出来、说不清楚，那就个个都有主意了。

德宗说不妨再等十天，陆贽的意见就是不能等，一分钟都不能等，下一分钟就可能传来事变消息，现在已经晚了！德宗为什么要等呢？有一个关键，他总是在侥幸冀望“最好的结果”，而不是出手保障“最不坏的结果”。追求“最好的结果”的人，一定会输得很惨；始终保障“最不坏的结果”的人，他的结果才是上不封顶。

**4** 二月二十日，加授王武俊为同平章事兼幽州、卢龙节度使。

## 李怀光反状明显，德宗自奉天出逃

**5** 李晟认为：“李怀光要造反，情况已经很明显，事态缓急都应该有所防备，通往蜀中、汉中的道路不可阻塞，请求任命我的裨将赵光铣等为洋州、利州、剑州三州刺史，各将兵五百人，以防未然。”皇帝犹豫不决，想要自己亲自率领禁兵前往咸阳，以慰抚为名，督促诸将进讨。有人对李怀光说：“这是汉高祖巡游云梦的计策！”（刘邦以巡游云梦泽为由诱擒韩信，事见公元前201年记载。）李怀光大惧，更加积极准备造反。

皇帝将要出行，李怀光言辞更加不逊，皇上仍然担心是有人谗言陷害他，二月二十三日，加授李怀光为太尉，增加采邑实封户口，赐给免死铁券，派神策右兵马使李卞等前往晓谕圣旨。李怀光当着使者的面，把铁券扔在地上，说：“圣人（指皇帝）怀疑我吗？人臣反，赐铁券；李怀光不反，如今赐给铁券，是要我反啊！”言辞语气非常狂悖。朔方左兵马使张名振在军门前大声呼喊说：“太尉眼看着贼军，不许我们出击，对待钦差，又大不敬，果然是要反吗！你的功勋高如泰山，一旦抛弃，自取族灭，让他人富贵，有什么好处呢！我今天必定以死相争！”李怀光听闻，对他说：“我不反，只是因为贼兵正强，所以需要养精蓄锐，等待时机而已。”李怀光又说：“天子所居的地方，必须要有城隍。”于是调派士卒修筑咸阳城墙，不久，自己移军占据咸阳城。张名振说：“之前你说不反，今天拔军到此，是做什么？为什么不攻长安，杀朱泚，取富贵，再引军回邠州呢？”李怀光说：“张名振神经错乱了！”命左右拖下去，把他杀死了。

右武锋兵马使石演芬，本是西域胡人，李怀光收其为养子。李怀光秘密与朱泚通谋，石演芬派他的宾客部成义到皇帝行在告发，请求解除李怀光的都统职权。部成义到了奉天，先告诉李怀光的儿子李璀。李璀秘密向父亲报告。李怀光召石演芬，斥责他说：“我把你当儿子，你为什么要破坏我家！今日负我，死得甘心吗？”石演芬说：“天子把太尉您当成自己股肱，太尉以我为心腹；太尉既然背叛天子，我怎么就不能背叛太尉呢！我是一个胡人，不能有二心，只知道事奉一个人。如果能免去贼名而死，死也甘心！”李怀光命左右把他的肉一块块割下来吃掉，左右都说：“这是义士，可以让他速死！”以刀割断他的喉咙离去。

李卞等人返回奉天，说起李怀光骄纵傲慢的情况，于是皇帝行在开始严加门禁，从臣都暗中整顿行装，等待事变。

二月二十四日，加授李晟为河中、同绛节度使。皇帝还觉得不够，二月二十五日，又加授其为同平章事。

皇帝即将前往梁州，山南节度使、盐亭人严震听闻，遣使到奉天奉迎，又派大将张用诚将兵五千人到盩厔，准备迎接保卫。张用诚被李怀光引诱，秘密与他通谋，皇帝听闻，非常担忧。正巧严震又派牙将马勋前往送上奏表，皇帝跟他谈起此事。马勋请求：“让我马上回梁州，取严震兵符，召张用诚回军府，如果他不受召，请允许我杀了他。”皇帝喜悦说：“卿什么时候再回到这里？”马勋与皇帝约定日期，然后离去。

马勋拿到严震兵符，请严震派出壮士五人与他一起北出骆谷。张用诚不知道自己的事情已经泄露，率数百骑兵迎接马勋，马勋与他一起进入驿站。当时天寒，马勋在驿站外点起很多火堆，军士们都出去烤火。马勋从容拿出怀中兵符，展示给张用诚说：“严震大夫召你回去。”张用诚错愕，站起身要走，壮士从他身后抓住他的双手，将他制服。张用诚的儿子在马勋身后，砍伤马勋的头。壮士击杀了他的儿子，把张用诚压倒在地上，跨坐在他肚子上，刀尖抵着喉咙，说：“出声则死！”马勋进入张用诚军营，士卒们都已经身穿铠甲，手执兵器。马勋大声说：“你们的父母妻儿都在汉中，一朝之间，抛弃家人，与张用诚一起造反，对你们有什么好处呢！严震大夫令我捉拿张用诚，不责问你们，不要自取族灭！”众人都畏惧服从。

马勋把张用诚押送到梁州，严震把他乱棍打死，命副将接管他的部众。马勋包扎头上伤口，到皇帝行在复命，只比约定日期延误了半天。

李怀光夜里派兵袭夺李建徽、杨惠元军，李建徽逃脱，杨惠元准备逃奔奉天，李怀光派兵追上，将他杀死。李怀光又宣言说：“我现在与朱泚联合，天子车驾应该躲到远方去！”

李怀光因为韩游瑰是朔方将领，掌兵在奉天，于是写信给韩游瑰，约他发动兵变，韩游瑰密奏皇帝。第二天，李怀光又来信催促，韩游瑰又上奏。皇帝称赞他的忠义，问他："有什么计策？"韩游瑰回答说："李怀光是诸道兵马总指挥，所以敢恃众作乱。如今邠宁有张昕，灵武有甯景璇，河中有吕鸣岳，振武有杜从政，潼关有唐朝臣，渭北有窦觎，都是守将。陛下各以其部众及土地授给他们，给李怀光升官，解除他的兵权，则行营诸将各受本府指挥。李怀光孤立一人，怎么作乱！"皇帝说："罢免李怀光兵权，那朱泚怎么办？"韩游瑰回答："陛下既已许诺将士们攻克京城有特殊赏赐，将士们奉天子之命以讨贼取富贵，谁不愿意！邠府兵有一万多人，假使能让我做指挥，足以诛灭朱泚。更何况诸道必有主持正义之臣，朱泚不足为忧！"皇帝认同。

二月二十六日，李怀光派部将赵升鸾进入奉天，约定当晚派别将达奚小俊火烧乾陵，令赵升鸾为内应以恐吓威胁皇帝。赵升鸾向浑瑊自首，浑瑊即刻报告皇帝，并且请决断前往梁州。皇帝命浑瑊戒严，浑瑊出来，部署还未完成，皇帝已出城西，命戴休颜守奉天，朝臣将士狼狈扈从。戴休颜在军中巡游宣告说："李怀光已反！"于是登城坚守。

朱泚称帝时，兵部侍郎刘乃卧病在家，朱泚召他，他不起身。派蒋镇前往游说，蒋镇去了两次，知道无法引诱威胁，于是叹息说："我也忝列官署，贪生怕死，以至于此，岂能再以自己一身腥臊去污染贤者呢！"唏嘘而返。刘乃听闻皇帝前往山南，捶胸大呼，从床上栽倒下来，不食，数日而死。

太子少师乔琳跟从皇帝到盩厔，自称老病，不堪山险，削发为僧，藏匿于仙游寺。朱泚听闻，召乔琳到长安，任命其为吏部尚书。于是朝士中逃窜藏匿的人，很多都出来做朱泚的官了。

李怀光派部将孟保、惠静寿、孙福达率精骑兵前往南山拦截皇帝车驾，在盩厔遇上诸军粮料使张增。三位将领说："李怀光让我们做这不臣之事，我们回去报告他说没追上，他最多不过不让我们做将领罢了。"三位将领于是用眼神示意张增说："我们的士兵还没吃早饭，怎么办？"张增骗他们的士兵们说："这里往东数里有一座佛祠，我贮存了粮食在那里。”三将率众向东，放纵士兵们抢掠，由此跟从皇帝的百官都得以安全进入骆谷，三将回去报告说没有追上，李怀光将他们全部罢黜。

**【华杉讲透】**

## 侥幸心的实质是偷懒

这一段，我们看到德宗在两件事中体现出来的性格弱点。一是二月二十四日加授李晟为河中、同绛节度使。过了一天，他还觉得不够，二月二十五日，又加授为同平章事，实质上相当于宰相。胡三省评论说：德宗在患难之时，要提拔任用人，恨不得把他抱到自己膝盖上；等事定之后，这人不用了，丢掉他就如同扔下深渊。这就是他的毛病，所以，他的爱一钱不值。

二是韩游瑰建议他解除李怀光兵权，皇帝问：“罢免李怀光兵权，那朱泚怎么办？”什么意思呢？到了这个时候，他还在指望李怀光替他铲平朱泚，岂不是太荒谬了吗？但这就是他的性格，非常典型，每次都这样，对方已经反了，一件件事实摆在面前，但是只要刀还没架到他脖子上来，他都还指望对方会效忠自己。不到最后一刻，他决不放下自己一厢情愿的侥幸心。这种侥幸心是什么呢？其实是一种不劳而获的愿望，就是想偷懒！他不想付出努力，不想自己麻烦，想交给一个人就解决问题。一个靠不住了，再靠下一个。

子要亲生，田要亲耕，一切责任都在自己身上，你想要偷懒，耐不得烦，麻烦就会越来越多！

**6** 河东将领王权、马汇率军返回太原。

**【华杉讲透】**

参见去年（公元783年）记载，马燧派他的行军司马王权和儿子马汇将兵五千人入援。如今皇帝跑了，音讯不通，二人撤回本部。胡三省说，马燧对勤王本来就不积极。

**7** 李晟接到皇帝的委任状，拜哭受命，对将佐们说：“长安，是宗庙所在，天下根本，如果诸将都跟着皇上走了，谁来灭贼！”于是修筑城隍，修缮武器盔甲，准备收复京城的计划。

之前，东渭桥有存粮十万余斛，度支拨给李怀光军，几乎用尽。此时李怀光、朱泚连兵，声势甚盛，皇帝“南巡”，人心动摇。李晟以孤军处于二强寇之间，内无资粮，外无救援，只是以忠义激励将士，所以他的部众虽然单弱，而锐气不衰。李晟又写信给李怀光，言辞卑微谦逊，虽然对李怀光非常尊敬，但也婉转对他晓谕以祸福之道，劝他立功补过。所以李怀光内心惭愧，不忍心攻击他。

李晟说：“京畿地区虽然兵荒马乱，但还可以收取赋税。有军队而不用，不能消灭贼寇，才是国家大患！”于是命判官张彧代理京兆尹，选拔四十余人，授给他们官职，让他们督办渭北诸县的粮草，不出十天，军粮充足而有盈余。于是流涕誓师，决志平贼。

**8** 田悦用兵，数次失败，士卒死亡十分之六七，他的部下都厌倦悲苦。皇帝任命给事中孔巢父为魏博宣慰使。孔巢父博闻善辩，到了魏州，对田悦部众陈说逆顺祸福，田悦及将士们都喜悦。兵马使田绪，是田承嗣的儿子，凶恶阴险，多过失，田悦不忍杀他，杖打他，把他拘押起来。田悦既已归顺朝廷，内外撤除警备。

三月一日，田悦与孔巢父宴饮，田绪对弟弟和侄儿们口出怨言，他的侄儿制止他，田绪怒，杀了侄儿，既而后悔，说：“仆射一定会杀了我的！”到了晚上，田悦酒醉，归寝，田绪与左右秘密穿后墙而入，杀死田悦及他的母亲、妻子等十余人，之后率左右执刀站立于中门内夹道。将要天亮时，以田悦命令，召行军司马扈崿、判官许士则、都虞候蒋济前来议事。府署高墙大院，外面不知道有变，许士则、蒋济先到，召入，乱刀砍死。田绪担心天亮后事情泄露，于是出门，遇到田悦亲将刘忠信正立于庭下等候参谒，田绪大声对众人呼喊说：“刘忠信与扈崿谋反，昨夜刺杀仆射。”众人大惊，喧哗。刘忠信还未来得及自辩，被众人割裂杀死。扈崿到来，在戟门遇上混乱，招谕将士，将士们跟从他的有三分之一。田绪惧怕，登上城墙站立，对众人大声呼喊说：“我，是先相公（田承嗣）之子，诸君都深受先相公之恩，如果能立我，兵马使赏缗钱二千，大将赏钱一千，下至士卒，每人赏一百缗，竭尽公私财货，五天内取办。”于是将士回头杀扈崿，都归附田绪，军府这才安定下来。于是请命于孔巢父，孔巢父命田绪暂且代理知军府。

后来过了几天，众人才知道是田绪杀了他的堂兄，虽然又悔又怒，但已经拥立田绪，也无可奈何。田绪又杀田悦亲将薛有伦等二十余人。

李抱真、王武俊引兵将要救援贝州，听到田悦部变乱消息，不敢进兵。朱滔听闻田悦死，喜悦说：“田悦负恩，上天假手于田绪杀掉他！”即刻派他的执宪大夫郑景济等率步骑兵五千人协助马寔，合兵一万二千人攻打魏州。马寔驻军于王莽河，放纵骑兵及回纥向四面八方抢掠。朱滔又另派人入城游说田绪，许诺任命他为本道节度使。田绪正在危迫之中，派随军侯臧到贝州，向朱滔表示愿意合作，朱滔喜悦，派侯臧还报，让他马上订立盟约。

此时田绪已完全控制城内局面，李抱真、王武俊又派使者到田绪处，许诺前来救援，承诺田悦在世时的约定全部有效。田绪召将佐们商议，幕僚曾穆、卢南史说：“用兵虽然是靠武力，也以仁义为本，然后才能建功。如今幽州军队恣行杀掠，白骨蔽野，虽然是先仆射背叛跟他们的盟誓，那百姓又有什么罪！如今朱滔虽然强盛，他的灭亡也是指日可待。何况昭义、恒冀两军正要攻打他，我们为什么要因为一时的紧急就跟从他做叛逆之事呢！不如归命朝廷，天子正蒙尘于外，见到魏博使者抵达，必定喜悦，官爵马上就到手。”田绪听从，遣使奉表到皇帝行在，自己坚守城池，等待朝廷命令。

**9** 皇帝从奉天出逃时，韩游瑰率其麾下八百余人回到邠州。

李怀光见李晟军势越来越强盛，感到厌恶，想要引军从咸阳袭击东渭桥。三次下命令，众人不都回应，大家私底下相互说：“如果要我们攻击朱泚，当然全力以赴；如果要造反，那我们就是死，也不能跟从！”李怀光知道众人不可强逼，问计于宾客将佐，节度巡官、良乡人李景略说：“取长安，杀朱泚，解散军队各回本道，单骑前往皇上行在，如此，臣节也没有亏损，功名还可以保全。”叩头恳请，至于涕泗横流，李怀光许诺同意。

都虞候阎晏等劝李怀光向东退保河中，再慢慢研究下一步行动，于是李怀光对部众说：“如今我们暂且屯驻在泾阳，派人到邠州迎接家眷，家眷抵达后，与他们一起前往河中。春季装备换新后，再攻打长安，为时未晚。东方诸县都富实，军发之日，允许你们自由抢掠人口和财物。”众人同意。

李怀光对李景略说：“之前你的建议，大家不听，你应该快走，不然会被害死！”派数名骑兵护送他离开。李景略出了军门，恸哭说：“想不到此军一日之间陷于不义！”

李怀光派使者到邠州，令留后张昕征发所留下的全部士兵共一万余人以及行营将士家属到泾阳会合，并派部将刘礼等率骑兵三千余人胁迫他们迁走。韩游瑰劝说张昕说：“李太尉本来功勋很高，却自暴自弃，如今已经陷入祸机。中丞今日可以自求富贵，我请求率自己麾下跟从您。”张昕说：“我本出身微贱，全靠李太尉得以到今天的地位，不忍心辜负他！”于是韩游瑰称病不出，秘密与诸将高固、杨怀宾等相联结。当时崔汉衡以吐蕃兵扎营在邠南，高固说：“张昕带领众人离去，那邠城就空了。”于是伪造浑瑊的信，召吐蕃军稍稍逼近邠城。张昕等惧怕，竟不敢出城。张昕等密谋杀死诸将之中不听从者，韩游瑰知道了，先与高固等举兵杀死张昕，派杨怀宾奉表奏闻皇帝，并派人告诉崔汉衡。崔汉衡矫诏任命韩游瑰为知军府事，军中大喜。

李怀光的儿子李旻在邠州，韩游瑰遣送他离开，有人说：“不杀李旻，何以自明？”韩游瑰说：“杀了李旻，则李怀光怒，必定带兵来报仇，不如释放李旻，让他走。”当时杨怀宾的儿子杨朝晟在李怀光军中为右厢兵马使，听到消息，哭泣报告李怀光说：“父亲立功于国，儿子应当诛杀，不可以再掌兵权。”李怀光将他囚禁。于是韩游瑰屯驻邠宁，戴休颜屯驻奉天，骆元光屯驻昭应，尚可孤屯驻蓝田，都受李晟指挥，李晟军声大振。

开始时，李怀光强大，朱泚畏惧他，写信给李怀光，对他以兄长相待，约定分割关中地区各自称帝，永为邻国。等到李怀光决意造反，逼皇帝乘舆南下，他的部下很多都背叛他，势力越来越弱。于是朱泚赐给李怀光诏书，以君臣之礼对待他，并且征召他的士兵。李怀光羞惭愤怒，内忧麾下兵变，外恐李晟袭击，于是烧毁军营，向东撤走，抢掠泾阳等十二县，鸡犬无遗。

到了富平，大将孟涉、段威勇率数千人投奔李晟，将士在道路上一路散亡。到了河中，有人劝河中守将吕鸣岳焚毁桥梁，拒绝他入境，吕鸣岳认为自己兵少，恐怕不能抵挡，于是接纳他入城，河中尹李齐运弃城逃走。李怀光派部将赵贵先筑垒于同州，刺史李纾惧怕，逃奔皇帝行在。幕僚裴向摄理州事，去见赵贵先，责以逆顺之理，赵贵先感寤，于是请降，同州由此得以保全。裴向，是裴遵庆的儿子。李怀光派部将符峤袭击坊州，并占据了坊州，渭北守将窦觎率猎户民兵七百人围困坊州，符峤请求归降。皇帝下诏，任命窦觎为渭北行军司马。

**【华杉讲透】**

## 悦纳自己受到的不公平对待

李怀光的势力，就像一座沙滩上的城堡，散了。韩游瑰说他“功高自弃，已蹈祸机”，八个字说完了他的一生。他的下一步，就是历史剧本的标准结局，被部下取下人头，去赎罪立功。

我们回顾一下他走过的路，第一步走错，是对皇帝不满。没有得到公平对待，愤怒，然后就要泄愤、要报复，要给皇帝一点颜色看看，惩罚皇帝，于是走向反叛。这就是“天人相与之际，休咎庶正之原”，在那一刻的决策心理。

我们经常为了惩罚别人，给自己造成终生不可逆的灾祸，这就是报复心作怪。受到不公平对待，应该悦纳，人生能有几件事是公平的呢？我们要修炼的，是尽量公平地对待他人，对自己是否公平对待他人很在意，对自己是否得到了公平对待不在意，而不是自己受了一点委屈就不得了，经常让别人受委屈却根本不知道。

李怀光的第二步错，就是没有听李景略的建议，这时候其实还来得及，反正皇帝还用得着他。李景略提出了一个博弈策略，即“小狗策略”，先立功，然后自剪羽翼，解散部队，单骑去见皇帝谢罪。李怀光不愿意走这一步，因为他认为他还拥有很多东西，不舍得放弃。他不知道他现在连命都已经不是自己的了。

如果李怀光不听李景略的话，那就只能与朱泚联合，总之只能选一头。但是，他做出了最坏的决策，也是最容易的决策——最坏的决策总是最容易做出的——因为容易的往往就是缓一步再说，他决定先去河中，一切等明年再说。他此刻的主要矛盾是军心不稳。军心不稳，就一刻也不能缓，必须每一分钟都高度紧张，才能凝聚在一起。一旦放缓，马上就散了。

**10** 三月十六日，任命李晟兼京畿、渭北、鄜、坊、丹、延节度使。

## 唐安公主薨逝，德宗车驾停驻梁州

**11** 三月十九日，皇帝车驾抵达城固。唐安公主薨逝，她是皇帝的长女。

皇帝在路上，百姓有献上瓜果的，皇帝想要授给他散试官（荣誉官职，没有实权和俸禄），咨询陆贽意见，陆贽上奏，认为：“爵位应该谨慎爱惜，不可轻用。开始时看起来不过是一件小事，流弊却一定很大。献瓜果者，只可以赏赐以钱帛，不应当酬报以官职。”

皇帝说：“试官只是一个虚名，也没有什么损害吧。”

陆贽又上奏，其大略说：“自兵兴以来，财赋不足以供应赏赐，就开始用官职来奖赏。四品以下官职很多授予衙役，三品以上的官普遍施予贱吏。现在的问题，就是爵位太轻，想方设法让它贵重，还怕人们不认，如果又自暴自弃，将来如何去奖劝他人！激励人的方法，就是名与利。名看起来比较虚，但是对教化来说却很重要；利看起来实，但是从品德的角度来看却比较轻贱。如果只给实利而不结合虚名，则耗费太大，财力物力跟不上；如果只给虚名而不辅之以实利，那又近于哄骗而人们不在乎。所以国家授命官爵的制度，有职事官，有散官，有勋官，有爵号，但是掌有实权而授给俸禄的，只有职事官而已，这就是既有名，又有利的。其他勋官、散官、爵号，大抵只是衣服颜色和子孙继承的荣誉而已，这是虚名为主，实利为辅的。现在的员外官、试官，跟勋官、散官、爵号大致相同，虽然没有俸禄，也不占名额，但是，对冲锋陷阵、履险犯难的，拿它做赏赐；对竭尽全力、劳苦功高的，以此来酬报。如果献上瓜果的也授给试官，那些人就会相互说：‘我冒着生命危险，才获得这个官职，他们进献瓜果，官职也跟我们一样，这是国家把我们的生命价值等同于瓜果了。’视人如草木，谁还会为国家所用呢！如今陛下既拿不出实利来激励，又不重虚名而滥施，人们就都不知道为什么而奋斗了。那以后的立功者，又用什么来赏赐呢！”

**【华杉讲透】**

《资治通鉴》只记载了陆贽的奏书，没有记载德宗的反应。也许和陆贽的很多话一样，他听不懂，又或者他并不认同。比如陆贽说不能让臣子的生命价值跟皇帝的瓜果一样，德宗内心就未必同意，臣子们反正每天都在死，死是他们的本分，皇帝能不能在路上吃到新鲜瓜果，当然是比他们的死活更重要的事。重耳流亡没饭吃，介子推不是把自己腿上的肉割下来煮给他吃吗？这是中国历史忠臣的典范，如今德宗也是在狼狈流亡之中，献瓜果的人怎么就不是功劳呢？陆贽是个儒者，脑子里都是仁义大道，德宗不是，他就是要赏赐给献上瓜果的人，那后面的路上才有新鲜瓜果吃。

陆贽任翰林学士，为皇帝所亲信，居于艰难之中，虽有宰相，大小之事，皇上必定与陆贽商量，所以当时大家称他为内相，皇上到哪里都带着他。梁州、洋州道路艰险，皇帝曾经与陆贽走失，过了一晚上陆贽都没来，皇帝惊忧涕泣，悬赏一千金寻找陆贽。过了很久，陆贽终于赶到，皇帝非常喜悦，太子以下的人都表示祝贺。但是，陆贽数次直谏，忤逆皇帝心意，而卢杞虽然贬官，皇上内心还是偏袒他。陆贽极言卢杞奸邪，对祸乱负有直接责任，皇上虽然表面听从，内心却颇为不悦，所以刘从一、姜公辅都从下级官员擢升到宰相高位，陆贽恩遇虽隆，却一直没当上宰相。

三月二十一日，皇帝车驾抵达梁州。山南道地薄民贫，安史之乱以来，盗贼攻击抢掠，户口减耗超过半数，虽然下属十五个州，租赋却赶不上中原地区几个县。等到皇帝大驾驻跸，粮食用度颇为窘迫。皇帝想要继续向西去成都，严震对皇帝说："山南道地接京畿，李晟正图谋收复，借禁军六军为声援。如果陛下去西川，则李晟收复长安遥遥无期了。"众议未决，这时李晟奏表送到，说："陛下驻跸汉中，系着亿兆人民之心，成灭贼之势。如果因小弃大，迁都岷、峨，则士庶失望，即使有猛将谋臣，也无计可施了！"于是皇帝停止。

严震千方百计聚敛财赋，同时不让人民因为军需而困穷，且保证供应。牙将严砺，是严震的从祖弟，严震命他掌管转运粮饷，事情办得很好。

**12** 当初，奉天包围解除后，李楚琳（参见去年记载，李楚琳发动兵变，杀死凤翔节度使、同平章事张镒，投降朱泚）遣使入贡，皇帝不得已，任命他为凤翔节度使，而内心对他非常厌恶。议事的人说，李楚琳凶逆反覆，如不提防，恐怕会再出事。因此李楚琳几次派来使者，皇帝都不引见，全部扣留，不放他们回去。

这回，皇帝刚到汉中，想要以浑瑊替代李楚琳镇守凤翔，陆贽上奏，认为："李楚琳杀帅助贼，他的罪恶固然很大，但是陛下尚未回到首都，叛逆元凶还在，勤王之师全部在京畿之内，陛下一旦要传达紧急诏令，分秒必争，而商岭道路迂回遥远，骆谷关又被盗贼控制，能通达王命的，只有褒斜道一条道路，如果这条路再被阻断，南北将音讯断绝。在勤王各军军心危急狐疑之际，居于二逆（朱泚和李怀光）引诱胁迫之中，汹汹群情，各怀观望之心。如果李楚琳心怀怨恨，公开叛变，南面堵塞要冲，东向引诱巨奸，则我们咽喉被扼而心膂分离了。如今李楚琳能两端顾望，正是上天开导他的心意，因此回都的道路畅通，将有助于复国大业。陛下实应深入思考，对他厚加抚慰，能让他保持犹豫不定，就足以成事。如果一定要对他平时的行为严格要求，再追讨他过去的过失，那就表明，他现在改过也不足以补救，自新也不足以赎罪。如今将吏，岂能都没有瑕疵？每个人省思自己，谁能不心怀疑惧！更何况那些抗命之徒，胁从之流，自知已经负恩，怎敢归顺王化！此事非同小可，应当马上决定。希望陛下思考英主之大略，不要因小不忍而破坏复兴大业。”皇上恍然大悟，善待李楚琳使者，优诏抚慰他。

**【华杉讲透】**

我们再次看到德宗的性格，一贯的模式是别人稍微对他好一点，他就要提高要价；一旦形势恶化，他当然又会转向另一个极端，怎样都行了。有的人就是这样，他一定要把事情搞砸，不搞砸他就不会停止乱动作。

陆贽讲的道理很清楚：我知道他在骗我，他也知道我在骗他；我知道他知道我在骗他，他也知道我知道他在骗我；但是没关系，只要我们还能相互骗下去，就是成功！你非要在现在讲清楚，把那脓包捅破，那就是自取其祸！

**13** 三月二十六日，加授宣武节度使刘洽为同平章事。

**14** 三月二十八日，任命行在都知兵马使浑瑊为同平章事兼朔方节度使，朔方、邠宁、振武、永平、奉天行营兵马副元帅。

## 德宗下诏罢免李怀光全部职务，离间李怀光军心

**15** 三月二十九日，皇帝下诏列举李怀光罪状，评叙朔方将士的忠顺功名，仍念及李怀光过去的功勋，委婉宽恕他，但是其副元帅、太尉、中书令、河中尹并朔方诸道节度、观察使等职务，全部罢免，授任他为太子太保。其所管兵马，委托他们自己推举一位功高望重的人来全权统领，并迅速奏闻朝廷，皇帝将授给旌旗符节，以顺从军心。

**【华杉讲透】**

这实际上是一封离间李怀光军心的诏书，告诉朔方将士，谁能除掉李怀光，就把李怀光的位置给他。

**16** 夏，四月二日，任命邠宁兵马使韩游瑰为邠宁节度使。

四月三日，任命奉天行营兵马使戴休颜为奉天行营节度使。

**17** 灵武守将甯景璇为李怀光修建宅第，另一位将领李如暹说："李太尉驱逐天子，而甯景璇为他盖房子，这是也反了！"于是攻打甯景璇，并杀了他。

**18** 四月四日，加授李晟为鄜坊、京畿、渭北、商华副元帅。李晟家一百口人及神策军士家属都在长安，朱泚善待他们。军中有说到自己家人的，李晟哭泣说："天子何在？我们还敢想家吗！"朱泚派李晟亲近的人送家书给李晟说："你家人都平安。"李晟怒道："你竟敢为反贼做间谍吗！"立刻将他斩首。士兵们没有领到春装，盛夏时节还穿着冬天的皮袍，但始终没有叛心。

四月五日，任命陕虢防遏使唐朝臣为河中、同绛节度使。前河中尹李齐运为京兆尹，负责供应李晟军粮草和徭役。

**19** 四月十日，任命魏博兵马使田绪为魏博节度使。

**20** 浑瑊率诸军出斜谷，崔汉衡劝吐蕃出兵助战，尚结赞说："邠宁军不出动，恐怕将袭击我身后。"韩游瑰听闻，派他的部将曹子达将兵三千人前往与浑瑊军会师，吐蕃派大将论莽罗依将兵二万人跟从。李楚琳派部将石锽率士卒七百人跟从浑瑊攻拔武功。

四月十日，朱泚派部将韩旻等攻打武功，石锽率部迎降。浑瑊作战不利，收兵登上西原。正巧曹子达带着吐蕃军赶到，攻击韩旻，在武亭川击破韩旻军，斩首一万余级，韩旻只身逃离。于是浑瑊引兵屯驻奉天，与李晟东西相应，以逼长安。

**21** 皇帝想要为唐安公主造佛塔，厚葬她，谏议大夫、同平章事姜公辅上表进谏，认为："山南不是久安之地，公主的灵柩，应当运回长安，此时应该节俭薄葬，以应军需之急。"皇帝派人对陆贽说："唐安造塔，花费甚微，不是宰相该考虑的。姜公辅只是想指责朕的过失，自己求名罢了。他如此辜负我，应该怎么处理？"

陆贽上奏，认为姜公辅任居宰相，遇事论谏，不应当治罪，其大略说："公辅之前与臣同在翰林，臣如果据理直言，则涉嫌跟他结为私党，如果顺着陛下的旨意，又有违于匡辅君王的大义。涉嫌只是对自己不利，违义则是有辱君恩。爱惜自己而不顾君王，那是臣的耻辱！"

又说："昏庸愚昧的君主的特点是，下面已经怨愤满盈，他还不想听到；自己的恶德已经把上天都熏臭了，他还不愿醒悟，到了国破家亡的地步，他还不知道自己的错误！"

又说："应当问理之是非，岂能论事之大小！《虞书》（传说中舜帝时期的政治文献）说：'兢兢业业，一日二日万几。'唐、虞之际，主圣臣贤，考虑事情之细微，每天都数以万计，可见小事情也不可以不重视，陛下又怎么能忽视而不考虑呢！"

又说："如果把谏诤看作指责君王的过错，那挖出臣子心脏的君主，也不该受圣明君王责备了（指商朝比干因向纣王进谏而被杀死挖心）；如果把谏诤看作为了自己求名，那《易经》上也不会有匪躬之臣的记载了（'王臣蹇蹇，匪躬之故。'王臣进忠，不是为了他自己）。"

又说：“就算他是有意指责陛下的过失，就算进谏是为了求名，只要陛下能闻善而迁，见谏不逆，那他的指责足以彰显陛下莫大之善，他的求名足以滋养陛下无疆之福。陛下因他的指责和求名而得到的收获，可以说是很多了。反过来，如果愤怒于他指责过失而不改，则陛下招来厌恶直谏的批评；如果为了不让他获得虚名而不包容，则陛下遭受拒绝进谏的诽谤。这是掩盖自己的过失，而过失更彰显；想损坏对方的名声，而成就了他的美誉。如果陛下一定要这样做，损失就太大了。”

皇上怒意不减，四月十四日，罢黜姜公辅，贬为左庶子。

**【华杉讲透】**

## 坚守道义不分事情大小

前面陆贽进谏说李楚琳的事，德宗能听；这回说姜公辅的事，他却不听。因为李楚琳的事，涉及国家生死存亡；姜公辅的事则没有什么严重的后果。所以，处理姜公辅，他就要按自己的心情来办。但是正如陆贽所说“应问理之是非，岂论事之大小”，我们要做一个好人，要执守道义，就要至诚无息，一以贯之，不能有选择性。正是因为在小事上不讲究，才会积累出大祸：“勿以恶小而为之，勿以善小而不为。”

**22** 加授西川节度使张延赏为同平章事，以奖赏他保障供应无缺。

**23** 朱泚、姚令言数次派人诱降泾原节度使冯河清，冯河清都斩了他们的使者。大将田希鉴秘密与朱泚勾结，杀冯河清，归附朱泚。朱泚任命田希鉴为泾原节度使。

**24** 皇帝问陆贽：“最近从山北来的一些小官，都不是什么好人。有一个叫邢建的，论说贼军声势，语气最夸张，看他的样子，很像是来窥探侦察的，现在已经把他安置在一个地方了（看这口气和下文是关押起来了）。像这样的，还有数人，如果不追查，恐怕让他们奸计成功。卿想一想，怎么办才好？”

陆贽上奏，认为如今朱泚这伙盗匪占据京城的宫阙，而对涉险远来奔赴皇帝行在的人，应当酌量加以恩赏才对，岂能猜疑囚禁他们！其大略说：“以一个人的耳闻目睹，而想要穷尽宇宙的变化；以一个人的思虑提防，而想要胜过亿兆人的奸欺，用的心智越精密，离大道就越远。项羽接受秦军降卒二十万，担心他们心怀诡诈，再次叛变，就一举将他们全部活埋，对于防范他人，这是做到极点了。汉高祖豁达大度，天下之士前来投奔的，纳用而不疑，他对于防备考虑，可以说是非常疏忽了。然而项氏因之而灭，刘氏由此而昌，蓄疑之与推诚，其效果固然不同。秦始皇严肃雄猜，而荆轲奋其阴计；光武帝宽容博厚，而马援输其款诚。岂不是因为虚怀待人，人心也希望归附你；靠心计去驾驭人，人们始终不亲近！人心愿意归附就会感动喜悦，就算本来是寇仇，也化为心腹了；人心不亲近就会惧怕抗拒，就算是骨肉亲人，也结为仇敌。”

又说：“陛下智慧超群，有轻待人臣之心；思虑周密而能洞察先机，有独驭天下之意；谋略胜过众人，有过于谨慎之防备；对群情明察秋毫，有先于事发的觉察；严厉约束百官，有以严刑峻法治理国家的规划；威制四方，有以力量扫清残余叛贼的志向。这样一来，有才能的人都因为自己得不到任用而怨恨，忠心耿耿的人忧虑自己要被猜疑，功勋卓著的人恐惧自己得不到包容，心怀反侧的人害怕马上就要被征讨，逐渐招致叛变，构成祸灾。天子的一举一动，天下人都密切关注，小事尚且需要慎之又慎，何况这不是小事！愿陛下以覆车之辙为戒，才是国家最大的福分。”

**【华杉讲透】**

德宗的问题是实际存在的，来那么多人，当然可能有敌营间谍，要有一套办法来审查和防范。不过，他问陆贽，问错了人，陆贽不懂这个方面，也不是能认识和解决这个问题的人。

陆贽回答的第二段，则是借题发挥，指出德宗的性格缺点，即缺乏领导力。这样的领导，谁都不知道怎么伺候他才好，也不知道自己到底应该怎么办。只有卢杞那样的奸臣，才能如鱼得水，那又是另一套“本事”，陆贽不懂，我也不懂。

陆贽的话，每次都把德宗扒得精光，说得狗血淋头、体无完肤，胡三省评论说：“此数语，曲进德宗心事，异日安免追仇乎！”德宗现在忍着，以后他就要报复陆贽。

**25** 四月十七日，皇帝任命前山南东道节度使南皮人贾耽为工部尚书。

之前，贾耽派行军司马樊泽到皇帝行在奏事。樊泽既复命，贾耽正在举行盛大宴会，有急牒送达，任命樊泽替代贾耽为节度使。贾耽把命令揣在怀中，宴饮如故，面不改色。宴会结束，召见樊泽，通知他朝廷的任命，并且命将吏们谒见樊泽。牙将张献甫怒道：“行军替尚书去问候天子起居，怎敢为自己图谋节钺，夺取尚书土地，事人不忠，众心不服，请杀了他。”贾耽说：“这是什么话！天子所命，就是节度使！”即日离镇，带张献甫跟自己一起走，于是军府安定下来。

**【胡三省注】**

贾耽即日离镇，既得“君命召，不俟驾而行”之义，也阻绝了变乱源头。把张献甫带走，让樊泽无所猜疑，也是为了保全张献甫。

**26** 左仆射李揆从吐蕃回来，四月二十四日，薨逝于凤州。

**27** 韩游瑰引兵与浑瑊会师于奉天。

**28** 四月二十六日，加授平卢节度使李纳为同平章事。

**29** 四月二十七日，义王李玼薨逝。

## 李抱真策反王武俊

**30** 朱滔攻贝州一百余日，马寔攻魏州也超过四十天，都不能攻下。贾林再次代表昭义节度使李抱真游说王武俊，说：“朱滔志在吞并贝州、魏州，又赶上田悦被害，如果再过十天不去救援，则魏博都为朱滔所有了，魏博失陷后，则张孝忠必定投降他。朱滔集结三道之兵，加上回纥相助，进临常山，明公想要保全自己宗族，还能行吗！常山不守，则昭义军退保西山，河朔全部进入朱滔版图了。不如乘贝州、魏州尚未失陷，与昭义合兵救援。击破朱滔，则关中丧气，朱泚不日就能枭灭，皇帝銮舆返回京师，诸将之功，还有谁能居于明公之上呢！”王武俊喜悦，听从。

四月二十八日，王武俊驻军于南宫东南，李抱真从临洺引兵与他会师，与王武俊军营相距十里。两军还是相互猜疑，第二天，李抱真只带了几名骑兵，造访王武俊军营，宾客们一起谏止他，李抱真命行军司马卢玄卿部署部队，严阵以待，说：“我此举，系着天下安危，如果我一去不回，掌管军事以听候朝廷命令就靠你了，激励将士为我雪耻报仇也靠你了。”言毕，出发。

王武俊严密防备以接待他，李抱真见了王武俊，叙说国家祸难，天子流亡，拉着王武俊的手哭泣，涕泪纵横。王武俊也悲不自胜，左右都不能抬头看。于是与王武俊约为兄弟，誓同灭贼。王武俊曰：“相公十兄（李抱真排行第十）名高四海，往日承蒙您开谕我，让我能弃逆从顺，免于剁为肉酱之罪，享受王公之尊荣。如今又不嫌弃我是一个胡人（王武俊是契丹人），辱没自己，跟我结为兄弟，王武俊当何以为报呢！朱滔所仗恃的，不过是回纥兵而已，不足为畏。交战之日，愿十兄按辔临视，王武俊一定为十兄击破他们。”

李抱真退入王武俊帐中，酣睡很久。王武俊感激，待他更加恭敬，指心仰天说：“我这条命就许给十兄了！”于是两军连营而进。

**【华杉讲透】**

## 英雄能让坏人变好人

李抱真之前与马燧冰释前嫌，同心协力，这回又冒着生命危险，成功策反王武俊，他是真正始终站在国家立场、皇帝立场，以天下安危为己任的忠贞之士，有这样的人，国家就还有希望！

王武俊是野心勃勃的枭雄大盗，但是，他还有一颗侠义心肠，而且始终识时务、知进退，又遇上李抱真这样的人，所以最终走上正道。王夫之说：“大群贼之中，狡黠而知忖者，王武俊耳。擒惟岳，反朱滔，皆其筹利害之已夙而能留余地以自处者也。天子不恃以为依，宰相不结以为党，抑有李晟、马燧，力敌势均，而怀忠正以扼之，故其技止此，而不足以逞其邪心。不然，进而倚之以立功，则桓玄平而刘裕篡，黄巢馘而朱温逆，不知武俊之所止矣。”王夫之的意思，就是这人可以好，也可以坏，是他遇到的这些英雄让他做了一个好人。这也是陆贽反复给德宗讲的道理，你不要猜疑这个、怀疑那个，关键是你自己，你自己对人推心置腹，有恩德，有力量，坏人也会变成好人，都想忠于你！

李抱真两次游说王武俊，都是贾林出马，贾林也是真英雄！宋代吕陶有诗《王武俊》，其诗云：巨盗盘根岁月深，交流战血竞浮沉。一言便解苍生祸，何事君恩薄贾林。

**31** 山南地区天气炎热，皇帝因为军士们还没有春服，自己也穿夹衣（双层衣服）。

# 卷第二百三十一　唐纪四十七

兴元元年（784）五月至贞元元年（785）七月，共1年3个月

# 德宗神武圣文皇帝六

## 兴元元年（公元784年）

**1** 五月，盐铁判官、万年人王绍押运江、淮进贡的绸缎棉布抵达行在，皇帝命先给将士，然后才脱下夹衣，改穿单衫。韩滉想要遣使献绫罗四十担到皇帝行在，幕僚何士干请行，韩滉喜悦说：“君能为我走这一趟，请今日过江。”何士干许诺，回家和家人道别，家里薪柴米粮储备已经罗列在门庭了；登船，则物资装备和需要使用的器物都已经在船上了。下至厕筹（大便后用以拭秽之木竹小片），韩滉都亲笔一条条罗列，无不周备。每个担夫，给一块银牌缠在腰间。又运米一百船以供应李晟，韩滉亲自背负米囊上船，将佐们争相参与搬运，一会儿工夫就装完了。每艘船设置五个弩手以为防援，有贼寇则敲打船舷互相警告，五百个弩手同时张弓搭箭，严阵以待。到渭桥，盗匪不敢接近。当时关中兵荒马乱，米一斗值五百钱，等韩滉的米运到，米价降低五分之四。韩滉为人强力严毅，自奉俭素，夫人常穿绢裙（粗丝织成），穿破了才换。

**2** 吐蕃击破韩旻（朱泚部将）等之后，大掠而去。朱泚派田希鉴以丰厚的金帛贿赂吐蕃，吐蕃接受。韩游瑰把情况奏报朝廷。浑瑊又上奏："尚结赞屡次派人约期共取长安，约期到了却又不来。听说他的军队今春发生大疫，最近已引兵离去。"皇帝认为李晟、浑瑊兵少，想要倚靠吐蕃以收复京城，听说吐蕃军离去，非常担忧，以问陆贽。陆贽认为，吐蕃人贪婪狡诈，有害无益，他们走了，实在可喜可贺。于是上奏，其大略说："吐蕃拖延观望，反覆多端，深入郊畿，却暗中受逆贼指使，致令群帅无论进退，都有危险：如果抛开吐蕃人，独自前进，则担心他们心怀怨恨在身后暗算；如果要等待他们一起行动，又困扰于他们失信拖延。如果吐蕃军不走，贼寇始终无法消灭。"

又说："将帅们觉得陛下对他们不信任，又担心吐蕃军夺了他们的功劳；士卒怀疑陛下不体恤他们过去的功劳，担心吐蕃军会单独得到重赏；贼党担心吐蕃军战胜之后，他们若不死也会被掳去做奴隶；百姓畏惧吐蕃军来了之后，他们的财产全都被抢掠。所以，顺于王化的官民，心情懒散懈怠，而陷于寇境的叛军，不得不坚决抵抗。"

又说："如今李怀光盘踞河中、绛州，吐蕃军又远离国境，形势既分，腹背无患，浑瑊、李晟诸帅，才华能力得以施展。"

又说："但愿陛下谨慎抚慰将士，勤于砥砺，中兴大业，十天半月之间，就可实现，不宜再眷恋那些犬羊之徒，失了将士人心。"

皇上又派人问陆贽："你所分析的吐蕃形势，非常好！但是浑瑊、李晟诸军，应当有一个计划，令他们进取。朕想要遣使宣慰，卿可以思考一下怎么办，详细分条汇报给我。"

陆贽认为："贤君选将，委派给他们任务，考核他们的成果，所以能有功。何况如今前线和皇帝行在相距千里，兵势无常，遥为规划，未必合宜。如果他们违抗命令，则有失君威；如果他们听从命令，则有害于军事，进退都被捆住手脚，难以成功。不如让他们全权行事，待之以丰厚的赏赐，则将帅感悦，智勇得以发挥。"于是上奏，其大略说："锋镝交于原野而决策于九重之中，机会变于斯须而定计于千里之外，对朝廷的命令，服从或者不服从，都会阻碍作战；执行或者不执行，都会招来凶灾。皇上将被指责掣肘军事，将士们也没有以死报国的决心。”

又说：“传闻与事实不同，计划与临事有异。”

又说：“假如其中有不听命令的，陛下能在此时治他违诏之罪吗？如此违命者不被处罚，听命行事的，做的事又未必合宜，最后只是说了很多空话，劳烦陛下在这里深思熟虑，不仅毫无益处，损失还很多。”

又说：“君上之权，和臣下不同，惟不自用，乃能用人。”

**【华杉讲透】**

## 做领导，不自用才能用人

“惟不自用，乃能用人。”人才分两种，即自用之才和用人之才。自用之才，是有本事，能干活的；用人之才，是善于用人，自己不需要干具体事的。领导，当然是用人之才；而只有你不自用，才能用人。为什么呢？一件事情，别说你不知道怎么做，就算你知道怎么做，最好也不要说出来，启发下属，从他嘴里说出来，成为他的主意，然后派他去做。这样，他更有动力和创造力去做。做成了是他的功劳，你奖赏他，他有成就感，又得到激励，更加努力，也进一步成长；做砸了也是他的责任，你的威信不会受损，可以帮他总结经验教训，继续鼓励他，也可以换人，都是你的权力。反过来，如果你什么事都冲到最前面，那下面的人都不思考了，脑子懈怠了，手脚也懒散了，都等着你。做成了，他们脸上堆着僵硬的谄媚的笑容，看着你自夸自大；做砸了，他们脸上装出僵硬的自责的表情，而内心轻视你。不管成败，他们都越来越消极怠工。整个组织就僵硬停滞了。

想方设法都要把功劳给下属，才是领导力；处处显自己本事大，是自降身份。

但是领导总有两个弱点，一是焦虑，二是虚荣。焦虑，他就想要动作，什么事都要插手，频频动作；虚荣呢，你别看他高高在上，他内心特别需要大家的认可，总要跟下属抢功劳。跟了这种领导，那就难做了。做事难，做人也难；事做不成，人也做不成。

**3** 五月三日，泾王李侹薨逝。

**4** 徐、海、沂、密观察使高承宗去世，五月四日，朝廷任命他的儿子高明应主持军事。

## 李抱真、王武俊军大败朱滔军

**5** 五月五日，李抱真、王武俊距贝州三十里扎营。朱滔听闻两军将至，急召马寔，马寔昼夜兼行前往。有人对朱滔说：“王武俊善于野战，不可跟他正面交锋，应该将军营稍稍前移，压逼他，让回纥兵截断他的粮道。我军坐食德州、棣州运来的粮食，依营列阵，有利则进攻，无利则退回自保，等他们饥饿疲惫，然后可以制服他们。”朱滔犹豫未决。正巧马寔军抵达，朱滔命第二天出战。马寔说：“军士冒暑困惫，请求休息数日再战。”

常侍杨布、将军蔡雄引回纥达干见朱滔，达干说：“回纥在国与邻国战，常以五百骑破邻国数千骑，如秋风扫落叶。如今接受大王金帛、牛酒，前后不计其数，希望为大王立功，现在就是时机。明日，愿大王驻马高丘，观回纥为大王剪除王武俊的骑兵，让他一匹马也回不去！”杨布、蔡雄说：“大王英略盖世，举燕、蓟全军，将扫河南，清关中，如今见此小敌，犹豫不击，让远近之人失望，将何以成就霸业！达干请战，十分正确。”朱滔喜悦，于是决意出战。

五月六日清晨，王武俊派他的兵马使赵琳率骑兵五百人埋伏于桑林，李抱真列方阵于后，王武俊引骑兵居前，自己抵挡回纥军。回纥纵兵冲击，王武俊命他的骑兵控马回避。回纥突出其阵后，将要折回，王武俊纵兵攻击，赵琳从林中冲出拦腰横击，回纥败走。王武俊急追，朱滔骑兵也逃走，踩踏自己步兵阵地，步兵、骑兵都向东逃奔，朱滔不能控制，于是撤走回营，李抱真、王武俊合兵追击。当时朱滔引三万人出战，战死一万余人，溃逃的也有一万余人，朱滔才与数千人入营坚守。正好到了日暮时分，天降大雾，两军不能前进，李抱真驻军于朱滔军营西北，王武俊驻军于其东北。朱滔夜里焚烧军营，引兵出南门，朝德州遁去，抛弃所抢掠的物资财货堆积如山。两军因为大雾，不能追击。朱滔杀杨布、蔡雄而回幽州，内心非常羞惭，又担心范阳留守刘怦趁着自己兵败，暗算自己。刘怦征发全部留守兵，夹道二十里，具备仪仗，迎接朱滔入府，二人相对唏嘘，悲喜交集，时人多称赞刘怦。

**【华杉讲透】**

## 一切决策都有情绪的参与

该不该出战，怎么战，这是个军事问题，要开军事会议。但是，军事会议往往并没有讨论军事，回纥达干说，我们吃您的喝您的，不计其数了，要报效您！杨布、蔡雄说，大王英略盖世。这两个意见都和军事无关。也就是说，在这个军事会议上，根本没讨论军事问题，就做出了军事决策。

那么，是什么在做决策呢？答案是：情绪。

注意，一切决策都是情绪做出的！高质量的决策，是先理性，后情绪；低质量的决策，是直接诉诸情绪。无论理性还是不理性，最后都必须有情绪的参与，没有情绪的参与，就做不出任何决策。

理解决策的情绪本质，才能避免决策为情绪所误。

第二个问题是逻辑和修辞。决策依靠逻辑，从逻辑上讲，我们不应该犯任何错误，因为逻辑是清晰的。但是，修辞学往往会发挥更大的作用。让朱滔做出战斗决定的，先是回纥的话："以五百骑破邻国数千骑，如扫叶耳"，"愿大王驻马高丘，观回纥为大王剪武俊之骑，使匹马不返"。然后是杨布、蔡雄："大王英略盖世……"朱滔就血脉偾张了。而这些话，全都没有逻辑，是修辞学。

什么是修辞学呢？亚里士多德说：“修辞学是让人相信任何东西，以及促使人行动的语言艺术。”朱滔就上了当，语言是存在之家，人被语言所困，失去自我，因为自我也是由语言组成的。

但是，达干、杨布、蔡雄并不是要害朱滔，他们只是头脑简单而已。朱滔杀杨布、蔡雄泄愤，这是他错上加错。战败责任在他自己，不在杨、蔡。因为每次召开会议，总有人说东，有人说西，听从哪一方在于你自己。不能回来就把说错的人都杀了。曾国藩说：“大抵失败而归咎于谋主者，庸人之恒情也。”朱滔就是个庸人。

**6** 当初，张孝忠献出易州归顺朝廷，皇帝下诏以张孝忠为义武节度使，以易州、定州、沧州三州隶属于他。沧州刺史李固烈，是李惟岳之妻兄，申请辞职回恒州，张孝忠派押牙、安喜人程华去交接州事。李固烈取出军府中全部绫罗绸缎、金银财宝数十车，将要出发，军士们大噪说：“刺史把府库一扫而空，全部带走，将士们将陷于饥寒，奈何！”于是杀李固烈，屠灭他全家。程华听到变乱消息，从墙洞逃出，乱兵们抓到他，请他主持州事。程华不得已，听从。张孝忠听闻，即刻任命程华摄理沧州刺史。程华一贯宽厚，推心以待将士，将士们都很安心。

这时朱滔、王武俊叛变，分别派人招程华，程华都不听从。当时张孝忠在定州，从沧州进入定州，必须经过瀛州，瀛州隶属朱滔，道路阻隔。沧州录事参军李宇向程华建议，上表向朝廷陈述利害关系，让自己单独成为一军，程华听从，派李宇奉表到皇帝行在。皇帝即刻任命程华为沧州刺史、横海军副大使、知节度事，赐名为程日华，令程日华每年供应义武军租税钱十二万缗。王武俊又派人诱说他，当时军中缺马，程日华骗使者说：“王大夫如果一定要我归顺他，请给我骑兵二百人相助。”王武俊给了他，程日华把战马全部扣留，把骑兵遣返。王武俊怒，但自己正与马燧等相拒，不能攻取，程日华由此得以保全。后来王武俊归顺朝廷，程日华便派人谢罪，偿还他马价，并且贿赂他。王武俊喜悦，重新与他交好。

**【华杉讲透】**

## 博弈要考虑到所有的参与方

李固烈大大咧咧把财货全部运走，估计是跟张孝忠谈的条件，地盘归你，钱我要带走。这也是一笔好交易。但是，他们以为这只是他们两人之间的交易，却不知道这是一个综合博弈，博弈中还有第三方——士兵们。士兵们不干，就发生了兵变。兵变之后，李固烈全家无一幸免，张孝忠得了地、财和人，大获全胜。李宇进一步扩大博弈，引入新的参与方——皇帝，程日华成了最后的赢家，张孝忠得到每年十二万缗“安抚钱”。

《资治通鉴》也是一部博弈论案例集，在博弈中，你要考虑自己有没有漏掉潜在的参与方，也可以引入新的参与方改变博弈游戏。

## 李晟数次击败朱泚军，官军进入长安

**7** 五月二十日，李晟举行盛大阅兵式，宣布将收复京城。

之前，姚令言等人屡次派间谍探查李晟进军日期，都被巡逻骑兵抓获。李晟把这些人带到军阵前，对他们说：“回去告诉那些叛徒，努力固守，不要不忠于朱泚老贼！”让他们饮酒，给他们钱，放他们回去。然后引兵到通化门外，耀武扬威而还，贼军不敢出来。

李晟召诸将，问进兵路线，都说：“先取外城，占据街市，然后北攻宫阙。”李晟说：“街市狭隘，贼军如果伏兵格斗，居民惊乱，对官军不利。如今反贼重兵都聚集在皇家林苑中，不如从宫苑北面攻入，击溃其腹心，贼兵必然奔逃。如此，则宫阙不残，街市无扰，这是上策！”诸将都说：“善！”于是通知浑瑊及镇国节度使骆元光、商州节度使尚可孤，约期在城下会师。

五月二十二日，尚可孤击败朱泚部将仇敬忠于蓝田西，将他斩首。

五月二十五日，李晟移军于光泰门外米仓村。

五月二十六日，李晟正亲自参加修筑营垒，朱泚骁将张庭芝、李希倩大军杀到，李晟对诸将说：“我开始时还担心贼军藏匿不出来，现在来送死，这是上天助我，机不可失！”命副元帅兵马使吴诜等纵兵攻击。当时华州营（骆元光的兵）在北，兵少，贼军并力攻击，李晟命牙前将李演等率精兵救援。李演等力战，贼军败走。李演等追击，乘胜进入光泰门，再战，又击破贼军。正好到了夜里，李晟收兵回营。贼军余众逃入白华门，夜里，听到城内传来恸哭声。李希倩，是李希烈的弟弟。

五月二十七日，李晟再次出兵，诸将请求等待西路援军抵达，然后夹攻。李晟说：“贼军数败，已经吓破胆，不乘胜攻取，等他们重新防备，不是好计策。”贼军又出战，官军屡战屡胜。骆元光击败朱泚部众于浐水西面。

五月二十八日，李晟在光泰门外列阵，命李演及牙前兵马使王佖率领骑兵，牙前将史万顷率领步兵，直抵宫苑墙外的神麚村。李晟先派人夜里凿开苑墙二百余步，等李演等抵达，贼军已经用树栅将缺口堵塞，从栅栏中射击及用长矛刺击官军，官军无法前进。李晟怒，呵斥诸将说：“你们放纵贼军让他们如此嚣张，我先斩了你们！”史万顷惧怕，率众先进，拔栅而入，王佖、李演率骑兵继进，贼兵大溃，诸军分道并入。姚令言等还在力战，李晟命决胜军使唐良臣等步骑兵追逼冲杀，且战且前，前后十余回合，贼军不能支持。到了白华门，有贼军数千骑兵出现在官军背后，李晟率骑兵一百余人折回抵御，左右呼喊说：“宰相来了！”贼军都惊慌溃逃。

之前，朱泚派张光晟将兵五千人屯驻九曲，离东渭桥十余里，张光晟秘密投诚于李晟。等到朱泚兵败，张光晟劝朱泚出逃。朱泚于是与姚令言率余众向西逃走，还有近万人。张光晟送朱泚出城，回来，投降李晟。

李晟派兵马使田子奇以骑兵追朱泚。李晟驻军在含元殿前，自己住宿在殿西右金吾仗中，传令诸军说：“李晟赖将士之力，克清宫禁。长安士庶，久陷贼庭，如果小有震惊，有违我军吊民伐罪之意。李晟与公等过几天再与家人相见也不迟，五日内不得和家里通信。”命京兆尹李齐运等安慰居民。李晟大将高明曜夺取逆贼的歌伎，尚可孤军士擅取贼军马匹，李晟将二人都斩首，军中战栗。公私安然无事，秋毫无犯，离得远的街区，有的过了一晚上才知道官军已经入城。

当天，浑瑊、戴休颜、韩游瑰也攻克咸阳，击败贼军三千余众，收到朱泚西逃消息，分兵邀击。

五月二十九日，李晟派京西兵马使孟涉驻防白华门，尚可孤屯驻望仙门，骆元光屯驻章敬寺，李晟自己率牙前兵三千人屯驻安国寺，以镇守京城。斩朱泚党羽李希倩、敬釭、彭偃等八人于街市。

**8** 王武俊既击破朱滔，回到恒州，上表辞让幽州、卢龙节度使的职务，皇上批准。

**9** 六月四日，李晟派掌书记、吴县人于公异做露布（不封口的文书，人人都可传阅）捷报到皇帝行在说：“臣已肃清宫禁，敬谒皇家陵园，钟架都没有移动过，宗庙面貌如故。”皇帝流泪说：“天生李晟，是为社稷，不是为朕啊。”

当初，李晟在渭桥，火星出现在太岁星旁，过了很久之后消退，宾客僚佐都来祝贺，说：“火星退位，这是皇家之福！应该迅速进兵。”李晟说：“天子还在荒野之中，为人臣者，只知道死战退敌而已。天象高远，谁能知道！”攻克长安之后，才对大家说：“之前我并不是不接受你们的话，只是我听说五星（金星、木星、水星、火星、土星）出没无常，万一哪天又出现在太岁星旁，我军就不战自溃了！”大家都道歉说：“这不是我们能想到的！”

**【华杉讲透】**

宾客僚佐们说他们想不到这一层，这是读书不认真了，因为这是《孙子兵法》里专门讲过的，叫作“禁祥去疑”，原文是“禁祥去疑，至死无所之”。禁止迷信活动，消除部属的疑惑，战斗至死，也不逃走。如果你搞迷信活动，说金星从太岁星旁退走了，是大吉，万一明晚它又回来了呢？那不就成了大凶？你怎么向士兵们解释？李晟说担心因此不战自溃，就是这个道理。

曹操说，要“禁妖祥之言，去疑惑之计”。

黄石公说：“禁巫祝不得为吏士卜问军之吉凶，恐乱军士之心。”禁止巫婆神汉为士卒卜算吉凶，以防乱了军心，则士卒专心致志，誓死作战。

当然也有反其道而行之的，将领装神弄鬼，给军队卜算一个大吉大利，让大家奋勇作战。田单守即墨，就用这办法，让一个士兵扮成神仙，向他行礼，侍奉他，每发令，都说是神仙的意思。

## 朱泚投奔吐蕃途中被斩首

**10** 朱泚将要投奔吐蕃，其部众一路逃散，到了泾州，才剩骑兵一百余人。田希鉴闭门拒绝他们进城，朱泚对他说：“你的符节，都是我授予的，为何临危相负！”让人焚烧城门。田希鉴取符节投入火中说：“还你符节！”朱泚部众都痛哭不止。泾州士卒于是杀姚令言，到田希鉴处投降。朱泚独自与范阳亲兵及宗族、宾客向北前往驿马关，宁州刺史夏侯英又拒绝他。到了彭原西城屯，其部将梁庭芬射击朱泚，朱泚坠落坑中，韩旻等将他斩首，回泾州投降。源休、李子平投奔凤翔，李楚琳将他们斩首，将首级送到皇帝行在。

**11** 皇上命陆贽草写诏书给浑瑊，命他访求在奉天失散的宫女。陆贽上奏，认为：“如今巨盗刚刚平定，疲病的小民，创伤的士兵，都还没有安抚慰劳，而首先访求妇人，不符合大家对维新气象的盼望。谋划事情，善始的多，善终的少；而开始就不认真考虑，结局还会好吗！陛下赐给浑瑊的诏书，臣不敢写！”于是皇帝不降诏，但直接派宦官去找寻。

六月六日，皇帝下诏，以吏部侍郎班宏为宣慰使，慰劳将士，抚慰百姓。

六月七日，李晟斩文武官员受朱泚宠任的崔宣、洪经纶等十余人，又上表汇报守节不屈的刘乃、蒋沇等人。

六月十日，任命李晟为司徒、中书令，骆元光、尚可孤也升官，各有等差，任命检校御史中丞田希鉴为泾原节度使。

**12** 皇帝下诏，改梁州为兴元府。

**13** 六月十五日，任命浑瑊为侍中，韩游瑰、戴休颜升官，各有等差。

**14** 朱泚败亡时，他所任命的长安留守李忠臣逃奔樊川，被擒获，六月十七日，斩首。

**15** 皇帝问陆贽："如今抵达凤翔准备迎驾的诸军，军力强大，我想要利用这个机会，派人去替代李楚琳（凤翔节度使），如何？"陆贽上奏，认为："如果这样做，就跟胁迫执行一样。如果说是铲除叛乱，则胜之不武；如果说这是正常职务调动，则用心不诚。这样做了，以后再到别的地方巡视，谁还敢欢迎入境！出这个主意的人，或许说这是权变之计，我看不出这有什么道理。权变的意思，是拿同类的事情来比较衡量，如今陛下御辇所经过的地方，第一站就干胁夺的事，换一个将帅，而有损万乘之君的道义；得到一方地盘，而让全国藩镇惊疑，这是颠倒轻重，称之为权变，不是完全相反吗！以违背法则为权变，以任用权术为机智，君上这么做必定失去人心，臣下用这种办法必定陷身灾祸，历代之所以多丧乱而长奸邪，都是这个原因。不如等陛下回到京师安定下来，征召李楚琳，授给他一个官职。他喜于陛下恩典，奔忙还来不及，岂敢违抗诏命，招来诛讨呢！"

六月十九日，皇帝车驾从汉中出发。

**【华杉讲透】**

“以反道为权，以任数为智”，这十个字说透了历史一切错误，把违反道义当权变，把玩弄权术、要小聪明当智慧，总是要搞事情，时刻要利益最大化。

什么是权变，这是篇大文章。正道的权变，《孟子》上有讲：“男女授受不亲，礼也；嫂溺，援之以手者，权也。”男女授受不亲，是礼，是规矩；但是，嫂子溺水，小叔子就可以伸手拉她上岸，这就是权变。权变是讲遵守道义，但是，小道理要服从大道理，嫂子要淹死了，你说男女授受不亲，就不对了。

后来呢，权变就不是讲道义了，而是讲随机应变，没有一定之规。最典型的说法，是“守正出奇”。说这词的人，都说是来自《孙子兵法》，但是《孙子兵法》没有这四个字，任何兵书都没有，是以讹传讹。既然没有出处，就没有解释。但联系他们使用这个词上下文的意思，就是平时要遵守原则，“关键时候”可以放弃原则。那么就是不遵守原则的意思了，因为原则本来就是用来管“关键时候”的。权变，就是只要我认为结果是好的，或者可以利益最大化，在关键时候我就可以不守规矩、不遵守道义。

德宗的思维方式是一贯的，前面已经发生过多次，形势稍微对自己好一点，他就要提高要价，就要利益最大化，然后就闯下下一次灾祸。

给他出这个主意的人呢？就是一些没有思想、没有见识的人，但是，他们想要立功，就不停地给皇帝出主意，希望能采纳一个，干成了就是自己的功劳。而他们出的主意，都是顺着皇帝的一厢情愿，煽风点火。这样的人，每个领导者周围都有。

**16** 李晟在长安治理整顿，为百官回京做好准备，自请到凤翔迎接皇帝，皇帝不许。内常侍尹元贞奉命出使同华，擅自到河中招谕李怀光。李晟上奏：“尹元贞矫称皇上诏命，擅自赦免元凶，请治其罪！”

**17** 秋，七月七日，皇帝车驾抵达凤翔，斩乔琳、蒋镇、张光晟等。

李晟认为张光晟虽然身在贼营，但是在灭贼过程中也很有功劳，想要保全他性命，皇帝不许。

**18** 副元帅判官高郢数次劝说李怀光归顺，李怀光派他的儿子李璀到皇帝行在谢罪，请求单枪匹马回归朝廷。七月十一日，皇帝下诏，派给事中孔巢父带着之前任命李怀光太子太保的敕令前往河中宣慰，朔方将士全部恢复官爵如故。

## 德宗返回长安

**19** 七月十三日，皇帝车驾抵达长安，浑瑊、韩游瑰、戴休颜各率本部扈从，李晟、骆元光、尚可孤率部队奉迎，步骑兵十余万，旌旗数十里。李晟谒见皇帝于三桥，先祝贺平定贼寇，然后为未能早日收复京师自责，跪伏在路旁请罪。皇帝停下马蹄，安抚慰问，掩面哭泣，命左右扶他上马。到了皇宫，每到闲日（单日朝会，双日就是闲日），就宴请勋臣，赏赐丰渥。李晟为首，浑瑊其次，诸将相又其次。

**20** 曹王李皋派部将伊慎、王锷包围安州，李希烈派他的外甥刘戒虚率步骑兵八千人救援。李皋派另一将领李伯潜逆击之于应山，斩首一千余级。生擒刘戒虚，带到城下示众，于是安州投降。李皋任命伊慎为安州刺史，又攻击李希烈部将康叔夜于厉乡，把他击退。

**21** 七月十八日，孔巢父抵达河中，李怀光素服待罪，孔巢父不制止。李怀光左右多胡人，都叹息说：“太尉没有官做了！”孔巢父又当众宣言说：“军中谁可替代太尉领军？”于是李怀光左右发怒吵嚷。宣诏未毕，众人杀孔巢父及宦官啖守盈，李怀光也不制止，重新整军备战。

**【华杉讲透】**

李怀光素服待罪，是脱下官服，表示屈服。按惯例，孔巢父应该礼请他穿回官服，以示慰抚。但是，他处理不当，以致未能完成使命，自己也丢了性命。

**22** 七月二十二日，赦天下。

**23** 当初，肃宗在灵武，皇帝是奉节王，学文于李泌。代宗年代，李泌居住在蓬莱书院，皇帝为太子，也与他交游。皇帝在兴元时，李泌为杭州刺史，皇帝急诏征召他，与睦州刺史杜亚一起到皇帝行在。

七月二十六日，任命李泌为左散骑常侍，杜亚为刑部侍郎，命李泌每日在中书省值班以等候皇帝问对，他的一举一动，无论朝野，万众瞩目。皇帝问李泌："河中接近京城，朔方兵一向以精锐著称，比如达奚小俊等，都是万人敌，朕昼夜担忧，怎么办？"李泌回答说："天下事确实很有可担忧的，但是河中不足为忧。评估敌人，看将不看兵。如今李怀光是将，达奚小俊之徒不过是兵，何足为意！李怀光既解除奉天包围，看着朱泚只是一个垂死之徒，却不能攻取，反而与他联合，最终让李晟取了本来他该得的功劳。如今陛下已经回到宫阙，李怀光不束身归罪，却虐杀使臣，鼠伏河中，他就是一个活在梦里的人而已！恐怕不日就要被帐下军士枭首，官军诸将都没有机会动手。"

**【华杉讲透】**

李怀光看不清形势，分不清轻重，做事不讲逻辑，李泌把他看透了，可惜孔巢父没有看透。孔巢父根据形势和逻辑来对待李怀光，但是，由于李怀光看不清形势，他不讲逻辑，孔巢父就被他杀了。

当初，皇帝征发吐蕃以讨伐朱泚。许诺成功之后，把伊西、北庭土地划给吐蕃。朱泚被诛之后，吐蕃来求地，皇帝想要召两镇节度使郭昕、李元忠还朝，把土地给吐蕃。李泌说："安西、北庭地区，人性骁悍，控制西域五十七国及十姓突厥，又牵制吐蕃，让他们不能合兵东侵，为何拱手送人！况且两镇之人，势孤地远，尽忠竭力，为国家固守近二十年，可哀可怜。一旦抛弃他们，送给戎狄，他们内心必定深怨中原，他日跟从吐蕃入寇，就像报私仇了。况且之前吐蕃观望不进，暗中脚踏两只船，又在武功大肆抢掠，受贿而去，他们有什么功劳！”众人议论也以为然，于是皇帝不给。

**24** 李希烈听闻李希倩伏诛，愤怒，八月三日，派宦官到蔡州杀颜真卿。宦官说：“有敕。”颜真卿再拜。宦官说：“今天赐卿死。”颜真卿说：“老臣办事没有成绩，罪当死，不知使者哪天从长安出发的？”使者说：“从大梁来，不是长安。”颜真卿说：“那你是贼罢了，怎么说有敕呢！”于是宦官将颜真卿绞死。

**【华杉讲透】**

《隋唐野史》有赞颜真卿的诗，记录在这里：万古真卿义不磨，冲天豪气世间无。忠贞凛凛名犹在，烈烈轰轰大丈夫。

颜真卿也是杰出的书法家。他创立了“颜体”楷书，与赵孟頫、柳公权、欧阳询并称“楷书四大家”，和柳公权二人的书法并称“颜筋柳骨”。

**25** 李晟认为，泾州是一座边城，士兵凶悍，屡次杀害军帅，常为祸乱根源，奏请亲自前往，调查整顿之前的抗命事件，屯田耕种，储积粮秣，以防备吐蕃。

八月四日，皇帝任命李晟兼凤翔、陇右节度等使及安西四镇、北庭、泾原行营副元帅，晋爵西平王。当时李楚琳入朝，李晟申请带李楚琳一起去凤翔，将他斩首，以惩办逆乱。皇帝因为刚刚收复京师，重要的是安抚动荡的人心，不许。

**26** 之前，皇上命浑瑊、骆元光讨李怀光军于同州，李怀光派部将徐庭光率精卒六千人驻军于长春宫以拒战，浑瑊等数次被徐庭光击败，不能前进。当时度支军费无法供应，议事的人多请赦免李怀光，皇帝不许。

李怀光派他的妹婿要廷珍守晋州，牙将毛朝扬守隰州，郑抗守慈州，马燧都派人说降成功。于是皇帝加授浑瑊为河中、绛州节度使，兼河中、同华、陕虢行营副元帅，加授马燧为奉诚军、晋、慈、隰节度使，兼管内诸军行营副元帅，与镇国节度使骆元光、鄜坊节度使唐朝臣合兵讨伐李怀光。

当初，王武俊急攻康日知于赵州，马燧奏请皇帝下诏，命王武俊与李抱真共同攻击朱滔，把深州、赵州划给王武俊，改任康日知为晋、慈、隰节度使，皇帝听从。康日知还未抵达，而三州已经投降马燧，所以皇帝让马燧兼领。马燧上表，把三州让给康日知，并且说因为受降就得到地盘，恐怕以后有功的人跟从以为惯例，皇帝嘉许他。马燧遣使迎接康日知。到了之后，马燧把府库财物一一点清交接给了康日知。

**27** 八月五日，任命凤翔节度使李楚琳为左金吾大将军。

**28** 八月七日，加授浑瑊为朔方行营元帅。

**29** 李晟抵达凤翔，治李楚琳杀张镒之罪，斩裨将王斌等十余人。

**30** 朱滔被王武俊攻击，溃不成军，上表待罪。

**31** 九月十五日（*原文为八月，根据柏杨考证修改*），马燧率步骑兵三万人攻绛州。

**32** 度支认为，李怀光所部将士数万人与李怀光同反，不给冬衣，皇帝说：“朔方军世代忠义，如今是被李怀光胁迫而已，将士何罪！”冬，十月一日，下诏：“朔方及诸军在李怀光属下的，冬衣及赏钱都应当另外贮存，等道路稍通，即时发放。”

**33** 李勉（去年失守汴州，现流亡在宋州）数次上表乞请自贬，十月三日，罢免李勉都统、节度使职务，检校司徒、同平章事职务保留如故。

**34** 十月十八日，李怀光部将阎晏入寇同州，被官军击败于沙苑。皇帝下诏，征召邠州军队，韩游瑰率甲士六千人奔赴。

**35** 十月二十七日，马燧攻拔绛州，分兵取闻喜、万泉、虞乡、永乐、猗氏。

## 德宗令宦官分典禁军

**36** 当初，鱼朝恩伏诛之后，代宗不再让宦官典兵。皇帝即位，把禁兵全部交给宦官白志贞统领，白志贞获罪，皇帝又以宦官窦文场替代他，跟从皇帝前往山南，左右神策两军稍稍集结起来。皇帝回长安，颇为忌惮掌兵多的宿将，逐渐罢免他们。

十月三十日，任命窦文场监神策军左厢兵马使，王希迁监右厢兵马使，开始令宦官分典禁军。

**【柏杨注】**

宦官从此掌握军权，使中国历史上第二个宦官时代大放光辉，演变成唐王朝的“艾滋病”，跟唐王朝共存亡。（柏杨认为中国经历了三次最黑暗的宦官时代：第一次是在东汉后期的二世纪；第二次是在唐朝后期的九世纪；第三次从公元1435年王振当权一直到明王朝覆灭为止。）

**37** 闰十月八日，任命泾原节度使田希鉴为卫尉卿。李晟初到凤翔，田希鉴遣使参候，李晟对使者说：“泾州逼近吐蕃，万一入寇，州兵能单独抵御吗？我想要派兵防援，又不知道田尚书的意见。”使者回去报告田希鉴，田希鉴果然请求援兵，李晟派心腹将领彭令英等戍防泾州。

李晟不久以巡边为名抵达泾州，田希鉴出迎，李晟与他并马入城，一路追叙旧日往事，相谈甚欢。田希鉴的妻子李氏，把李晟当叔父事奉，李晟称呼田希鉴为田郎。李晟命准备三日食物，说：“巡抚完毕，即还凤翔。”田希鉴不再起疑。李晟摆设宴会，田希鉴与将佐一起到李晟军营。李晟埋伏甲士于廊外，酒酣饭饱，彭令英引泾州诸将下堂。李晟说：“我与诸位久别，应当各自作一下自我介绍。”于是找出作乱者石奇等三十余人，斥责他们说：“你们屡次逆乱，残害忠良，本来为天地所不容！”全部带出去斩首。田希鉴还在座，李晟回头看着他说：“田郎也不能说没有过错，看在我们是老朋友的分上，应当给他留一个全尸。”田希鉴说：“是。”于是田希鉴被拉出去，连同他的儿子田萼一起绞死。李晟进入田希鉴军营，晓谕以诛杀田希鉴的理由，众人股栗，无人敢动。

**38** 李希烈派部将翟崇晖全军围攻陈州，很久不能攻克。李澄知道大梁兵少，不能控制滑州，于是焚烧李希烈授给他的旌节，誓众归国。闰十月二十六日，皇帝任命李澄为汴滑节度使。

**39** 宋亳节度使刘洽派马步都虞候刘昌与陇右、幽州行营节度使曲环等将兵三万救援陈州，十一月六日，击败翟崇晖于州西，斩首三万五千级，生擒翟崇晖，押送京师献俘。乘胜进攻汴州，李希烈惧怕，奔回蔡州。李澄引兵前往汴州，到了城北，懦怯不敢前进。刘洽兵抵达城东。十一月二十一日，李希烈守将田怀珍开门迎降。第二天，李澄入城，驻扎在浚仪县府。李澄与刘洽两军士兵，每天都愤怒争斗。正巧李希烈郑州守将孙液投降李澄，李澄引兵移驻郑州。皇帝下诏，任命都统司马宝鼎人薛珏为汴州刺史。

李勉抵达长安，素服待罪。议事的人多认为“李勉失守大梁，不应仍兼宰相”。李泌对皇帝说：“李勉公忠雅正，而用兵非其所长。当初大梁失守，将士抛妻弃子而跟从他的有接近二万人，足以见他能得众心。况且刘洽出自李勉麾下，李勉到了睢阳，立即把军队全部交给刘洽，最终平定大梁，也是李勉之功。”皇帝于是命李勉官复原职。

议事的人又说："韩滉听闻皇帝銮舆在外，聚兵修石头城，密谋反叛。"皇帝起疑，以问李泌，李泌回答说："韩滉公忠清俭，自从陛下车驾在外，韩滉贡献不绝。况且镇抚江东十五州，盗贼不起，都是韩滉的功劳。之所以修石头城，是韩滉看见中原动荡，认为陛下将渡江南下，为迎驾做准备而已。这都是人臣忠笃的考虑，怎么反而成了罪名呢！韩滉性格刚严，不攀附权贵，所以多有诽谤诋毁，希望陛下明察，臣敢担保他没有二心。"皇帝说："外议汹汹，章奏如麻，卿没有听说吗？"李泌回答说："臣当然听说了。韩滉的儿子韩皋为考功员外郎，如今都不敢回家探亲，正是谤语沸腾的缘故。"皇帝说："他的儿子尚且如此畏惧，卿为什么为他担保呢？"李泌回答说："韩滉之用心，臣非常了解。臣愿意上疏为他辩明，乞请宣示中书，让朝臣们都知道。"皇帝说："朕正要用卿，担保一个人，谈何容易！你要谨慎，不要违背众心，恐怕连你一起连累了。"

李泌退下后，正式上疏，请以全家百口性命为韩滉担保。另一天，皇帝对李泌说："卿竟然上疏，朕已为卿留中不发。虽然知道卿与韩滉是亲旧，岂能不自爱其身呢！"李泌回答说："臣岂肯私于亲旧而辜负陛下！只是看见韩滉实在没有异心，臣之上章，是为朝廷，不是为自身。"皇帝说："怎么是为朝廷？"李泌回答说："如今天下旱灾、蝗灾，关中米一斗值一千钱，仓廪耗竭，而江东丰稔。愿陛下早日下发臣的奏章，以解朝众之惑，面谕韩皋，让他回家省亲，令韩滉感谢而无自疑之心，速运粮储，岂不是为朝廷吗？"皇帝说："善！朕深刻理解了。"即刻下发李泌奏章，令韩皋请假回家探亲，当面赐给他红色官服，晓谕他说："最近朝中对卿的父亲有一些诽谤的话，朕现在知道是怎么回事，释然不再相信了。"又说："关中缺粮，回去告诉卿的父亲，应尽快运粮。"韩皋抵达润州，韩滉感悦流涕，即日，从临水滨发运米一百万斛，让韩皋留家五日就还朝。韩皋与母亲告别，哭声屋外都能听见。韩滉怒，召出，用棍子打了他，亲自送到江上，冒着大风大浪，让他马上走。既而陈少游听闻韩滉贡米，也进贡二十万斛。皇帝对李泌说："韩滉竟能感化陈少游也进贡大米！"李泌说："何止陈少游，诸道将争相入贡了！"

【华杉讲透】

德宗就这么个格局，李泌跟他讲大义，他怎么也听不进去；跟他讲大米，马上就听了。对忠臣是否冤屈，他根本不关心，那超出了他的理解力，但是，你说能进贡钱粮，他马上就理解了，而且是“朕深谕之矣”，是深刻理解。因为对于他来说，大义不深刻，大米非常深刻！

**40** 吏部尚书、同平章事萧复奉使从江、淮地区回来，与李勉、卢翰、刘从一共同朝见皇帝。李勉等退下后，萧复单独留下来，对皇帝说：“陈少游位兼将相，却首先做出有亏臣节的事，韦皋只是一个幕僚部属，却能单独建立忠义（韦皋事见去年记载），请以韦皋替代陈少游镇守淮南，让善恶彰明。”皇帝同意。立即派宦官马钦绪去见刘从一，附上去耳语一番，然后离去。几位宰相回到各自的阁室中。刘从一向萧复说：“马钦绪宣旨，让我与你商议朝见皇上时所说的事，即刻上奏执行，不要令李勉、卢翰知道。敢问你跟皇上说的是什么事？”萧复说：“尧舜升降官员，四方诸侯全都同意。在朝堂上当众赐给爵位，让朝士百官共知。假使李勉、卢翰不能胜任宰相，那就罢免他们。既在相位，朝廷政事，怎么能不与他们商议，而独自隐瞒这一件事呢！这是当今最大的弊病，早上主上已经跟我交代这些话，我已经当面说不能这样，想不到皇上还是坚持。我并不是不愿与您一起上奏执行，只是怕逐渐成为惯例，所以不敢告诉你。”最终也不告诉刘从一。刘从一上奏说明，皇帝更加不悦，于是萧复上表辞职，十一月二十八日，罢相为左庶子。

【华杉讲透】

此事有些蹊跷，如果是萧复向皇帝建议用韦皋替代陈少游，之后他又跟刘从一说是皇帝说的，他不同意，拒绝执行，甚至拒绝说出是什么事。那么皇帝就不应该是“不悦”，而是大怒，要杀人了。以萧复的智识和名节，他不至于干出这样的事。相反，这种事倒很像是德宗干的，因为他一贯如此，他单独留下萧复，安排他如此这般的可能性更大。而关于他们君臣二人之间的谈话，史官怎么记，就是皇帝说了算了。

历史细节，多有不可信之处，我们也不能都去猜测，只在特别蹊跷的地方，发一点议论。

刘洽攻克汴州，得到《李希烈起居注》，说：“某月日，陈少游上表归顺”。陈少游听闻，羞惭恐惧，发病，十二月八日，薨逝。追赠为太尉，赙仪和葬礼规格按正常级别。

淮南大将王韶想要自己担任留后，让将士们推举自己主持军事，并且想要大肆抢掠。韩滉派使者对他说：“如果你敢作乱，我即日全军渡江诛杀你！”王韶等惧怕放弃。皇帝听闻，喜悦，对李泌说：“韩滉不仅安定江东，又能安定淮南，真是大臣之器，卿可以说是有知人之明！”

十二月十三日，加授韩滉为平章事、江淮转运使。韩滉运江、淮的粟米、绸缎入贡京师，没有一个月停止，朝廷都依赖他，使者劳问相继，皇帝对他的恩遇更深。

**41** 本年蝗灾遍及远近各地，草木都被吃光，唯独不吃稻子，发生大饥荒，道路上饿殍相望。

**【华杉讲透】**

这也是蹊跷的地方，蝗虫不吃稻子，很蹊跷；不吃稻子却又发生大饥荒，蹊跷加蹊跷。

## 贞元元年（公元785年）

**1** 春，正月一日，赦天下，改年号为贞元。

**2** 正月十七日，追赠颜真卿为司徒，谥号文忠。

**3** 新州司马卢杞遇上大赦，调任吉州长史，对人说：“我必定能再次入朝。”不久，皇帝果然任用他为饶州刺史。给事中袁高受命草拟制书，拿着制书对卢翰、刘从一说：“卢杞任宰相，致使皇上流亡，海内疮痍，为什么忽然擢升为大郡刺史！希望二位持表上奏。”卢翰等不听从，命其他舍人起草。

正月十九日，制书下达，袁高扣留不颁发，并且上奏说：“卢杞极恶穷凶，百官恨之如仇，六军将士都恨不得吃他的肉，怎么还能再任用他！”皇帝不听。补阙陈京、赵需等上疏说：“卢杞三年擅权，致使百官政务废弛，天地神祇都知道，华夏、蛮夷都唾弃他。如果对这样的巨奸再次加以宠信，必定失去天下人心。”

正月二十一日，袁高再次在正式朝会上论奏。皇帝说：“卢杞已经经过两次大赦。”袁高说：“大赦只是不治他的罪，不可以再任命他为刺史。”陈京等亦争执不已，说：“卢杞执政，百官时常如同刀架在自己脖子上，如今再次任用他，则奸党们都摩拳擦掌，准备大干一番。”皇帝大怒，吓得左右都往后躲，进谏的人也逐渐退缩，陈京回头看着他们说：“赵需等人不要退缩，这是国家大事，应当以死相争。”皇帝怒气稍解。

正月二十二日，皇帝对宰相说：“给卢杞一个小州刺史，可以吗？”李勉说：“陛下想要给他，即使大州也可以，只是让天下人失望，又怎么办！”

正月二十六日，任命卢杞为澧州别驾。派人对袁高说：“朕慢慢思量卿的话，确实非常恰当。”又对李泌说：“朕已批准袁高所奏。”李泌说：“最近外人窃议，把陛下比着汉桓帝、汉灵帝；如今听到陛下的话，就是尧、舜也赶不上陛下！”皇帝喜悦。卢杞最终死在澧州。

袁高，是袁恕己的孙子。

**4** 三月，李希烈攻陷邓州。

**5** 三月二十三日，任命汴滑节度使李澄为郑滑节度使。

**6** 把代宗的女儿嘉诚公主嫁给田绪为妻。

## 马燧击败李怀光兵，与浑瑊会合

**7** 李怀光的都虞候吕鸣岳秘密通款于马燧，事情泄露，李怀光杀了他，屠灭全家。牵连幕僚高郢、李鄘，李怀光集合将士，当众斥责他们，高郢、李鄘抗言逆顺之道，毫不惭愧和隐瞒，李怀光将他们囚禁。李鄘，是李邕的侄孙。

马燧驻军于宝鼎，击败李怀光兵于陶城，斩首一万余级，分兵与浑瑊会合，进逼河中。

**8** 夏，四月十三日，任命曹王李皋为荆南节度使，李希烈部将李思登献出随州，向他投降。

**9** 四月十八日，马燧、浑瑊击破李怀光兵于长春宫南，于是挖掘壕沟，包围宫城。李怀光诸将相继来降。皇帝下诏，任命马燧、浑瑊为招抚使。

**10** 五月二日，刘洽更名为刘玄佐。

**11** 韩游瑰请兵于浑瑊，一起攻取朝邑。李怀光部将阎晏想要夺回城池，士卒们指着邠州军说："他们不是我们的父兄，就是我们的子弟，为什么要以白刃相向呢！"喧哗吵闹，声音很大。于是阎晏引兵离去。李怀光知道众心不从，于是诈称准备归顺，聚集货财，装饰车马，声称等道路打通就到京师进贡，由此又拖延一个月。

**12** 六月十八日，任命刘玄佐兼汴州刺史。

**13** 六月二十八日，任命金吾大将军韦皋为西川节度使。

**14** 朱滔病死，将士们推举前涿州刺史刘怦主持军事。

**15** 当时连年旱灾、蝗灾，度支资粮匮竭，议事的人多请赦免李怀光。李晟上言说：“赦免李怀光，有五个不可：河中距长安才三百里，同州首当其冲，如果驻扎大量军队，则不能显示对李怀光的信任，驻兵少了则不足以提防他，一旦东方发生事变，朝廷何以制服！这是其一；现在赦免李怀光，必定要把晋州、绛州、慈州、隰州都还给他，浑瑊既无所得，康日知又应迁移，这些州县全都变动不定，何以奖励忠义之士，这是其二；陛下连兵一年，讨除小小的丑恶之徒，兵力并非不足，却忽然赦免其反逆之罪，如今西有吐蕃，北有回纥，南有淮西，都在观望朝廷强弱，他们不会认为陛下是施德泽，爱百姓，而是认为朝廷兵屈于人而自行放弃罢了，必然竞起觊觎之心，这是其三；李怀光既赦，则朔方将士都应论功行赏，如今府库正空虚，赏赐不能满足他们的期望，这会更加激起他们叛乱，这是其四；赦免李怀光，就要诸道讨逆军队复员，但是又没有什么赏赐，怨言必起，这是其五。如今河中米价一斗五百钱，饲养马牛的草料将要吃尽，房屋之中，饿殍甚众。况且其军中大将也几乎被杀光，陛下只要敕令诸道兵马再包围十天半月，他们必有内部崩溃的变化，何必养腹心之疾，他日又再后悔呢！”又请发兵二万，自备资粮，单独讨伐李怀光。

秋，七月一日，马燧从行营入朝，奏称：“李怀光凶逆尤甚，赦之无以令天下，愿再得一个月军粮，必为陛下扫平他。”皇帝批准。

## 李泌单骑进入陕城，放走达奚抱晖

**16** 陕虢都知兵马使达奚抱晖毒死节度使张劝，自己代总军务，向朝廷邀求旌节，并且暗中召李怀光部将达奚小俊为自己外援。皇帝对李泌说：“如果河中与陕州连衡，则难以迅速制服。况且达奚抱晖占据陕州，则水陆运输都断绝了。不得不麻烦卿走一趟。”

七月八日，任命李泌为陕虢都防御水陆运使。皇帝想要派神策军护送李泌上任，问：“需要多少人？”李泌回答说：“陕城三面悬绝，如果攻城，一年半载也攻不下来，臣请单骑而入。”皇帝说：“单骑如何可入？”李泌回答说：“陕城之人，还没有对抗朝廷命令的习惯，只是达奚抱晖一人为恶而已。如果以大军兵临城下，他们一定闭城坚守。臣如今单骑抵其近郊，他们如果举兵，则并没有敌人；如果派一个小校来杀臣，则未必不反而被臣利用。况且如今河东全军屯驻安邑，马燧入朝，愿陛下敕令马燧与臣同时启程辞行，假使陕人要加害于臣，则畏惧河东移军讨伐他们，这也是一种势。”皇帝说：“即使如此，朕正要大用卿，宁失陕州，不可失卿，还是换其他人去吧。”李泌说：“其他人必定进不了城。如今事变之初，众心未定，所以可以出其不意，破坏他的奸谋。其他人犹豫拖延，陕州人计议已定，就不得进程了。”皇帝批准。

李泌接见陕州进奏官及在长安的将吏，对他们说：“主上因为陕、虢饥馑，所以不授给我节度使符节，而是让我兼任运使，想让我督运江、淮米来赈济你们。陕州行营在夏县，如果达奚抱晖可用，就会给他兵权。如果继而有功，就赐给他节度使旌节了。”达奚抱晖在京城的眼线飞驰前往报告他，达奚抱晖稍微自安。李泌把情况详细汇报皇帝，说：“我是让士卒们想得到米，达奚抱晖想得到符节，他们必定不会害我了。”皇帝说：“善！”

七月十五日，李泌与马燧一起向皇帝辞行。

七月十七日，加授李泌为陕虢观察使。李泌出了潼关，鄜坊节度使唐朝臣率步骑兵三千人在关外待命，说：“奉密诏送公至陕州。”李泌说：“我辞别皇上那天敬奉圣旨，可以便宜从事，你们一个人都不能跟着我，有人跟从我就进不了陕州。”唐朝臣说他接了皇帝诏令，不敢离开，李泌即刻写手令阻止他，然后疾驰而去。

达奚抱晖不派将佐出迎，只是不断派出斥候侦察动静。李沁在曲沃住宿，将佐们不等达奚抱晖的命令，就前来迎接，李泌笑道：“我的事成了！”到了离城十五里，达奚抱晖也出城谒见。李泌称赞他摄事保全城池的功劳，说：“军中谣言，不足介意。公等职事都保留如故。”达奚抱晖出来，喜悦。李泌既入城视事，宾佐有请屏退其他汇报者。李泌说：“易帅之际，军中有谣言，这是常理，我到了，自然安定，我不想再听。”于是疑惧的人都安下心来。李泌只是索取账簿，管理粮食储备。第二天，李泌召达奚抱晖到住处，对他说：“我并不是爱惜你而不杀你，只是担心以后有危疑之地，朝廷所命的将帅都不能进入，所以才饶你一命，你为我准备祝版、纸钱，出城祭奠前任节度使张权，当心不要进入潼关，自己选择安身之处，再秘密来接你的家属，我保证你没有其他麻烦。”

李泌辞行时，皇帝把参与作乱的陕将七十五人的名单交给他，命他诛杀。李泌既放走达奚抱晖，到了中午，朝廷派来的宣慰使抵达。李泌奏报说：“已经赶走达奚抱晖，其他人不值得过问。”皇帝再次派宦官到陕州，一定要李泌诛杀他们。李泌不得已，把兵马使林滔等五人械送京师，恳请赦免。皇帝下诏，把他们流放到天德；一年多后，最终把他们杀了。而达奚抱晖从此亡命天涯，不知道他去了哪里。达奚小俊引兵抵达陕州州境，听闻李泌已经入城，便回去了。

**【华杉讲透】**

### “伐谋”可以不战而屈人之兵

李泌这是“上兵伐谋”之计，伐谋，就是伐掉他的计谋，让他自己打消谋反的念头，这就不战而屈人之兵了。德宗还是一以贯之的做派，得了便宜就要变本加厉。

**17** 七月十九日，任命刘怦为幽州、卢龙节度使。

**18** 大旱，灞水、浐水将要干涸，长安城的井里都没有水。度支上奏说，朝廷及地方财政只能支持七十天。

# 卷第二百三十二　唐纪四十八

贞元元年（785）八月至贞元三年（787）七月，共2年

# 德宗神武圣文皇帝七

## 贞元元年（公元785年）

**1** 八月二日，皇帝下诏说，凡是不紧急的费用及冗官吃皇粮的，全部裁撤。

### 李怀光失军心，自缢而死

**2** 马燧抵达行营，与诸将商议说：“攻不下长春宫，就抓不到李怀光。长春宫守备甚严，攻之旷日持久，我当亲身前往晓谕他们。”于是直抵城下，呼唤李怀光守将徐庭光，徐庭光率将士在城墙上列队跪拜。马燧知道他们内心已经屈服，慢慢对他们说：“我从朝廷来，你们可以西向受命。”徐庭光等又西向叩拜。马燧说：“自从安禄山造反，你们报国立功四十余年，为什么忽然做出这灭族之事！如果能听我的话，不仅能免祸，还可以得到富贵。”众人不回答。马燧解开盔甲说：“你们不信我的话，为什么不射我！”将士们都伏地哭泣。马燧说：“这都是李怀光所为，你们无罪。只需坚守城池，不要出兵。”众人都说：“诺。”

八月十日，马燧与浑瑊、韩游瓌进军逼近河中，抵达焦篱堡。守将尉珪率七百人投降。当晚，李怀光燃起烽火，其他兵营都不回应。骆元光在长春宫下，派人招降徐庭光。徐庭光一向轻视骆元光，派士兵骂他，又让人扮成胡人小丑在城墙上侮辱他（骆元光是安息人），并且说：“我只投降汉将！”骆元光派人报告马燧，马燧返回城下，徐庭光开门出降。马燧带着数名骑兵入城慰抚，徐庭光部众大声呼喊说：“我们又成为国家的人了！”浑瑊对僚佐说：“我以前认为马公用兵跟我也差不多，今天才知道自己远远比不上！”皇帝下诏，任命徐庭光为试殿中监兼御史大夫。

八月十二日，马燧率诸军抵达河西，河中军士惊惶说：“西城部队已经穿上盔甲了！”又说：“东城已经整队了！”一会儿工夫，军中都把称号改为“太平”二字。李怀光不知所为，于是自缢而死。

当初，李怀光解除奉天包围，皇帝任命他的儿子李璀为监察御史，对他宠爱优待，非常丰厚。等到李怀光屯驻咸阳，按兵不进，李璀密言于皇帝说：“臣的父亲必定会辜负陛下，愿早做防备。臣听说，君、父一样，但今日之势，陛下未能诛杀臣的父亲，而臣的父亲足以危及陛下。陛下待臣恩厚，臣是胡人，性直，所以不忍心不说。”皇帝惊道：“知道卿是大臣的爱子，应当在中间为朕委曲调和，为什么还向朕密奏！”李璀密回答说：“臣的父亲并非不爱臣，臣也不是不爱父亲与宗族；只是臣竭尽全力，也不能挽回了。”皇帝说：“那么卿有什么办法能让自己免祸呢？”李璀密回答说：“臣向陛下进言，并非苟且求生，臣的父亲失败之后，臣就和他一起死，还有什么办法呢！假使臣卖父求生，陛下又怎会用臣！”皇帝说：“卿不要死，为朕再到咸阳晓谕卿的父亲，让我们君臣父子俱全，不也很好吗！”李璀去了咸阳，又回来，说：“没有用的，愿陛下防备，不要相信他人之言。臣这次去，说谕万方，臣的父亲说：‘你小子知道什么！主上无信，我不是贪图富贵，只是怕死而已，你怎么能把我陷入死地！’”

等到李泌赴陕州，皇帝对他说：“朕所以再三想要保全李怀光，只是爱惜李璀罢了。卿到了陕州，试试为朕招他来。”李泌回答说：“陛下流亡梁州、洋州之前，李怀光还有资格归降。如今则不然，岂有人臣迫逐其君，还可以重新站立在朝堂上的吗！就算是他脸皮厚不知羞耻，陛下每次视朝，看见他又是什么心情！臣如果能入陕，即使李怀光请降，臣也不敢接受，何况招降他呢！李璀本是贤者，一定会和他父亲一起死，如果他不死，那他也没有什么可贵了。”等到李怀光死，李璀先手刃自己的两个弟弟，然后自杀。朔方将牛名俊砍下李怀光首级出降。河中兵还有一万六千人，马燧斩其将阎晏等七人，其余都不过问。马燧自辞行到平定河中，前后二十七日。马燧把高郢、李鄘从监狱中放出来，都上奏安置在自己幕下。

韩游瑰攻打李怀光时，杨怀宾作战非常得力，皇帝命特赦他的儿子杨朝晟，韩游瑰遂以杨朝晟为都虞候。

**【华杉讲透】**

李怀光上吊自杀，从他谋反那一刻起，这已经是最好的结局，比朱泚好些吧！他本来立下安邦定国的大功，为什么会落到这步田地？虽说是奸臣陷害，也不是要把他害死，只是排挤而已，还是李怀光自己把握不住，觉得朝廷亏待了自己，但你不能被亏待就要造反呀！他不懂得“比自己‘该得的’少拿一点”的道理，就心理失衡，走上自取灭亡的道路。

切断大臣与皇帝的联系，垄断信息，本来就是奸臣的惯例，不是什么新鲜事，遇上也不值得愤懑。现在这样的事也很多，笔者是做咨询顾问公司的，有时遇到这样的情况：我们的团队去客户处开会提案，老板总是没有时间参加。我们觉得奇怪，这个老板花了这么多钱请顾问，怎么不听汇报呢？后来发现，是对方负责的主管根本不通知老板开会，对老板和咨询公司都封锁消息，隔绝接触，自己弄权。而我们的项目负责人呢，又照顾他感受，不直接跟老板联系。到了最后，还是穿帮了才能解决问题。

皇帝问陆贽：“河中已平定，还有什么事需要筹划安排的？”令他逐条上奏。陆贽以为河中既平，必定有顺着皇帝旨意生事的人，认为王师所向无敌，请乘胜征讨淮西。李希烈则必定诱谕他所部及新附的将领们说：“皇上在奉天颁布的停兵旨令，只是因为窘急，朝廷稍安，必定再次诛伐。”如此，则四方自知有罪的人谁不心怀疑惧，河朔、青齐定会响应，再次兵连祸结，赋役繁兴，建中年间的灾难，就要再起。于是上奏，其大略说：“福不可以屡次靠侥幸，幸运不可以时常指望。”

又说：“臣暂且忧心再次生祸，而不敢祝贺陛下已经获得福报。”

又曰：“陛下之前怀着深切真诚的悔过之心，降下非比寻常的大赦令，在各地宣告之际，听到的人无不流泪。那些僭称王号的武夫，都削除伪号以请罪。首鼠两端观望的人，都纯诚以效忠。”

又说：“之前讨伐，越讨越叛，如今赦免，全都归来。之前以百万之师，而精疲力竭；如今下咫尺之诏，而感化融洽。这样，圣王布施天理大道驯服暴人，靠德而不是靠兵，是很明显的了。群帅之前悖逆臣礼，抗拒天诛，是为了自己能活下来，而不是真的想要当王，又是很明白的了。所以，自己要生存，就要让他人生存；自己要安全，就要让别人安全。把别人挤到死地而求自己的长久生存，把别人逼到危地而求自己长久安全，从古及今，都没有这样的事。”

又曰：“一个人不遵守法令，全境遭殃；一个地方不安宁，全国扰动。”

又说：“千千万万参加叛乱的污人，三四个叛军统帅，被陛下自新之旨感化，为陛下盛德之言而喜悦，洗心革面，削除伪号，重修臣礼。他们对于深言密议固然也不完全没有顾虑，必定是聚心而谋，倾耳而听，观察陛下所行之事，考察陛下立下的誓言。如果言与事相符，那他们迁善之心渐渐稳固；如果事与言相悖，则他们对大祸临头的担心又再次出现。”

又说：“朱泚灭亡而李怀光被杀，李怀光被杀而征讨李希烈，如果李希烈扫平，大祸将落到下一个人头上，这样一来，那些之前就心怀疑惧，有背叛记录的将领，能不为之动摇吗！”

又说：“如今皇运中兴，天祸将悔，以朱泚之偷居上国，以李怀光之窃保中畿，还不到一年，相继被枭灭，这正是叛徒心惊胆战、百姓对朝廷重建信心之时。威令已经施行，而恩泽还未广施。正应该上副天眷，下收人心，布下体恤人民的恩惠以济威，乘着消灭叛贼之威以行惠。”

又说：“臣所不敢担保必定听从的，就李希烈一人而已。推测他的私心，也不是不愿听从；想来他的考虑，也不是没有追悔。只是他之前猖狂失计，已经盗称大号，虽然承蒙陛下宽恕他的恩典，也不能不自惭于天地之间了。他就算不归降，也就是一个独夫，对内没有借口起兵，对外则没有同类相助，他能做的，不过是优厚抚慰部曲，拖延岁月而已，虽有逞强好胜之心，而形势已经不允许。陛下只需要敕令诸镇各守封疆，李希烈士气已衰，计谋已穷，他已经是牢里的人了，不被人杀，就会被鬼杀。古人所说的不战而屈人之兵，就是这种情况了！”

八月十七日（原文为丁卯，根据柏杨考证修改），皇帝下诏，说：“李怀光曾经有功，宽恕他一个儿子，让他能延续后代，赐给田地和住宅，归还他的首级，和尸身一起安葬。加授马燧兼侍中，浑瑊为检校司空，其余将卒赏赐各有等差。诸道与淮西连接者，宜各守封疆，除非受到攻击，不须进讨。李希烈如果投降，免除死罪，其余将士百姓，一概不追究。”

**【华杉讲透】**

这次皇帝听了陆贽的建议。

陆贽担心必有人“希旨生事”，顺着皇帝心思，鼓动皇帝征讨李希烈，所以皇帝命他逐条汇报该做什么事，他什么也不说，只说这一条；没有说该做什么事，只说这一件不该做的事。

“希旨生事”，在我们的生活中非常普遍，我们的朋友、我们的家人，都会对我们“希旨生事”。什么意思呢？当我们和其他人有矛盾的时候，我们的朋友、家人，就会跟我们说，我们吃亏了，对方太坏了；“你就是太善良”“你就是心太软”“他就是占你便宜”，不断从道德上、实力上抬高我们，说对方的不是，给我们出主意，鼓动我们，而绝不会指出我们的错误。他们只站在我们的立场，不站在对方的立场。我们如果听了，事就办坏了。

“希旨生事”的人，是对我们毫不负责的。他们图什么呢？首先是一种本能的操控他人的欲望和冲动，然后是显示“我对你好”“我关心你”“我心疼你”。本质上什么好处也没有，只会生事惹祸。

生事的人，还有一个表现，就是任何事情他都要给你出主意，出一个跟你之前不同的主意。他出主意，并不是因为他有主意，一是显示他对你的关心；二是操控欲，他想操控你；三是他并没有判断事情该怎么办，他只是尽量施展影响力，要求你按他的主意办，而他希望从中获得成就感和可能的功劳。

这世界最害人的，就是亲戚、朋友、同学、下属不负责任的建议。而承担责任做顾问的，千防万防，主要就是要防“希旨生事”的瘟疫。陆贽洞然明白，先给德宗皇帝打一针疫苗。

**3** 当初，李晟曾经率神策军戍防成都，回去的时候，把营妓高洪带在身边。西川节度使张延赏大怒，追上去索回，两人由此有了矛盾。至此，刘从一有病，皇帝召张延赏入朝为相。李晟上表陈说张延赏的种种过失和罪恶，皇帝难以违背李晟心意，只任命张延赏为左仆射。

**【华杉讲透】**

这是一件“破事儿”，但是，大人物之间的破事儿，往往就会引起重大的政治斗争，从而波及很多人的命运和国家的走向，这种事情非常普遍，所以值得关注。

此事当然是李晟不对。既是西川营妓，当然是张延赏送来招待李晟的，你不能招呼都不打，就把人给带走了。张延赏愤而追还，一定是他心爱之人，让其出来陪李晟，而李晟做人太差了。李晟呢，自己错了，不仅没有羞愧歉意，还在政治上打击报复，人品减分。

**4** 镇国军节度使骆元光打算诛杀试殿中监徐庭光，与韩游瓌谋议说：“徐庭光侮辱我的祖宗（本年八月，在城墙上扮胡人小丑侮辱骆元光），我想杀掉他，马公（马燧）必怒，到时候，你能救我不死吗！”韩游瑰说：“诺。”

八月二十日，骆元光在军门外遇到徐庭光，行礼后数落他的罪状，命左右将他斩成碎块，然后入军府见马燧，顿首请罪，马燧大怒说：“徐庭光已降，受朝廷官爵，公不告而杀之，这是目无统帅！”要斩他。韩游瑰说：“骆元光杀一个裨将，公尚且大怒如此。公杀节度使，天子会怎么样！”马燧默然。浑瑊也为骆元光求情，于是马燧放过他。

浑瑊镇守河中，接收李怀光全部军队，朔方军自是分驻邠州、河中。

**5** 卢龙节度使刘怦疾病，九月七日，皇帝下诏，任命他的儿子行军司马刘济权且代理节度使事务。刘怦不久便薨逝。

**6** 九月二十七日，中书侍郎、同平章事刘从一罢免为户部尚书；九月二十八日，薨逝。

**7** 冬，十月，皇帝在圜丘祭祀，赦天下。

**8** 十二月十三日，户部上奏，今年入朝进贡的地方一共有一百五十州。

**9** 于阗王尉迟曜上言：“臣的兄长尉迟胜把王位让给臣，如今请复立尉迟胜的儿子尉迟锐。”皇帝任命尉迟锐为检校光禄卿，让他归国。尉迟锐坚决推辞说：“尉迟曜执政已经很久，国人悦服。尉迟锐生长在京师，已经不习惯于阗风俗，不能去。”皇帝嘉许他，任命尉迟锐为韶王咨议。

**【华杉讲透】**

尉迟锐是个明白人，叔父摆一个姿态，他不能当真。

## 贞元二年（公元786年）

**1** 春，正月十一日，任命吏部侍郎刘滋为左散骑常侍，与给事中崔造、中书舍人齐映一起担任同平章事。刘滋，是刘子玄的孙子。崔造少年时代居住在上元，与韩会、卢东美、张正则为友，自认为有辅佐君王之才，时人认可他们，称之为“四夔”（夔是尧舜时代的贤臣）。皇帝因为崔造在朝廷敢言，所以破格提拔他。刘滋、齐映也常把职权让给崔造。崔造久居江南，对主掌钱谷的诸使欺君罔上的弊病非常痛恨，上奏撤销水陆运使、度支巡院、江淮转运使等，诸道租赋全部交给观察使、刺史负责征收，派人直接送到京师。令宰相分管尚书六曹：齐映管兵部，李勉管刑部，刘滋管吏部、礼部，崔造管户部、工部，又任命户部侍郎元琇管诸道盐铁和酒类专卖，吉中孚管度支两税。

**【华杉讲透】**

看起来对弊病并没有什么制度改革，只是换成自己的人。

**2** 李希烈部将杜文朝入寇襄州，二月三日，山南东道节度使樊泽迎战，生擒杜文朝。

**3** 崔造和元琇关系好，所以让他主管盐铁。韩滉上奏抨击盐铁专卖弊端；二月十四日，皇帝任命元琇为尚书右丞。

陕州水陆运使李泌上奏：“从集津到三门，凿山开车道十八里，以避开底柱天险。”本月，道路建成。（底柱山在黄河河道中间，即之前说过的“中流砥柱”，给过往船只造成巨大危险。李隆基时代曾凿山开道，这一段路转为陆运。天下大乱之后，道路荒废，如今恢复。）

## 大将陈仙奇毒杀李希烈，率众归降

**4** 三月，李希烈别将入寇郑州，被义成节度使李澄击破。李希烈兵势不断萎缩，自己又病倒。夏，四月七日，大将陈仙奇指使医生陈山甫下毒，把他杀死。然后派兵诛杀他的兄弟、妻子、儿女，举众来降。四月二十五日，皇帝任命陈仙奇为淮西节度使。

**5** 关中仓廪空竭，禁军中有士兵脱下头巾在道路上呼喊说：“把我们关在军营中而不给粮，就是我们的罪人！”皇帝非常担忧，正巧韩滉运米三万斛到陕州，李泌即刻上奏。皇帝喜悦，马上赶到东宫，对太子说：“米已经到了陕州，我们父子俩得以死里逃生啊！”当时皇宫中不酿酒，命人到坊市取酒为乐。又派宦官晓谕神策六军，军士们都高呼万岁。当时连年饥馑，兵民都又瘦又黑，至此开始丰收，街市有了喝醉的人，当时认为这是祥瑞。人们突然能吃饱，胀死的人竟有五分之一。过了数月，人们气色才恢复正常。

**6** 任命横海军使程日华为节度使。

**7** 秋，七月，淮西兵马使吴少诚杀陈仙奇，自任留后。吴少诚一贯阴险狡诈，为李希烈所宠任，所以吴少诚为他报仇。

七月二十二日，任命虔王李谅为申、光、随、蔡节度大使，任命吴少诚为留后。

**8** 任命陇右行营节度使曲环为陈许节度使。陈许在兵荒马乱之后，户口流散。曲环以勤俭率先垂范，政令宽简，赋役平均，数年之间，流亡的人都回来恢复旧业，兵源和粮食都很充足。

**【华杉讲透】**

## “修道保法”是最高兵法

曲环所做的，就是“解民于倒悬”，人民对统治者没什么要求，不要折腾就行。陆贽一直要求德宗做的，就是像曲环这样而已，非常简单。德宗如果能这么做，则全国的问题都解决了，全国人民都能安居乐业，兵源粮食都不缺，而且也不需要那么多兵，因为没有仗要打。所谓奸臣叛将，都是皇帝搞出来的；没有一个国家是奸臣叛将搞坏的，都是皇帝搞坏的。

孙子兵法的最高兵法，是“修道保法”——善用兵者，修道而保法，故能为胜败之政——修道，是讲政治，让人民都拥戴你；保法，是讲纪律，令行禁止，秋毫无犯。做到了修道保法，其他兵法就都用不上；做不到修道保法，需要的兵法就多了，别说三十六计，三百六十计都不够。

**9** 八月二十七日，义成节度使李澄薨逝，他的儿子李克宁总管军务，秘不发丧。

**10** 八月三十日，吐蕃尚结赞大举入寇泾州、陇州、邠州、宁州，抢掠人畜，强行收割庄稼，西部边境沸腾骚动，州县各自闭城自守，皇帝下诏，命浑瑊率一万人，骆元光率八千人屯驻咸阳以防备。

**11** 当初，皇帝与常侍李泌商议恢复府兵制度，于是李泌给皇帝详细讲解府兵制度自西魏以来兴废的来由，并说：“府兵平日都是农民，每府有折冲（将领）率领他们，折冲在农闲时教习战阵。国家有事征发，则以符契下到州及军府，查证兵符无误，则征发开拔到指定地点。将帅检阅部队，有教习不精的，就治折冲的罪，甚至罪及刺史。军队完成任务回去后，则记功加赏，沿途解散复员。出征时间，近处不超过三个月，远的也不超过一年。高宗以刘仁轨为洮河镇守使以图谋吐蕃，于是开始有长期戍防的兵役。武后以来，承平日久，府兵渐渐废弛，又为人所轻贱，百姓都耻于做府兵，以至于蒸熨伤残手足以避免服役。又，牛仙客以搜刮钱财得以位居宰相，边将都效法他。山东戍卒多随身带着绸缎，边将引诱他们将绸缎寄存在府库，白天让他们服苦役，晚上把他们拘禁在地牢，想方设法把他们折磨致死，以便吞没他们的财物。所以，自从天宝年以后，山东戍卒能回去者，不到十分之二三，其残酷暴虐，就到这种程度。但是，从来没有叛逃国外，或发动兵变，杀死将帅，夺位专权的事情发生，都是士兵们顾恋田园，又担心连累宗族的缘故。到了开元末年，张说开始招募长征兵，称之为彍骑，其后增编为六军。到了李林甫为相，上奏建议诸军全部改为募兵。士兵不是土著，又没有宗族，无牵无挂，不自重自惜，只要有利益，不惜赌上身家性命，于是祸乱发生，至今还是如此。如果府兵法常存不废，怎么会有现在这些以下陵上、取而代之的祸患呢！陛下思考恢复府兵制度，正是社稷之福，太平有望了。”

皇帝说：“等平定河中，当与卿商议。”

九月一日，皇帝下诏，卫军十六军各自设置上将军，以宠任功臣。改神策左、右厢为左、右神策军，殿前射生左、右厢为殿前左、右射生军，各设置大将军二人、将军二人。

**12** 九月四日，李克宁才为父亲李澄发丧，杀行军司马马铉，穿黑色丧服视事，增兵城门。刘玄佐出师屯驻边境戒备，并且派使者前往，向他深刻分析利害关系，于是李克宁不敢袭位。

九月十一日，朝廷任命东都留守贾耽为义成节度使。李克宁取出府库中全部财物，连夜出城，军士们尾随抢劫，到了天明，全部抢光。

淄青兵数千人从行营返回，经过滑州，滑州将佐们都说：“李纳虽然表面上遵奉朝命，实际上却有兼并他人的野心，建议让他的军队宿营在城外。”贾耽说：“我们和他们是相邻军区，怎么能让他们的将士宿营在野外呢！”命令招待他们住进城中。贾耽经常带着一百人左右骑兵猎在李纳境内狩猎，李纳听闻，大喜，佩服他的度量，不敢侵犯。

## 李晟、韩游瑰数次击败吐蕃军

**13** 吐蕃游骑兵抵达好畤。九月十九日，京城戒严，皇帝又派左金吾将军张献甫屯驻咸阳。民间传言说皇帝又要离京以回避吐蕃，齐映见皇帝，说："外间都传言陛下已经整理行装，准备干粮，人情汹惧。大福只能降临一次（指好不容易收复长安），不可再来，陛下为什么不与臣等商量！"言罢伏地流涕，皇帝也为之动容。

李晟派部将王佖率骁勇三千人埋伏于汧城，告诫他们说："敌人从城下经过，不要攻击他们的前军；前军虽败，他全军抵达，你们无法抵挡。不如等前军已过，看见五方旗，虎豹衣，就是他们的中军，出其不意攻击，必定大捷。"王佖用他的计策，尚结赞败走。军士们不认识尚结赞，才让他得以逃生。

尚结赞对他的部下说："唐之良将，李晟、马燧、浑瑊而已，应当设计除掉他们。"吐蕃军进入凤翔境内，秋毫无犯，以兵二万直抵城下说："李令公召我来，为什么不出来犒劳我们！"过了一夜，才撤退。

冬，十月七日，李晟派蕃落使野诗良辅与王佖率步骑兵五千人袭击吐蕃摧砂堡。

十月十六日，与吐蕃军二万人遭遇，交战，击破吐蕃军，乘胜逐北，抵达堡下，攻拔摧砂堡，斩吐蕃将领扈屈律悉蒙，焚毁其物资蓄积而还。尚结赞引兵从宁州、庆州向北离去。

十月十七日，吐蕃军驻扎在合水之北。邠宁节度使韩游瑰派部将史履程夜袭吐蕃军营，杀数百人。吐蕃追击，韩游瑰列阵于平川，秘密派人进入西山，擂起战鼓。吐蕃军心惊胆战，抛弃所抢掠的财物逃走。

**14** 十一月八日，立淑妃王氏为皇后。

**15** 十一月九日，韩滉入朝。

**16** 十一月十一日，皇后崩逝。

**17** 十一月十五日，吐蕃军入寇盐州，对刺史杜彦光说：“我只想得到这座城池，你们可以安全离开。”杜彦光率全部人马投奔鄜州，吐蕃入城占领。

刘玄佐（原名刘洽）在汴州任刺史，熟悉邻道各地区的先例，长久没有入京朝见。韩滉经过汴州，刘玄佐敬重他的才望，以属吏之礼谒见他。韩滉与他相约为兄弟，请求拜见刘玄佐的母亲。他的母亲喜悦，置酒见面。酒过半酣，韩滉问：“弟何时入朝？”刘玄佐说：“一直想去，只是力不能及。”韩滉说：“这事我可以帮你办，弟应该早日入朝。母亲已经头发花白，不能让她带着家中妇女入宫为奴啊（意思是不归顺朝廷，他日被征讨惩罚）！”母亲悲泣，不能自胜。于是韩滉赠给刘玄佐钱二十万缗，用于准备行装。韩滉留在大梁三日，大出金帛犒赏慰劳刘玄佐的军队，一军为之倾动。刘玄佐惊服，既而派人去偷听，韩滉问孔目吏，“今天花了多少钱？”问得非常细致。刘玄佐笑道：“我知道了！”十一月十六日，刘玄佐与陈许节度使曲环一起入朝。

**【华杉讲透】**

刘玄佐笑什么？又知道什么了？他知道韩滉不是钱多得花不完，而是精打细算。但是，在精打细算之下，一下子拿出二十万缗资助他行装路费，又大肆犒赏他的军队，收买他的军心，目的呢？就是要他归顺朝廷，也让他不得不入京朝见皇帝而已，否则他自己军队都不干了。韩滉没有坏心，也没有私心，刘玄佐喜欢他，愿意听他的，高高兴兴进京了。

韩滉是这样的好忠臣，有本事的忠臣！一直都在全力以赴，不遗余力，想方设法，创造性地报效国家！

**18** 崔造改革钱谷法，很多事都办不成。诸使之职，行之已久，朝廷和地方都习惯了。元琇既失职，崔造忧惧成疾，不能视事。既而江、淮稻米大批运到，皇帝嘉奖韩滉的功劳。十二月，任命韩滉兼度支、诸道盐铁、转运等使，把崔造所条奏的改革措施全部改回去。

**【华杉讲透】**

## 与问题共存可能是最佳选择

前面说过，崔造掌权后，对主掌钱谷的诸使欺君罔上的弊病非常痛恨，上奏撤销水陆运使、度支巡院、江淮转运使等。但是，他并没有进行真正的制度改革，而是换了一批自己人来管；而且把熟悉工作的业务部门撤销了，让宰相们和朝廷各部来分管，大包大揽，结果搞砸了。

很多事情都有问题，但不是所有问题都能解决，我们的最佳选择，往往是与问题共存，带着问题前进。你认为前面的人都不行，你行你上，结果大概率就是换一个领导，就重交一遍学费，折腾一通之后，一切恢复原状。还好，崔造造成的损失不算大，他一月“改革”，十一月就改回去了，时间不长。

**19** 吐蕃又入寇夏州，同样命刺史托跋乾晖率众离去，吐蕃军入城占领。又入寇银州，银州一向没有城池，官吏人民全都溃逃。吐蕃也放弃，又攻陷麟州。

**20** 韩滉屡次在皇帝面前抨击元琇。十二月五日，崔造贬为右庶子，元琇贬为雷州司户。任命吏部侍郎班宏为户部侍郎、度支副使。

**21** 韩游瑰奏请发兵攻打盐州，如果吐蕃救援，就派河东军袭击其身后。

十二月十一日，皇帝下诏，骆元光及陈许兵马使韩全义率步骑兵一万二千人，会合邠宁军，直扑盐州，又派马燧率河东军攻击吐蕃。马燧抵达石州，河曲六胡州全部投降，把他们迁居到云州、朔州之间。

**22** 工部侍郎张彧，是李晟的女婿。李晟在凤翔，把女儿嫁给幕僚崔枢，礼遇超过张彧。张彧怒，于是攀附张延赏；给事中郑云逵曾经任李晟的行军司马，因李晟对他不满意，也攀附张延赏。皇帝也忌惮李晟功名。正巧吐蕃有离间之言，张延赏等在朝廷大肆宣扬，无所不至。李晟听闻，昼夜哭泣，眼睛都哭肿了，把子弟全部送到长安，又上表请削发为僧，皇帝慰谕，不许。

十二月十六日，李晟入京朝见，见了皇上，自称足疾，恳切要求辞去方镇之职，皇帝不许。韩滉一向与李晟友善，皇帝命韩滉与刘玄佐谕旨于李晟，让他与张延赏化解怨恨。李晟奉诏，韩滉等带着张延赏一起到李晟宅第道歉，结为兄弟，之后宴饮尽欢。又分别在韩滉、刘玄佐家里宴会，也尽欢而散。于是韩滉让李晟上表举荐张延赏为相。

## 贞元三年（公元787年）

**1** 春，正月十七日，任命左仆射张延赏为同平章事。李晟为他的儿子向张延赏的女儿求婚，张延赏不许。李晟对人说：“武夫性格爽快，喝一杯酒，过去的恩怨就化解了，不会再放在心上。不像文人那么难缠，表面上虽然和解，内心怀恨如故，我能不惧怕吗！”

**【华杉讲透】**

### 功劳越大越要谦虚谨慎

李晟这是早知今日，何必当初！人不要报复心太强，你得势的时候，不要欺负人，因为他也可能有得势的时候，你则可能还有失势的时候，结这些毫无意义的仇做什么呢？张延赏内心并未与他和解，以后还要找他麻烦。李晟功劳太大！而功劳越大，危险就越大，就越要谦退，把尾巴夹紧。李晟就是尾巴翘得太高了，等感觉不对劲，再夹回去，人家也不认了。

## 李泌巧用兵法大败淮西兵

**2** 当初，李希烈占据淮西，遴选尤其精锐的骑兵，分为左门枪、右门枪、左奉国、右奉国四支部队，又把最精锐的步兵分为左克平、右克平十支部队。淮西的马很少，精兵都乘骡，称为骡军。

陈仙奇格杀李希烈，献出淮西投降，才数月，皇帝下诏，征发他的部队到京西参与秋季防御。陈仙奇派都知兵马使苏浦率领全部淮西精兵五千人前往。正巧陈仙奇又被吴少诚杀死，吴少诚秘密派人召门枪兵马使吴法超等人，让他们把部队带回来。苏浦不知道。吴法超等引步骑兵四千从鄜州叛归，浑瑊派部将白娑勒追击，反被击败。

正月二十一日，皇帝急派宦官敕令陕虢观察使李泌发兵阻截吴法超，不要让他们渡河。李泌派押牙唐英岸将兵直扑灵宝，淮西兵已经在河南列阵。于是李泌命灵宝县给他们供应军粮，淮西兵也不敢抢掠。第二天，淮西兵继续东进，宿营在陕州以西七里。李泌这次不再给他们粮食，派部将率领简选的精兵四百人分为二队，埋伏于太原仓隘道，下令说："贼军十队经过时，东边埋伏的部队大声呼喊并攻击，西边埋伏的也大声呐喊呼应，不要堵死道路，不要阻挡他们前进，让出半边道路让他们走，然后在后面追击。"又派虞侯集合近村少年各持弓、刀、瓦石跟踪在贼军后面，听到呐喊声就响应追击。又派唐英岸率一千五百人夜里出南门，列阵于山涧之北。

第二天早上四更时分，淮西兵起行进入隘口，两边伏兵齐发。贼众惊乱，且战且走，死亡四分之一。进而遇上唐英岸，迎击，贼军大败，生擒其骡军兵马使张崇献。

李泌认为贼军必定分兵从山路向南逃遁，又派都将燕子楚将兵四百人从炭窦谷直扑长水。贼军两天没有吃饭，屡战屡败，唐英岸追至永宁东，贼兵都溃逃进入山谷。吴法超果然率领他大部分部队赶往长水，燕子楚攻击，斩吴法超，杀死其士卒三分之二。

皇帝因为陕州兵少，发神策军步骑兵五千人前往协助李泌，行军到赤水，听闻贼军已被击破，撤回。皇帝命刘玄佐乘驿车回汴州，以诏书沿途引诱招降，得一百三十余人，到达汴州，全部处死。溃兵在道路上的，又被村民所杀，得以回到蔡州的，才四十七人。吴少诚因他们人数太少（既不能增加自己实力，又破坏自己和朝廷的关系），将他们全部斩首，报告朝廷。并且派去使者，带着钱财感谢李泌，说感谢他为自己击破叛军。李泌逮捕张崇献等六十余人押送京师，皇帝下诏，全部腰斩于鄜州军门，以警告秋防部队。

**【华杉讲透】**

## 兵法二则：归师勿遏，知战之地

李泌大才，能文能武，这一仗，用的是《孙子兵法》标准战术“归师勿遏，围师必阙，穷寇勿迫”，要回家的军队，你不要在前面阻拦他，因为他会跟你拼命，留半条路给他逃走，他就没有战斗意志。然后在后面追击，有正规军，还有熟悉地形的当地民众，正规军要完成作战任务，当地民众杀死溃兵可以得到他们的财物，敌军就陷入了天罗地网，等他一路损失，精疲力竭，兵力消耗之后，再安排一次阻击，就把他们全部消灭了。

孙子兵法《虚实》篇还有一句话：“知战之地，知战之日，则可千里而会战。”淮西兵在灵宝，李泌知道这不是打仗的地方，所以发给他们粮食。因为此时淮西兵并未明确说叛变，他们只是“正常军队调动”，李泌先把他们稳住，假装一切正常。到了他预定交战的地方，他就不给淮西兵粮食了，饿了淮西兵两天，以逸待劳，以饱待饥，以有利地形击不利地形，就实现了以实击虚。

**3** 当初，云南王阁罗凤攻陷巂州，俘虏西泸县令郑回。郑回，是相州人，通经术，阁罗凤喜爱敬重他。阁罗凤的儿子凤迦异及孙子异牟寻、曾孙寻梦凑都拜他为师，每次上课时，郑回甚至能体罚他们。等到异牟寻为王，任命郑回为清平官。清平官就是蛮族的宰相，一共有六人，而国事专决于郑回。另外五个人事奉郑回非常谦卑恭谨，有过错，郑回就鞭挞他们。云南有部众数十万，吐蕃每次入寇，常以云南人为前锋，赋税沉重，又夺取其险要地形修筑城堡，每年征兵助防，云南人深以为苦。因此郑回建议异牟寻重新回归唐朝，说："唐朝崇尚礼义，有恩泽，无赋役。"异牟寻同意，但是没有渠道表达，就这样过了十几年。等到西川节度使韦皋上任，招抚境上群蛮，异牟寻秘密派人跟其他蛮族一起请求归附。韦皋上奏说："如今吐蕃背弃两国友谊，不断出兵破坏盐州、夏州，应该趁着云南及八国生羌有归化之心而招纳他们，以离间吐蕃党羽，分化他们的势力。"皇帝命韦皋先以边将身份写信晓谕他们，秘密观察他们的态度。

**4** 张延赏与齐映有矛盾，齐映在诸宰相中颇为敢言，皇帝逐渐不悦。张延赏说齐映不是做宰相的料。正月二十七日，贬齐映为夔州刺史。刘滋罢免为左散骑常侍，任命兵部侍郎柳浑为同平章事。韩滉性格苛暴，正为皇帝所信任，言无不从，其他宰相只是充数而已，百官群吏补救过失都来不及。柳浑虽然为韩滉所引荐，正色责备他说："先相公（韩滉的父亲韩休）当年做宰相，因为心胸狭窄，不满一年就被罢免，如今您比他更偏狭。为何在公堂之上，棒打小吏，甚至有打死的！况且作福作威，岂是人臣所应该的吗！"韩滉羞愧，稍微收敛自己的威严。

**5** 二月七日，任命检校左庶子崔澣为特使，出访吐蕃。

**6** 二月二十三日，镇海节度使、同平章事，充任江、淮转运使韩滉薨逝。韩滉长期在两浙地区工作，所任用的僚佐，各自按他的长处，无不恰当。曾经有故人的儿子谒见他，考察他的才能，一无所长，韩滉让他参加宴会，从头到尾，没有左右看，也未与邻座交谈。过了几天，韩滉任命他为随军，负责监管库门。那人终日危坐，吏卒没有一个人敢擅自出入的。

分割浙江东、西道为三：浙西道，治所在润州；浙东道，治所在越州；宣、歙、池道，治所在宣州；各自设置观察使管辖。皇上任命果州刺史白志贞为浙西观察使，柳浑说："白志贞是个小人，不可再用。"正巧柳浑生病，不能视事，二月二十六日，诏书下达，任用白志贞。柳浑正在生病期间，于是请求退休，皇帝不许。

**7** 二月二十九日，葬昭德皇后于靖陵。

## 吐蕃遣使求和，德宗同意，李晟被解除兵权

**8** 三月十三日，任命左庶子李铦为特使出访吐蕃。

当初，吐蕃尚结赞占领盐州、夏州，各留一千余人戍防，退兵屯驻鸣沙。自冬入春，羊马多死。粮运不继，又听闻李晟攻克摧沙，马燧、浑瑊等各自举兵到来，大惧，屡次遣使求和，皇帝没有允许。于是遣使卑辞厚礼求和于马燧，并且誓言履行清水盟约，归还侵占的土地，使者相继于道路。马燧信了他的话，留屯石州，不再渡河，并为他向朝廷求情。李晟说："吐蕃无信，不如攻击。"韩游瑰说："吐蕃弱则求盟，强则入寇，如今深入塞内而求盟，必定有诈！"韩滉说："今两河平安无事，如果在原、鄯、洮、渭四州修筑城池，派李晟、刘玄佐之徒率十万兵马戍防，则河、湟二十余州都可收复。其物资、粮食的费用，请让臣来主办。"皇帝因此不听马燧的计划，催促进兵。马燧申请与吐蕃使者论颊热一起入朝讨论，正巧韩滉薨逝，马燧、张延赏都与李晟有矛盾，想要推翻他的计策，争相说和亲比较好。皇帝也恨回纥，想要与吐蕃联合攻击回纥，听了二人的话，正合己意，于是定计。

张延赏多次说："李晟不宜长期典掌兵权，建议以郑云逵替代他。"

皇帝说：“应当让李晟自己举荐替代他的人。”于是对李晟说：“朕以百姓之故，已决定与吐蕃和亲。你既与吐蕃有怨，不可再去凤翔，应该留在朝廷，朝夕辅佐朕，自择一个可替代你在凤翔主持工作的人。”李晟举荐都虞候邢君牙。邢君牙，是乐寿人。

三月二十二日，任命邢君牙为凤翔尹兼团练使。

三月二十三日，加授李晟为太尉、中书令，勋爵、封邑如故；其他官职全部罢免。李晟在凤翔时，曾经对僚佐说：“魏徵好直谏，我私底下很向慕他。”行军司马李叔度说：“这是儒者所为，不是勋业、德望并重的人所合适做的。”李晟严肃地说：“司马失言。李晟任兼将相，知朝廷得失而不言，何以为臣！”李叔度羞惭而退。后来李晟在朝廷任职，皇帝有什么事咨询他意见，都言无不尽，毫不隐瞒；而又性格深沉，能保守秘密，从未把跟皇帝的谈话泄露给他人。

**【华杉讲透】**

李叔度的话也有道理。作为一个儒者文官，直言进谏没有问题，因为对皇帝没有威胁，最多是惹皇帝下不来台而已。但是，掌握兵权的封疆大将，还是以听话为主，不要提出不同意见，因为你的反对会让别人有不同的解读和担心。李晟后来解除兵权，在朝堂做太尉，固然可以谏诤，如果还是凤翔节度使，就不合适了。

三月二十七日，马燧入朝。马燧既来，诸军都闭壁不战，于是尚结赞从鸣沙安全撤退，他的部众缺乏马匹，多是徒步走回去的。崔瀚见了尚结赞，责备他负约。尚结赞说：“吐蕃击破朱泚，没有得到赏赐，所以前来讨要，而诸州各自闭城自守，没有人把我们的要求传达给朝廷。盐州、夏州守将把城让给我而逃跑，并不是我攻取的。今天明公来，想要重修旧好，这本来就是吐蕃的心愿。如今吐蕃将相以下来的有二十一人，浑侍中都曾经和他们共事，知道他们忠信。灵州节度使杜希全、泾原节度使李观，在异域都有诚信忠厚的美名，请让他们主盟。”

夏，四月十二日，崔瀚回到长安。

四月十七日，任命崔瀚为鸿胪卿，再次出使入吐蕃，对尚结赞说：“杜希全正在守丧期间，不可出境，李观已经改任其他官职，现在派浑瑊与吐蕃盟誓于清水。”并且令吐蕃先归还盐、夏二州。

五月一日，浑瑊自咸阳入朝，任命为清水会盟使。

五月五日，任命兵部尚书崔汉衡为副使，司封员外郎郑叔矩为判官，特进宋奉朝为都监。

五月六日，浑瑊率二万余人抵达盟所。

五月二十二日，尚结赞派部属论泣赞来说：“清水不是吉地，请盟于原州土梨树，盟誓之后，归还盐、夏二州。”皇帝全都批准。神策将马有麟上奏：“土梨树多阻险，恐怕吐蕃设伏兵，不如平凉川平坦。”当时论泣赞已经回去了，五月二十四日，遣使追上，告诉他这项改变。

**9** 申蔡留后吴少诚，修城墙，整顿兵马，准备抗拒朝命，判官郑常、大将杨冀密谋驱逐他，伪造皇帝手诏，赐给诸将申州刺史张伯元等。事情泄露，吴少诚杀郑常、杨冀、张伯元。大将宋旻、曹济逃奔长安。

**10** 闰五月七日，韦皋再次写信给东蛮和义王苴那时，又让密探带着送信的人到云南去。

**11** 闰五月八日，大肆裁减州、县官员，收回他们的俸禄，用来发给战士，这是张延赏的主意。当时新任命官员一千五百人，而要被裁减的有一千余人，怨声载道。

**12** 当初，韩滉举荐刘玄佐，说可以派他率军收复河湟地区，皇帝问刘玄佐，刘玄佐也赞成。韩滉薨逝之后，刘玄佐奏言：“吐蕃正强，不可与他们争锋。”皇帝派宦官去慰问刘玄佐，刘玄佐病卧在床上接受诏命。张延赏知道刘玄佐不可用，上奏以河湟军事委任给李抱真，李抱真也坚决推辞。这都是因为张延赏罢免李晟兵权，所以武将们都愤怒，人心散了，不肯为他所用。

**13** 皇帝认为，襄州、邓州扼守淮西要冲，地形险要，闰五月十一日，任命荆南节度使、曹王李皋为山南东道节度使，以襄、邓、复、郢、安、随、唐七州隶属他。

## 吐蕃伏兵于会盟地点，劫持盟者

**14** 浑瑊从长安出发时，李晟深切告诫他，盟所防备不可不严。张延赏对皇帝说："李晟不希望盟好成功，所以告诫浑瑊严密防备。如果我们显示出对他们的猜疑不信任，那他也会怀疑我们，盟约怎么能成功！"于是皇帝召见浑瑊，深切告诫他对吐蕃人要推心置腹，不要自己猜忌有二心，破坏了对方的诚意。

浑瑊上奏说，吐蕃已通知定于闰五月十九日为会盟日期，张延赏集合百官，把浑瑊的奏表给大家传阅，说："李太尉说跟吐蕃的和好必定不成，这是浑侍中的奏表，会盟日期已经定了。"李晟听闻，对亲近的人哭泣说："我生长在西部边陲，熟悉敌人情况，所以论奏，只是耻于朝廷为吐蕃所欺侮而已！"

皇帝开始时命骆元光屯驻潘原，韩游瑰屯驻洛口，作为浑瑊援军。骆元光对浑瑊说："潘原距盟所有七十里，如果您有紧急情况，我怎么能知道！让我跟您一起去。"浑瑊以皇帝诏书坚决制止他。骆元光不听，与浑瑊连营相次，距盟所三十余里。骆元光的军营，壕沟很深，栅栏坚固，而浑瑊军营的壕沟栅栏都可以直接跳跃过去。骆元光伏兵于营西，韩游瑰也派五百骑兵埋伏于其侧，说："如果有变，你们向西攻击柏泉，以分化吐蕃兵势。"

尚结赞与浑瑊盟约，各率甲士三千人列于坛之东西，穿常服的文职官员四百人跟从走到坛下。

闰五月十九日，将要举行会盟，尚结赞又提出各派游骑兵数十人相互搜查对方地区，浑瑊全都同意。吐蕃埋伏精骑兵数万人于坛场西侧，游骑兵贯穿唐军，出入无禁。唐军骑兵进入敌阵，全部被俘虏，浑瑊等一概不知，进入帐幕，换穿礼服。吐蕃军营擂鼓三声，大军鼓噪而至，杀宋奉朝等于幕中。浑瑊从幕后逃出，偶然得到一匹马骑上，揪着马鬣去套马勒，飞驰十余里，才把马勒套在马口上，所以后面射击的箭都从他背上飞过，没有伤到他。唐军将卒都向东逃走，敌虏纵兵追击，或杀或擒，死者数百人，被擒者一千余人，崔汉衡为敌人骑兵所擒。浑瑊回到军营，将卒都逃遁，成了一座空营。骆元光集结伏兵，严阵以待，吐蕃军追到看见，大吃一惊。浑瑊进入骆元光军营，追来的吐蕃骑兵回头看见邠宁军向西疾驰，于是撤退。骆元光以辎重资助浑瑊，与浑瑊收集散卒，勒兵整阵而还。

当天皇帝临朝，对诸宰相说："今日和戎息兵，社稷之福。"马燧说："然。"柳浑说："吐蕃，是豺狼，不是可以结成盟誓的。今日之事，臣很担忧！"李晟说："我的看法和柳浑相同。"皇帝变了脸色说："柳浑书生，不知边计；大臣也说这话吗！"二人伏地叩头谢罪，于是罢朝。当晚，韩游瓌上表说："吐蕃劫持盟者，兵临近镇。"皇帝大惊，急忙中来不及派宦官，就命街使（巡视街区的官吏）把奏表拿去给柳浑看。第二天早上，对柳浑说："卿一介书生，竟能料敌如此精准吗！"皇帝想要逃出京师，以躲避吐蕃，大臣进谏而止。

**【华杉讲透】**

德宗的毛病就是一厢情愿，签订和平盟约靠的是实力，而不是诚意。他要浑瑊解除戒备，就是太幼稚了。而浑瑊呢，根本不应该答应吐蕃相互派骑兵检查对方的要求。我就是有大军戒备，那又怎样呢？虽然是来签订和平协议，但对于双方来说，严密防备都是应该的，明说了也无法反驳。德宗君臣，跳到自己毫无必要挖的坑里去了。盟约失败之后，德宗又毫无必要地吓破了胆，居然要放弃首都，真是为人耻笑！柏杨骂他是"猪皇帝"，话虽难听，倒也解恨！

李晟居住的大安园里有很多竹子，又有散布谣言的人，说：“李晟伏兵于大安亭，准备乘乱发动事变。”于是李晟把竹林砍光。

闰五月二十一日，皇帝派宦官王子恒带着诏书给尚结赞，到了吐蕃国境，尚结赞拒绝接收，王子恒只得返回。

浑瑊留下屯驻奉天。

闰五月二十二日，尚结赞抵达故原州，引见崔汉衡等，说：“我打造了一副黄金枷锁，准备用来锁拿浑瑊以献给赞普。结果没抓到浑瑊，只捉到你们这些没什么价值的人。”又对马燧的侄儿马弇说：“胡人以马为命，我在河曲的时候，春草未生，马都饿得抬不起足，在那个时候，马侍中如果渡河掩击，我就全军覆没了！所以求和，全靠马侍中之力。如今全军得归，怎么会拘禁他的子孙呢！”命马弇与宦官俱文珍、浑瑊的部将马宁一起归国。而把崔汉衡等分别囚禁在河州、廓州、鄯州等州。皇帝听闻尚结赞之言，由此厌恶马燧。

六月五日，任命马燧为司徒兼侍中，罢免其副元帅、节度使职务。当初，吐蕃尚结赞厌恶李晟、马燧、浑瑊，说：“除掉这三人，就可以图谋唐朝了。”于是离间李晟，通过马燧求和，准备再生擒浑瑊以出卖马燧，让他们都被治罪，然后纵兵直犯长安，结果没抓到浑瑊，所以放弃计划。

张延赏既羞惭，又恐惧，称病不视事。

**【华杉讲透】**

尚结赞之前“卑辞厚礼”向马燧求和，马燧信了他的话，当然也是收了他的钱，结果就上了他的当。德宗呢，因为尚结赞的话而厌恶马燧，这离间计也实在是太容易了。对整个败局负有最大责任的张延赏，自己都羞惭恐惧到不敢来上班，德宗却对他没有任何意见，张延赏不久病死，德宗下诏废朝三日，追赠张延赏为太保，谥号成肃。成，意思是“礼乐明具，持盈守满，遂物之美，通远强立，安民立政”；肃，意思是“执心决断”，把他夸到天上去了。

王夫之说：张延赏奸佞小人，爚乱天下，吐蕃劫盟之役，几危社稷，廷臣莫能斥其奸，而李晟抗表以论劾之，正也……平凉既败，浑瑊几死，延赏之罪已不可揜，然且保禄位以终，而遣诃不及。

这个世界乱套了，乱在哪儿呢？在于德宗的心乱，心不定，心不正。《大学》说："所谓修身在正其心者，身有所忿懥，则不得其正；有所恐惧，则不得其正；有所好乐，则不得其正；有所忧患，则不得其正。"德宗的心，就一直在各种愤怒、恐惧、好恶、忧患之中，恍恍惚惚，什么事也看不清。不能正心，就不能修身齐家治国平天下，陆贽跟他说的话，他都没法听懂，还是《大学》说的："心不在焉，视而不见，听而不闻，食而不知其味。"他的心跑偏了，你说正道正事，他听不见；他听见、看见的，都是偏听偏见。

为什么他不能正心呢？因为他对国家、对朝臣、对武将、对人民、对邻邦，都没有诚意，生活在自己的患得患失之中。诚意正心就是这个意思，没有诚意，就不能正心。诚意在前，正心在后。

**15** 任命陕虢观察使李泌为中书侍郎、同平章事。

**16** 河东都虞候李自良跟从马燧入朝，皇帝想要任命他为河东节度使，李自良坚决推辞说："臣事奉马燧日久，不愿意替代他为帅。"于是任命为右龙武大将军。第二天，李自良入朝谢恩，皇帝对他说："卿对马燧保持军中的本分，确实得体。但是，帝国北方门户的重任，非卿不可。"最终还是任命李自良为河东节度使。

**17** 吐蕃戍防盐州、夏州的，补给运输跟不上，人多病疫思归，尚结赞派三千骑兵迎上，焚毁全部房屋，摧毁城池，驱赶居民离去。灵盐节度使杜希全派兵分别驻守。

**18** 韦皋认为云南王颇为知书达礼，六月十一日，自己写信招谕他，催促他遣使入朝晋见。

**19** 李泌第一次到政事堂视事，六月二十一日，与李晟、马燧、柳浑一起入见，皇帝对李泌说：“卿当年在灵武，就应该做宰相，卿自己退让。朕现在用卿，想要与卿约定，卿一定不要报仇，如果有谁对卿恩，朕当为卿报答他。”李泌回答说：“臣一向执守正道，不与人结仇。李辅国、元载都陷害臣，如今已经自行倒毙了。而一向与臣友善及对臣有恩者，都已显达，或者零落失散，臣也没有谁需要报答的。”皇帝说：“虽然如此，有小恩的，也当报答。”李泌说：“臣今日也愿与陛下为约，可以吗？”皇帝说：“有何不可！”李泌说：“愿陛下不要加害功臣。臣受陛下厚恩，固然不受怀疑。李晟、马燧有大功于国，听说有人不断进谗言陷害他们，虽然陛下必定不会听信，但是臣今天当着二人的面把这话说出来，是希望他们不要自己疑惧。万一陛下杀了他们，则宿卫之士，方镇之臣，无不愤惋而心怀反侧，恐怕京师内外，不久又要发生事变！人臣能蒙荷人主宠爱信任，就很幸运了，官职有什么用！臣在灵武之日，没有官职，但是将相都受臣指挥；陛下任命李怀光为太尉，而李怀光更加恐惧，以至于叛变。这都是陛下所亲见的。如今李晟、马燧富贵已足，如果陛下坦然对待他们，让他们能自保无忧，国家有事则出从征伐，无事则入奉朝请，还有比这更快乐的吗！所以臣希望陛下不要因为两位大臣功大而猜忌他们，两位大臣也不要因为位高而自己疑惧，则天下平安无事了。”皇帝说：“朕刚开始听卿的话，耸然突兀，不知道什么意思。之后听卿剖析，才知道是社稷之大计！朕谨当把卿的话写在衣带上，两位大臣也当谨记在心。”李晟、马燧都起身，流泪感谢。

皇帝接着对李泌说：“自今往后，凡军旅粮储之事，都由卿主掌。吏部和礼部，交给张延赏，刑部交给柳浑。”李泌说：“不可。陛下不以臣不才，让臣做宰相。宰相之职，不可分割。不像给事中，分为吏部选拔和兵部选拔，舍人则分为六押，至于宰相，天下之事都有权力和责任处理。如果各有分工，那是有司，不是宰相了。”皇帝笑道：“朕刚才失言，卿说得对。”

李泌建议恢复之前所裁减的州、县官。皇上说：“设置官吏，是为了治理人民，如今户口比承平之时减少了三分之二，而官吏人数更增，可以吗！”李泌回答说：“户口虽减，而事情比承平时期多了十倍，能不增加官吏吗！况且被裁减的都是有职事的官，而冗官却不减，这是不恰当的。至德年以来所设置的额外闲官，人数是正官的三分之一，如果根据他们工作的时间发放年资，裁除他们的官职，另外以文武两选中举的人授给正员官。如此，则不但没有怨言，而且两边都高兴。”

李泌又建议诸王未出宫开府的，不任命府官，皇帝全都听从。

七月四日（原文为六月，根据柏杨考证修改），皇帝下诏，之前所裁减的官员，全部恢复原职。

**【华杉讲透】**

## 降低成本应以调整结构为抓手

德宗跟李泌说的话，真是丢人！身为皇帝，任命了宰相，不谈国事，先说帮他报恩报仇，这就是德宗皇帝的价值观！李泌既没有仇人，也没有恩人，他要保护的李晟、马燧，那是国家的人。

王夫之评价说：“大臣之道，不可则止，非徒以保身为哲也，实以静制天下之动，而使小人之自敝也。”不可则止，是《论语》里孔子说的：“以道事君，不可则止。”我只有正道，君王不听就算了，进山里读书去。李泌一直拒绝做宰相，不仅是为了明哲保身，也是以静制动，等小人自取灭亡、朝廷清朗之后，东山再起。

前面说到诚意正心，李泌就是诚意正心的典范。

至于恢复被裁撤的官员，这也是我们在企业经营中常遇到的事，财务困难了，就开始裁减费用，而裁减费用的时候，不加分析，没有区别对待，而是一刀横砍过去，不懂得通过兴废增减调整成本结构，达到总成本下降的目的。

**20** 当初，张延赏在西川，与东川节度使李叔明有矛盾。皇帝南下逃亡到骆谷时，遇上连日大雨，道路险滑，卫士多逃亡投奔朱泚。李叔明的儿子李升及郭子仪的儿子郭曙、令狐彰的儿子令狐建等六人，担心有奸人危害皇帝，一起咬破手臂盟誓，缠着绑腿，脚穿钉鞋，轮流牵着皇帝乘舆的马，一直到梁州，其他人都不得靠近。回到长安之后，皇帝任命他们都为禁卫将军，宠遇甚厚。张延赏知道李升私自出入郜国大长公主宅第，秘密报告皇帝。皇帝对李泌说："郜国已老，李升年少，怎么会做出这种事！大概必有缘故，卿调查一下。"李泌说："这必定是有人想要动摇东宫太子。是谁告诉陛下的？"皇帝说："卿不要问，只是为朕调查。"李泌说："必定是张延赏。"皇帝说："何以知之？"李泌详细跟皇帝讲了两人之间的矛盾，并且说："李升正受陛下宠信，典掌禁兵，张延赏没有办法中伤他，而郜国公主是太子萧妃的母亲，所以想用这个办法来陷害他而已。"皇帝笑道："是也。"于是李泌建议把李升调任其他官职，不再做宫廷宿卫，以避开嫌疑。

秋，七月，任命李升为詹事。郜国公主，是肃宗的女儿。

**21** 七月十三日，分割振武，划出绥州、银州二州，任命右羽林将军韩潭为夏州、绥州、银州节度使，率神策军五千人，朔方、河东士兵三千人镇守夏州。

**22** 当时关东参加秋季边防的士兵大批集结，国用不足。李泌上奏："自从改行两税法（见公元780年记载）以来，藩镇、州、县多违法聚敛。继以朱泚之乱，争相以各种专卖、罚款来筹集军资，招兵买马，防卫自保。朱泚平定后，他们恐惧自己违法，隐瞒不敢公开。请遣使以诏旨赦免他们的罪行，但令他们改正，除了依法应留给节度使、观察使和州府的，全部缴纳到京师。另外，官府应征收的各种欠税，可以征收的就征收，难以征收的就免除，以示宽大。敢有隐瞒者，再颁布悬赏条例，鼓励举报，加以处罚。"皇帝喜悦地说："卿的办法很好，但是立法太宽，恐怕所得无几！"李泌回答说："这件事臣也是深思熟虑，宽大处理则获得又多又快，严苛则获得又少又慢。因为政策宽大，则人们喜于免罪而乐于缴纳；政策严苛，则竞相隐瞒藏匿，不调查就得不到实情，钱不能救今日之急，都进入贪官污吏的口袋了。”皇帝说：“善！”任命度支员外郎元友直为河南、江、淮南句勘两税钱帛使。

**【华杉讲透】**

德宗想要严查，李泌则指出，越是严查，就越是查不出来。因为你要派人去查，那派去查的人就掌握了决定人生死的权力，他就会用这个权力寻租，最后钱都进了他们的口袋，朝廷反而得不到。越是法网严密，严刑峻法，坏人越容易脱罪；而好人特别是富人会被陷害而破家，秦朝就是这种情况。所以，宽大的治世，人人靠本事发展；严苛的乱世，就个个靠朋友保护。派去“严查”的人，就都成了坏人的“朋友”。

当初，河、陇地区被吐蕃吞并，自从天宝年以来，安西、北庭入京奏事以及西域各国使者人在长安的，归路断绝，人马都靠鸿胪寺供应。由礼宾司委派府、县供给，在度支报销。度支又不能按时报销，长安市民不胜其弊。李泌知道胡客留在长安时间久的，有的达到四十多年，都有妻子儿女，买田置宅，贷款取利，安居乐业，根本不想回去。于是，下令调查胡客有田宅的，停止官府供给。共查出四千人，准备停止供给。胡客都到政府投诉，李泌说：“这都是以前的宰相之过，岂有外国朝贡使者留在京师数十年不归国的吗！现在，应当假道于回纥，或者自海道各遣归国，有不愿回去的，自己到鸿胪寺报告，授以职位，给予俸禄，成为唐臣。人生当乘时施展自己的才能，岂可终身客死他乡！”于是胡客没有一人愿意回去，李泌把他们分别编入神策两军，王子、使者为散兵马使或押牙，其余都做普通士兵，于是禁军更加壮大。需要鸿胪寺供给的胡客，只剩十几个人，每年节省度支钱五十万缗，长安市民都喜悦。

皇帝再次问李泌恢复府兵制度的方法。李泌回答说：“现在每年征调关东士卒戍防京西的，有十七万人，计算下来，每年需要军粮二百零四万斛。如今粟米一斗值一百五十钱，一共三百零六万缗。国家接连遭受饥荒和战乱，经费不足，就算有钱，也没有粟米可以收购，还没到讨论恢复府兵的时候。”皇帝说：“那怎么办呢？立刻裁减戍卒，让他们回乡务农，可以吗？”李泌回答说：“陛下如果能用臣之建议，可以不裁减戍卒，不骚扰百姓，而让粮食充足，粮价下降，府兵制也能建成。”皇帝说：“果能如此，为什么不用！”李泌回答：“这件事要马上办，再过十天就来不及了。如今吐蕃久居原州、兰州之间，以牛运粮，粮食运完，牛没有用，请征发左藏（国库）里劣质绸缎，进行扎染，通过党项人拿去买他们的牛，每头不过二三匹，计算下来，拿出十八万匹，可以买到六万余头牛。又命诸冶炼场铸造农器，收购麦种，分赐给沿边军镇，招募戍卒，开垦荒田耕种，约定明年麦熟后加倍偿还麦种，其余根据时价再加价五分之一，由官府收购。来春小麦收割后，种粟米也按这个政策。关中土地肥沃而长期抛荒（肥力更足），收成必定丰厚。戍卒能获利，耕种的人就越来越多。边地居民很少，军士每月吃官粮，粟麦没有地方出售，其价必贱，名义上是加价收购，实际上比今年的粮价低多了。”皇帝说：“善！”即刻命令执行。李泌又说：“边地官员缺额很多，可以在招募时说，能上缴粟米的，就授给官职，这样今年的粮食就够吃了。”皇帝也听从，接着又问：“卿说府兵也能办成，又是如何呢？”李泌回答说：“戍卒因屯田致富，则安于其土，不再思归。旧制，戍卒三年就替代一轮，等到他们三年期满，下令有愿留下的，即以他所开垦的田地为他的永久产业。家人愿来的，由本地官府发给长途通行证，沿途各郡县供给餐食，以派遣他们上路。根据应募自愿留下的人数，移报他家乡官府。即使河朔各军区将帅也得以免除每三年更代士兵的麻烦，他们也会很高兴这个政策。这样下来，不过几个三年，戍卒就都是土著了（兵农一体），这时候，再全部以府兵制度的办法来管理他们，这就是变关中之凋敝为富强之道。”皇帝喜悦说：“如此，天下不再有事矣！”李泌说：“还没到那种程度，臣能不用唐朝之兵而使吐蕃自困。”皇帝问：“计将安出？”李泌回答说：“臣现在还不敢说，等麦禾之法有效，然后可以讨论。”皇帝追问，李泌坚决不说。李泌是想联合回纥、大食、云南，与他们共图吐蕃，让吐蕃四面受敌。但是，知道皇帝一向恨回纥，怕他听了不高兴，反而连屯田的事也不干了，所以不肯说。既而戍卒应募，愿意留下耕种屯田的有十分之五六。

**【华杉讲透】**

李泌大才，也是鬼才！一套连环计，安排得丝丝入扣，出神入化。但是，绸缎以次充好，骗了吐蕃，又把骂名转嫁给党项人，这不是君子所为了。李泌好谈鬼神，有“鬼诞”之名，他这个人啊，鬼得很！

范文澜说，李泌是唐中期特殊环境中产生出来的特殊人物，君主尽管猜忌昏庸，他都有所补救和贡献；奸佞尽管妒忌加害，他总用智术避免祸患。统治阶级争夺的焦点所在，不外名与利二事，李泌自觉地避开祸端来扶助唐朝，可称为封建时代表现非常特殊的忠臣和智士。

李泌就是特殊人物，不仅是唐朝的特殊人物，而且是整个中国历史的特殊人物，我觉得有一个成语可以形容他：庖丁解牛！不管多么险恶的环境，他都能出入自由，把事情办成。

李泌的智慧远远超过诸葛亮，他不是人，是神鬼下凡，如果可以增编谥法，我愿意给他一个谥号：鬼！

**23** 七月二十一日，赐骆元光姓名李元谅。

**24** 左仆射、同平章事张延赏薨逝。

# 卷第二百三十三　唐纪四十九

贞元三年（787）八月至贞元七年（791）十二月，共4年5个月

# 德宗神武圣文皇帝八

## 贞元三年（公元787年）

**1** 八月一日，日食。

**2** 吐蕃尚结赞派五名骑兵送崔汉衡归国，且上表求和。走到潘原，泾原节度使李观对他们说：“皇上有诏，不接纳吐蕃使者。”只接受他们的奏表，而让来使回去。

**3** 当初，兵部侍郎、同平章事柳浑与张延赏都为宰相，柳浑议事数次与张延赏意见相左，张延赏让亲信对柳浑说：“相公一向有德望，只要在朝堂上少说话，则可长久保持高位。”柳浑说：“替我谢谢张公的关心，柳浑头可断，舌不可禁！”由是两人交恶。

皇帝喜欢文雅含蓄，而柳浑粗直轻佻，没有威仪，在皇帝面前说话还不时说一些俚语。皇帝不悦，想要把他罢黜为王府长史，李泌说：“柳浑只是偏狭耿直，并没有其他什么错误。按惯例，宰相即使被罢黜，也没有去做长史的。”皇帝又想让他做王傅，李泌建议为常侍，皇帝说：“只要能把他的宰相罢免了，其他什么官都可以。”

八月九日，柳浑罢为左散骑常侍。

## 德宗因谮言欲废太子立侄儿，李泌劝止

**4** 当初，郜国大长公主嫁给驸马都尉萧升。萧升，是萧复的堂兄弟。公主行为不谨，詹事李升、蜀州别驾萧鼎、彭州司马李万、丰阳县令韦恪，都出入公主府第。公主的女儿为太子妃，开始时皇帝对公主非常尊敬礼遇，公主常常乘着肩抬小轿直入太子东宫。宗室亲戚都厌恶她。有人告发公主淫乱，并且以巫术祈祷鬼神。皇帝大怒，幽禁公主于禁中，痛切斥责太子。太子不知所对，请与萧妃离婚。

皇帝召见李泌，告诉他情况，并且说：“舒王已经长大成人，孝顺友爱，温良仁慈。”李泌说：“何至于是！陛下只有一个嫡子，为何突然猜疑他，要废黜他而立侄儿呢，岂不是太失策了吗！”皇帝勃然大怒说：“卿怎么离间他人父子！谁告诉卿舒王是我侄儿？”李泌回答：“陛下自己说的。大历初年，陛下对臣说：‘今天得了几个儿子。’臣请问缘故，陛下说：‘昭靖（德宗的弟弟李邈，773年去世，谥号昭靖太子）的几个儿子，主上令我抚养。’如今陛下对亲生儿子尚且猜疑，何况侄儿！舒王虽然孝顺，恐怕从今天起陛下也要好自为之，不能再指望他孝敬了！”

皇帝说：“卿不爱自己的家族吗？”李泌回答：“臣正是因为爱自己的家族，所以不敢不尽言。如果畏惧陛下的盛怒而屈从，陛下哪天后悔了，必定会责备臣说：‘我唯独任你为宰相，你当时不力谏，使事情到了这个地步，我必定要杀了你，还要杀你儿子。’臣老了，余年不足惜，如果冤杀臣的儿子，让臣以侄儿为继嗣，臣不知道能不能享受到他的祭祀！”然后呜咽流涕。皇帝也哭泣说：“事已如此，朕怎么办才好？”

李泌回答：“这是大事，愿陛下仔细考虑。臣之前以为陛下圣德，当使海外蛮夷都爱戴陛下，如同父母，没想到陛下对自己的儿子竟然猜疑到如此地步！臣今日尽言，不敢避什么忌讳。自古父子相疑，没有不亡国覆家者。陛下记得当年在彭原，建宁王（李倓）为什么被诛杀？”皇上说：“建宁王叔确实冤枉，肃宗性急，进谗言的人陷阱挖得太深！”李泌说：“臣当年因为建宁王冤死，坚决辞去官爵，发誓不近天子左右。不幸今日复为陛下宰相，又看见同样的事。臣在彭原，承恩无比，竟不敢说话为建宁王申冤，只是等到辞别临行的时候才说出来，肃宗也后悔而哭泣。先帝自从建宁王之死，时常心怀危惧，臣也为先帝朗诵《黄台瓜辞》，以防谗言构陷之端。”

皇帝说：“朕也知道。”脸色稍为缓和，说：“太宗、玄宗，都换了太子，为什么没有亡国啊？”

李泌回答：“臣正想说到这里。当年李承乾曾屡次担任监国，攀附他的人很多，东宫甲士也很多，与宰相侯君集谋反，事情被察觉，太宗派他的舅舅长孙无忌与朝臣数十人一起调查，事状显白，然后集合百官商议。当时议事的人说：‘愿陛下不失为慈父，使太子得终天年。’太宗听从，同时废黜了魏王李泰。陛下既知肃宗性急，以建宁王为冤，臣不胜庆幸。愿陛下吸取过去的教训，从容三日，从头到尾仔细思量，陛下必定释然，而知道太子并没有什么过错了。如果果真有什么踪迹，应当召大臣知义理者二十人与臣一起审讯他的左右，果真有实状，愿陛下按太宗的办法来处理，并废舒王而立皇孙，则百代之后，掌有天下者还是陛下的子孙。至于玄宗之时，武惠妃谮言陷害太子李瑛兄弟，二人被诛杀，海内冤愤，这是百代之后也当引以为戒的事，又怎能效法他！况且陛下之前曾经令太子见臣于蓬莱池，臣观其面容仪态，并没有蜂目豺声，像商臣那样的凶恶面相（芈商臣弑父），臣还担心他过于柔仁。又，太子自贞元以来常居少阳院，就在陛下寝殿之侧，未尝接触外人，参与外事，他怎么会有什么阴谋！那些谗言陷害的人巧诈百端，就算是像晋朝愍怀太子司马遹那样有他亲笔书写的谋反证据（被贾后灌醉后抄写的），像太子李瑛那样全副武装冲进皇宫（武惠妃骗他说皇宫有盗贼，让他进宫救驾），犹未可信，何况只是因为岳母有罪而连累他的吗！幸好陛下告诉臣，臣敢以家族保太子必定不知道什么计谋。如果皇上是去问杨素、许敬宗、李林甫之徒，他们早已去找舒王，求取定策之功了！”

皇帝说：“这是朕的家事，跟卿有什么关系，却这样力争？”

李泌回答说：“天子以四海为家。臣今独任宰相之重，四海之内，一物失所，责任都归于臣。何况坐视太子冤横而不言，臣罪大矣！”皇帝说：“为卿的话，缓一缓，我明天再想想。”李泌收起笏板，叩头哭泣说：“如此，臣知道陛下可以父慈子孝，恢复如初了！但是陛下还宫之后，当自己审思，不要把这件事泄露给左右；一旦泄露，那他们都想要树功于舒王，太子危矣！”皇帝说：“我明白你的意思。”

李泌回到家，对子弟们说：“我本来就不想要富贵，但是命与愿违，如今连累你们。”

太子派人感谢李泌说：“如果必定不可挽救，我想先服毒自杀，如何？”李泌说：“一定不需要有这个担心。愿太子起敬起孝。除非我死了，那就不知道事态怎么发展了。”

过了一日，皇帝开延英殿，单独召见李泌，涕泗纵横，抚着李泌的背说：“如果不是卿恳切坚持，朕今日悔之无及矣！都像卿说的，太子仁孝，确实没有其他问题。自今往后，军国及朕家事，都当与卿商量。”李泌拜贺，乘势说：“陛下圣明，明察太子无罪，臣已报国完毕。臣前日惊悸过度，魂飞魄散，不可复用，请允许臣退休。”皇帝说：“朕父子赖卿得以保全，正要嘱咐子孙，使卿代代富贵以报卿之德，为什么出此言！”

八月十四日，皇帝下诏，李万不知回避宗亲而乱伦，乱棍打死，李升等及公主的五个儿子，都流放岭南及远州。

**【华杉讲透】**

## 亲眼所见未必可信

这一段对话，杀气腾腾，惊心动魄！公主淫乱，秽名远扬，让皇上颜面扫地；加上她是太子岳母，情夫中又有太子的人，又暗中行巫蛊压胜之术，这就有谋反嫌疑了。所以德宗暴怒，要废黜太子，也在情理之中。

李泌哪句话让德宗的心转圜了呢？就在德宗威胁要杀他和他的儿子的时候，李泌说，杀了我的儿子，那就是我侄儿继承我香火，能不能享受到他的祭祀，我就指望不上了。这一下点醒了德宗，他虽然宠爱舒王李谊，视如己出，但是，他死之后，李谊会不会为自己的生父立祭庙，把他放到一旁呢？这种事，历史上出现过多次。一旦涉及自身利益，德宗就冷静了。

李泌将历史前后经验教训讲解清楚之后，德宗为什么突然问他，你这么卖力起劲是为何？这是什么意思呢？因为李泌刚刚说完，如果是杨素、许敬宗之流，早就抓住这个机会为舒王立功，做开国功臣了。德宗马上想到，那你是不是也在为太子立功，和太子是一伙，参与他们的阴谋之中呢？

李泌回家后还在后怕，所以给子弟们打招呼做好心理准备，之后皇帝召见，万事大吉，他跟皇帝说自己惊悸过度，魂飞魄散，请求退休，这是实情。

李泌的话："臣今独任宰相之重，一物失所，责归于臣。"有一件东西没在它该在的地方，都是我的责任。比如说有一个小孩掉井里去了，那井上为什么没有井盖呢？家长为什么没有看护好孩子呢？一路追责，都是宰相没把国家治理好，没把民众教化好，这就是以天下为己任的"圣之任者"的圣人之道，有这样的责任心，就能我心光明，勇往直前。

还有一段很关键，李泌说，就算是像司马遹、李瑛那样"铁证如山"，也不能相信。这个问题太重要了，这是大智慧。《吕氏春秋》记载，孔子和弟子们流落在陈、蔡之间，好不容易搞到一点米，煮了一锅饭，孔子看见颜回居然偷吃。孔子当时就崩溃了，颜回居然偷吃！后来旁敲侧击，才知道是有煤灰掉在锅里，颜回把它夹出来，因为沾着饭粒不舍得扔，就吃掉了。孔子感慨地说："所信者目也，而目犹不可信；所恃者心也，而心犹不足恃。弟子记之，知人固不易矣。"西方哲学家尼采也说过一句话："看而勿信"是认识者最大的美德，而认识者的最大魔鬼，就是"亲眼所见"。

亲眼所见也靠不住，那什么靠得住呢？什么都靠不住，只有你自己靠得住，自己诚意正心，就把自己靠住了，自己靠住了，就全天下都靠住了，这就是《大学》诚意→正心→修身→齐家→治国→平天下的原理，不是德宗的品德和智识所能理解的。

李泌对德宗，就是一个超级智者事奉一个中下资质的皇帝，也是太难了！

**5** 八月二十八日，吐蕃率羌、浑部落军侵犯陇州，连营数十里，京城震恐。

九月五日（原文为丁卯，根据柏杨考证修改），派神策将石季章戍防武功，决胜军使唐良臣戍防百里城。

九月七日，吐蕃大肆抢掠汧阳、吴山、华亭，老弱者全部杀死，或者砍断手臂，凿瞎眼睛，弃之而去，驱赶丁壮一万余人全部押送到安化峡以西，准备分给羌部落和浑部落做奴隶，告诉他们说："允许你们向东哭辞乡国。"众人大哭，跳下悬崖死伤的有一千余人。

不久，吐蕃军队再次杀回，包围陇州，刺史韩清沔与神策副将苏太平夜里出兵，将吐蕃军击退。

**【华杉讲透】**

本月初，尚结赞送回崔汉衡，并上表请求和解。德宗拒绝吐蕃使者入境。外交上的傲慢，马上引来吐蕃的疯狂报复，而德宗却没有能力保护自己的人民。

**6** 皇帝对李泌说：“每年诸道贡献，共值钱五十万缗，今年仅得三十万缗。说这话诚知有失体统，但是宫中用度确实不足。”李泌说：“古时天子不私自求财，建议由国库每年供应宫中钱一百万缗，愿陛下不再接受诸道贡献，更不要向他们索取。如有必需的费用，请降下敕令，折算成税赋，不让奸吏借机榨取盘剥。”皇帝听从。

## 李泌劝德宗放下仇恨，与回纥和亲

**7** 回纥合骨咄禄可汗屡次请求和解，并且请求联姻。皇帝不许。正巧边将报告缺乏马匹，而朝廷也无马供给，李泌对皇帝说：“陛下如果用臣的计策，数年之后，马价贱到现在十分之一。”皇帝问：“何故？”李泌回答：“愿陛下推至公之心，委屈自己，服务人民，为社稷大计，臣才敢说。”皇帝说：“卿怎么疑心这么大！”李泌回答说：“臣愿陛下北和回纥，南通云南，西结大食、天竺，如此，则吐蕃自困，马也容易得到了！”皇帝说：“其他三国如卿所言，至于回纥则不可。”李泌说：“臣本就知道陛下的态度，所以不敢早言。但是，为今之计，正当以回纥为先，另外三国可以推后。”皇帝说：“唯有回纥的事，卿不要再提。”李泌说：“臣备位宰相，事有可否在陛下，何至于不许臣说话！”皇帝说：“朕对于卿，已经是言听计从了，至于与回纥和解，留给子孙去处理；朕在位之时，坚决不行！”李泌说：“难道不是因为陕州之耻吗！”皇帝说：“是的。韦少华等以朕之故受辱而死，朕岂能忘怀！现在国家多难，不能报仇，和解则绝对不可能。卿不要再说！”李泌说：“杀害韦少华的是牟羽可汗，陛下即位后，他举兵入寇，还未走出自己边境，就被当今的合骨咄禄可汗杀死。这样说来，当今可汗是有功于陛下，应该受封赏，又有何怨呢！其后张光晟杀突董等九百余人，合骨咄禄最终也不敢杀朝廷使者，所以合骨咄禄本来无罪。”皇帝说：“卿认为与回纥和亲是正确的，那么朕是错误的了？”李泌回答说：“臣为社稷而言，如果苟且迎合陛下，何以见肃宗、代宗于天上！”皇帝说：“容朕慢慢思量。”

自此李泌前后十五次与皇帝问对，没有一次不讨论回纥之事，皇帝始终不许。李泌说：“陛下既不许回纥和亲，愿赐臣退休。”皇帝说：“朕不是拒谏，只是想要与卿论理而已，何至于突然要离开朕呢！”李泌回答说：“陛下允许臣讲理，这是天下之福了。”皇帝说：“朕不惜屈己与之和亲，但不能辜负韦少华等人。”李泌回答：“在臣看来，是韦少华等辜负陛下，不是陛下辜负他们。”皇帝问：“何故？”李泌回答说：“当年回纥叶护将兵助讨安庆绪，肃宗只是令臣宴请慰劳他们于元帅府，先帝未尝接见他们。叶护坚持邀请臣到他的大营，肃宗还是不许。等到大军将发，先帝才与他们相见。之所以要这样，是知道回纥是豺狼之性，举兵进入唐朝腹地，不得不加倍提防。陛下在陕州时，青春年少，韦少华等人也不能深思熟虑，以万乘之子直入其营，又不先与他们议定相见礼仪，让他们得以肆意猖狂，岂不是韦少华等人辜负陛下吗？死也不足以抵偿他们的罪责。况且香积之捷，叶护欲引兵入长安，先帝亲自拜之于马前以制止他，于是叶护不敢入城。当时观者十万余人，都叹息说：‘广平王真是华、夷的共主！’但是，先帝委屈甚小，所收获至多。叶护是牟羽的叔父。牟羽身为可汗，举全国之兵赴中原之难，所以志气骄矜，敢要求陛下向他行礼。陛下天资神武，不为之屈服。那种情况下，臣不敢说其他情形，假如可汗留陛下于营中，欢饮十日（指扣留拘禁），天下岂不寒心吗！而天威所临，豺狼驯服，可汗的母亲听到消息，亲自送来貂皮大衣，斥退左右，亲送陛下乘马而归。陛下以香积之事对比来看，是委屈自己对呢，还是不委屈对呢？是陛下屈于牟羽呢，还是牟羽屈于陛下呢？”

皇帝对李晟、马燧说：“旧相识最好不要再见面。朕一向怨恨回纥，现在听李泌说起香积之事，朕也觉得自己理亏。卿二人认为如何？”二人回答：“如果按李泌所言，则回纥似乎也可宽恕。”皇帝说：“卿二人都不支持朕，朕当奈何！”李泌说：“臣认为回纥不足怨，之前的宰相才可怨。如今回纥可汗杀牟羽，其国人有帮助我们两次收复京城的功勋，他们有什么罪呢！吐蕃趁我国有难，攻陷河、陇数千里之地，又引兵进入京城，让先帝蒙尘于陕州，这才是百代必报之仇，何况其赞普至今还在，宰相不为陛下讲清这个道理，反而要与吐蕃和亲，以攻打回纥，这才可恨！”

皇帝说：“朕与回纥为怨已久，他们之前又听说吐蕃劫盟，如今我们前去与他们和亲，能不拒绝我，让我们成为夷狄笑柄吗？”李泌回答：“不会。臣之前在彭原时，当今可汗为胡禄都督，与现任国相白婆帝都跟从叶护而来，臣待他们非常亲厚，所以，他们听说臣为宰相而求和，岂有再拒绝的道理！臣现在请求写信和他们约定：第一，向我国称臣；第二，向陛下称子；第三，每次使者来不许超过二百人；第四，卖马不得超过一千匹；第五，不得携中国人及商胡出塞。若五条都能做到，则主上必许和亲。如此，威加北荒，震慑吐蕃，足以让陛下纾解多年积压的闷气。”

皇帝说：“自从至德年以来，我们与回纥约为兄弟之国，如今突然要他们称臣，他们怎么肯呢？”李泌回答：“他们想与唐和亲很久了，其可汗、国相一向相信臣的话，如果他们不同意，我最多再写一封信罢了。”皇帝听从。

既而回纥可汗遣使上表称儿及称臣，凡是李泌所约五事，全部听命。皇帝大喜，对李泌说：“回纥为什么这么畏服卿！”李泌回答说：“这是陛下威灵，臣有什么作用！”皇帝说：“回纥则已和亲，接下来怎么去结交云南、大食、天竺呢？”李泌回答说：“回纥和亲，则吐蕃已不敢轻易犯我边塞。接下来结交云南，则是截断了吐蕃右臂。云南自汉朝以来，就臣属中原，杨国忠无故侵扰，逼使他们叛变，称臣于吐蕃，苦于吐蕃赋役重，没有一天不想再做唐臣。大食在西域为最强，自葱岭到西海，国土几乎占天下一半，与天竺都向慕中原，世代与吐蕃为仇，臣因此知道这三国可以结交。”

九月十三日，遣送回纥使者合阙将军回国，许诺以咸安公主（皇帝的女儿）嫁给可汗为妻，归还其马价绢五万匹。

**【华杉讲透】**

所有的咨询都是心理咨询，李泌抓住这次机会，终于解开德宗心里的疙瘩。

陕州之辱，事见公元762年记载，已经过去二十五年了。德宗当年二十岁，任天下兵马元帅，虽未正式册封为太子，但实际上已经是储君。因为前来协助平定安史之乱的回纥可汗要他跪拜，他不肯，可汗当着他的面将韦少华等人活活打死。这件事对他刺激太大。他嘴上说要为韦少华报仇，实际上是要报自己的仇。而李泌首先分析，韦少华等人不仅无功，而且有罪，因为他们对德宗受辱负有直接责任。接下来，再讲述香积大捷之后，回纥人要履行合约条件——进入长安抢掠，而德宗的父亲唐代宗——当时的广平王李豫在回纥叶护马前下拜恳求，叶护感动，不再进城，保护了满城百姓。德宗面对的是可汗，代宗面对的是叶护。代宗都拜了，而德宗没有拜。所以，不是德宗受辱了，而是可汗屈服了。

这一套话语处方，李泌想来已经深思熟虑地准备了很久，就等一个机会，一次治好德宗的心病，也为国家开创了新的局面。

**8** 吐蕃入寇华亭及连云堡，都攻陷。

九月二十四日，吐蕃驱赶二城居民数千人及邠州、泾州人畜数以万计而去，安置在弹筝峡以西。泾州全靠连云堡侦察敌情，连云堡既陷，泾州城西门日夜紧闭，不敢打开，门外皆为敌境，打柴割草的路都已断绝。每次庄稼成熟，都要在军队保护下才能收割，时间上常常延误，只得空穗。由是泾州常苦于缺粮。

**9** 冬，十月四日，吐蕃入寇丰义城，前锋抵达大回原，被邠宁节度使韩游瑰击退。十月五日，再次入寇长武城，又在故原州筑城，留军驻防。

**10** 妖僧李软奴自称："我本是李姓皇族，见五岳四渎（五岳：衡山、嵩山、恒山、泰山、华山；四渎：长江、黄河、淮河、济水）之神，命我为天子。"结交殿前射生将韩钦绪等，密谋作乱。十月六日，被他的党羽告发，皇帝命捕送内侍省审讯。李晟听闻，立刻扑倒在地，说：“我要被灭族了！”李泌问他缘故，李晟说：“我新近还遭到谤毁陷害，城里城外有家人一千余人，如果有一人在其党中，那兄长您也救不了我了。”于是李泌密奏：“大狱一起，所牵连的必多，外间人心汹涌恐惧，不如交给御史台审讯。”皇帝听从。

韩钦绪，是韩游瑰之子，逃回邠州。当时韩游瑰带兵出屯长武城，留后将韩钦绪逮捕，械送京师。十月十二日，腰斩李软奴等八人，北军战士连坐被处死者八百余人，而朝廷大臣没有被牵连的。韩游瑰弃军前来京师请罪，皇帝遣使制止他，委任如初。韩游瑰又械送韩钦绪的两个儿子，皇帝也下令赦免他们。

**【华杉讲透】**

中国历史上这些事，就是“可大可小”，可以掀起惊天大案，腥风血雨；也可以轻轻放过，相安无事。是搞大还是放过，一看皇帝的政治需要，二看主事大臣。李软奴谋反案，事情本身不大，就是一次典型的“皇帝梦精神病发作”，历朝历代都有。皇帝此时经不起折腾，本来就对藩镇大将们采取姑息政策，他不想引起事端。宰相李泌呢，洞然明白，又公忠体国。这事就过去了。如果换一个宰相，他要利用这件事牵连李晟、韩游瑰或其他任何人，这个题材，他想做多大文章，就能做多大文章。

**11** 天气苦寒，吐蕃不能入寇，而唐朝边防军粮运也跟不上。十一月，皇帝下诏，命浑瑊回河中，李元谅回华州，刘昌分军五千回汴州，其余防秋兵退屯凤翔、京兆诸县以就地取食。

**12** 十二月，韩游瑰入朝。

**13** 自从兴元年以来，本年收成最好，稻米一斗值钱一百五十、粟米八十，皇帝下诏，命各地官府收购粮食。

十二月一日，皇帝在新店打猎，进入百姓赵光奇家，问："百姓高兴吗？"赵光奇回答说："不高兴。"皇帝说："今年丰收，怎么不高兴呢？"赵光奇回答说："诏令不讲信用。之前说两税之外不再有其他徭役，如今非税而索求的数额，比税更多！之后又说要收购粮食，而实际上是强取，没有见到一枚钱。开始时说收购的粟麦在各道缴纳就可以了，如今却要求送到京西行营，动辄数百里，车毁牛毙，全家破产，也不能把粮食送到。愁苦如此，怎么高兴得起来！每有诏书优恤，都是空文而已！恐怕圣主深居九重，这些事他都不知道啊！"皇帝下令免除赵光奇一家的赋税。

**【司马光曰】**

唐德宗实在难以醒悟！自古所担忧的，就是人君的恩泽被壅塞而不能下达，小民之情被郁结而不能上通；所以人君勤于体恤于上，而人民不能怀恩戴德，人民愁怨于下，而君王不知，以至于离叛危亡，都是这个缘故。德宗幸而因游猎进入民家，又遇到赵光奇敢言而知道人民疾苦，这正是千载难逢的机遇。正应该调查有司违背诏书，残虐下民，擅自增加赋税，盗藏国家财产，以及左右谄谀日称民间丰足喜乐的人，诛杀他们。然后洗心革面，重新思考，革新其政，废除浮饰虚文，严肃号令，笃行诚信，辨察真伪忠邪，扶危救困，昭雪冤狱，则太平之业可致。这些事不去做，而只是给赵光奇一家免税。以四海之广，兆民之众，又岂能人人都亲自向天子诉苦，然后给户户免税吗！

**【华杉讲透】**

德宗心里清楚得很。擅自增加赋税、盗藏国家财产的，就是皇帝本人，下一节就会讲到。而皇帝既然额外增加赋税，他也就没有道德力量去阻止负责征收的人再额外增加赋税。最后他的选择就是谁能给他收到钱就行。

**14** 李泌因为李软奴的党羽还有隐藏在北军之中没有被发觉的，建议颁布大赦令，让他们安心。

## 贞元四年（公元788年）

**1** 春，正月一日，赦天下，又下诏说，两税征收税率等级，自今往后，每三年一定。

**2** 李泌上奏说，京官俸禄太少，请从三师以下，全都增加一倍。皇帝听从。

**3** 正月二十三日，任命宣武行营节度使刘昌为泾原节度使。

正月二十五日，任命镇国节度使李元谅为陇右节度使。

刘昌、李元谅，都亲自率领士卒耕田，数年之后，军食充足，泾、陇地区稍安。

**4** 韩游瑰入朝，军中下属将领认为他必定回不来了，对他饯行和送礼都非常淡薄。韩游瑰见了皇帝，竭力主张筑丰义城，说如此可以制服吐蕃；皇帝喜悦，命他回任。军中很多人非常忧惧，韩游瑰嫉妒担任都虞候的虞乡人范希朝有功勋和名望，很得人心，搜集他的罪名，准备杀掉他。范希朝逃奔凤翔，皇帝召见他，把他安置于左神策军。

韩游瑰率众筑丰义城，刚修到四尺高，部队就溃散了。

**【胡三省曰】**

上下相疑，所以溃散。

**5** 二月，句勘东南两税钱帛使元友直运淮南钱帛二十万至长安，李泌命全部缴入大盈库（不是国库，而是皇帝私库）。但是皇帝还经常向各地索取财物，还敕令诸道不要让宰相知道。李泌听闻，惆怅而不敢言。

**【司马光曰】**

王者以天下为家，天下之财归他所有。以天下之财，养天下之民，自己也必定快乐安适。如果还额外蓄积私财，这是市井小民的鄙志了。古人有言：贫穷的人不用学习节俭。财富多的人，奢欲自然就来了。李泌想要制止德宗的欲望，而增加他的私财，殊不知财富越多则欲望越大。财富不及欲望，他能不索求吗！这就像给他打开门却禁止他出去！虽然是德宗行为荒唐，但也是李泌辅佐他的方式不是正道的缘故。

**【华杉讲透】**

## 出发点错误，哪条路都不是正道

司马光说李泌辅佐皇帝的方式不是正道，不知道换了他，他能用什么“正道”来辅佐德宗？司马光的第一句话就不正：“王者以天下为家，天下之财皆其有也。”这就是儒家秩序的理论基础，全天下的财富，包括所有人的身家性命，都归皇帝所有。在这个基础上，再要求皇帝仁爱，先满足人民，再满足自己，这太难了！出发的地方错了，走哪条道都不是正道，无解。

儒家思想之于治国，是以父母心。皇帝是天下人的父母，而宰相作为儒家代表，又把自己当成皇帝的父母，司马光评论李泌应该怎么辅佐皇帝，口气就像父母应该怎么管教孩子一样。父母心是伟大的，但是合格的父母太少！而事实上，皇帝不是天下人的父母，宰相也不是皇帝的父母，还是出发点错了。

## 德宗与李泌论即位以来历任宰相

**6** 咸阳有人上言：“臣见到白起，令臣上奏说：‘请让我为国家捍御西部边陲。正月，吐蕃军必大举东下，我当为朝廷击破他们，作为验证。’”既而吐蕃入寇，被边将击败，不能深入。皇帝以为信然，想要在京城为白起立庙，并追赠为司徒，李泌说：“臣听说：‘国将兴，听于人。’如今将帅立功而陛下褒赏白起，臣恐怕边臣都要离心解体了！如果立庙于京城，大肆祈祷，流闻四方，将助长全国巫风。如今杜邮有白起旧祠，请敕令府县修葺，则不至于惊人耳目。况且白起不过是列国之将，追赠为三公太重，请赠为兵部尚书就可以了。”皇帝笑道：“卿对白起也爱惜官职吗！”李泌回答说：“人和神是一样的。陛下如果不爱惜，则神也不引以为荣。”皇帝听从。

李泌陈说自己年老（本年六十七岁），独任宰相，精力耗竭，既然不允许他退休，乞请再任命一个宰相。皇帝说：“朕深知卿的劳苦，只是没有合适的人。”

皇帝从容与李泌论及即位以来宰相，说：“卢杞忠贞清廉，刚强耿直，人人都说卢杞奸邪，朕却不觉得。”李泌说：“人人都说卢杞奸邪，而唯独陛下不觉得他奸邪，这就正是卢杞之所以为奸邪。如果陛下察觉，岂有建中之乱（泾原兵变）吗！卢杞以私仇杀杨炎，排挤颜真卿于死地，激起李怀光叛变。全靠陛下圣明，把他流放远方，人心喜悦，天也悔祸。不然，乱局怎能消弭！”皇帝说：“杨炎把朕当小孩子看，每次论事，朕批准他的意见，他就喜悦，与他辩论，他就怒而辞位，看他的意思，是觉得朕不配跟他说话的缘故！所以忍无可忍，并不是因为卢杞。建中之乱，术士早就指出要修建奉天城池，这是天命，不是卢杞所能导致的！”

李泌说：“天命，其他人都可以说，唯独国君和宰相不能说。因为国君和宰相就是制造天命的人。如果君相也谈天命，则礼、乐、刑、政都无用了。纣王说：‘我生不有命在天！’这就是商朝灭亡的原因！”

皇帝曰：“朕喜欢与人讲道理，辩是非。崔祐甫性格偏狭急躁，朕反驳他，应对就语无伦次，朕常知道他的短处而护着他。杨炎论事也有可取之处，但是气色粗傲，反驳他，他就勃然大怒，不再有君臣之礼，所以我每次见到他，就怒火忿发。其他人则不敢再说话。卢杞小心，朕所说的话，言无不从；又没有学问，不能与朕辩论，所以朕心里的想法经常不能全部阐述出来。”李泌回答：“卢杞言无不从，岂是忠臣吗！陛下说什么他都赞成，正是‘言而莫予违’，孔子所谓‘一言丧邦’的话！”

**【华杉讲透】**

一言丧邦出自《论语》。鲁定公问孔子："一言而丧邦，有诸？"孔子对曰："言不可以若是，其几也。人之言曰：'予无乐乎为君，唯其言而莫予违也。'如其善而莫之违也，不亦善乎？如其不善而莫之违也，不几乎一言而丧邦乎？"

鲁定公问："还有一句话说一言可以丧邦，有这回事吗？"

孔子答："丧邦，是亡国大祸，当然不至于说错一句话就亡国那么严重，但是，这话也有道理！有君王说：'予无乐乎为君，为其言而莫予违也。'予，是'我'。'我觉得做君主也没什么可快乐的，但有一点是真快乐，就是我的每一句话都没人敢违背！'君王这样来理解权力的快乐，如果你说的对，利国利民，大家不违背，那是很好。若你说的不对，祸国殃民，大家也照着做，那不就一言丧邦，走向亡国了吗？"

"予无乐乎为君，为其言而莫予违也。"这话谁说的？《韩非子》有记载：晋平公与群臣饮，饮酣，乃喟然叹曰："莫乐为人君！唯其言而莫之违。"师旷侍坐于前，援琴撞之。公被衽而避，琴坏于壁。公曰："太师谁撞？"师旷曰："今者有小人言侧者，故撞之。"公曰："寡人也。"师旷曰："哑！是非君人者之言也。"左右请除之。公曰："释之，以为寡人戒。"

晋平公与群臣饮酒作乐，师旷在旁边弹琴助兴，晋平公喝多了，酒后吐真言，感叹人生，说："做君主也没什么可快乐的，但有一点是真快乐，就是我的每一句话都没人敢违背！"师旷听了，操起琴就向晋平公撞过去。晋平公一提衣襟，慌忙躲开，琴撞在他身后墙壁，撞坏了。晋平公大惊，问："太师！您撞谁呀？"晋平公被撞了还对师旷这么尊重，一来因为师旷德高望重，二来因为师旷是盲人，他想不到师旷撞的就是他，他不知道究竟发生了什么事。师旷说："刚才听到一个小子在这儿说混账话，所以撞他！"晋平公说："就是寡人我呀！"师旷说："是吗？这不是人君该说的话！"左右说师旷无礼，要把他拖出去。晋平公说："放开太师，我要把太师的话当成对我的告诫。"

做了君主，别说一句话，放个屁都是香的，所谓"洪宣宝屁，依稀乎丝竹之音，仿佛乎麝兰之气”，如果醉心于自己的话没人敢违背，则会为谗言谄媚所蔽，祸患已伏，却没人告诉你。自古丧国之祸，都是这么埋下的。天下大虑，在于下情不通，疏于戒备，讨厌忠言逆耳，享受阿谀奉承，听不到自己的过失，最终就铸成大错。

皇帝说：“只有卿与他们三人都不一样。朕说话恰当，卿有喜色；不恰当，常有忧色。虽然不时对朕有逆耳之言，就像刚才说纣王及丧邦之类。但是朕仔细想来，卿都是就事论事，这样做就国泰民安，那样做就国危家乱，言辞虽然深切，而气色和顺，没有杨炎那样陵傲。朕往复辩驳，而卿辞理不屈，又没有好胜之心，一直让朕理屈词穷而不能不听从，这让朕暗中庆幸能得到卿这样一位宰相。”李泌说：“陛下用的宰相还有很多，如今都不论，为何？”皇帝说：“其他那些人，都算不上什么宰相。所谓宰相，必须能委以政事，像玄宗时代的牛仙客、陈希烈那样，还可以称之为宰相吗！肃宗、代宗任用卿，虽无宰相之名，却是真正的宰相。如果一定以平章事的官职为宰相，则王武俊之徒都是宰相了。”

【华杉讲透】

所谓“君子不辩”，因为辩论很容易起胜心，争胜负，而不再是一起追求真理。德宗说杨炎陵傲皇帝，而李泌没有胜心，对皇帝真正地关心爱护，就是这个意思。

同时，李泌还执守“以道侍君，不可则止”，他并不是什么话都跟德宗说，明摆着皇帝不对的，他知道不能说，或说了没有用，他就不说，等待合适的机会再说。所以，他始终没有拂皇帝的“逆鳞”，先明哲保身，再尽力而为。

**7** 泾原节度使刘昌再次修筑连云堡。

**8** 夏，四月十八日，将殿前左、右射生军改名为神威军，与左右羽林军、龙武军、神武军、神策军一起，号称十军。神策军军力尤其雄厚，一大半戍防于京西，其他的分散屯驻在京畿地区。

**9** 福建观察使吴诜，轻视他属下的军士们地位卑微、力量脆弱，于是便苦役他们。军士作乱，杀死吴诜的心腹十余人，逼吴诜以正式公文任命大将郝诫溢任留务。郝诫溢上表请罪，皇帝派宦官前往，就地赦免，以安抚他们。

**10** 四月三十日，陇右节度使李元谅修筑良原故城，留军镇守。

**11** 云南王异牟寻想要归附唐朝，不敢自专遣使，先派他的东蛮鬼主骠旁、苴梦冲、苴乌星入朝觐见。五月八日，皇帝宴请他们于麟德殿，赏赐馈赠非常丰厚，给他们封王并赐给玺印，遣送他们回去。

**12** 五月二十四日，任命太子宾客吴凑为福建观察使，贬吴诜为涪州刺史。

**13** 吐蕃骑兵三万余人入寇泾、邠、宁、庆、鄜等州。之前，吐蕃常在秋冬入寇，到春天多病疫时退兵。至此，俘虏了大量汉人，把他们的妻子儿女留下做人质，派将领率他们作战，盛夏入寇。诸州都闭门守城，没有敢出战的，吐蕃俘掠人畜数以万计而去。

**14** 夏县人阳城以学问和品行著名，隐居在柳谷之北，李泌举荐他。六月，征召他，拜为谏议大夫。

**15** 韩游瑰因为吐蕃犯塞，亲自戍防宁州。患病，请求朝廷派人替代他，让他回来。

秋，七月五日，加授浑瑊为邠宁副元帅，任命左金吾将军张献甫为邠宁节度使，陈许兵马使韩全义为长武城行营节度使。张献甫还未到任，七月七日夜，韩游瑰不告诉众人，轻骑归朝。戍卒裴满等害怕张献甫严厉，乘无帅之际，七月八日，率其徒作乱，说：“张公不是本军出身，我们一定要拒绝他来。”然后剽掠城市，包围监军杨明义居所，让他奏请范希朝为节度使。都虞候杨朝晟避乱出城，听到消息，返回，说：“所请甚合我心，我来道贺！”乱卒稍安。杨朝晟秘密与诸将谋议，早晨陈兵，召集乱卒，对他们说：“你们的请求没有得到批准，张公已经抵达邠州，你们作乱当死，但也不可全杀，你们最好自己指出主谋带头的人。”于是斩二百余人，率众迎接张献甫。皇帝听说军众希望得到范希朝，准备授任他为节度使。范希朝推辞说：“臣因畏惧韩游瑰诛杀才逃走，如今又前去替代他，这不是防范伺隙图谋，安抚军心的办法。”皇帝嘉许，擢升他为宁州刺史，做张献甫的副手。韩游瑰抵达京师，被任命为右龙武统军。

**16** 振武节度使唐朝臣戒备松懈，没有派出足够斥候侦察警戒，七月十四日，奚、室韦部落入寇振武，抓获前来宣慰的钦差宦官二人，大掠人畜而去。当时回纥前来迎接公主出嫁的队伍在振武，唐朝臣派骑兵七百人与回纥骑兵数百人前往追击，回纥使者被奚、室韦所杀。

**17** 九月十六日，吐蕃尚志董星入寇宁州，被张献甫击退。吐蕃转道鄜州、坊州，大肆抢掠而去。

**18** 句勘两税钱帛使元友直清查诸道税外额外征收的财物，全部缴纳到户部，于是成为定制，每年于税外再征收钱一百余万缗、粮食一百余万斛，民不堪命。诸道多直接向皇帝投诉，皇帝醒悟，下诏：“今年已经缴纳入官府的送往京师，没有入库的全部还给百姓；明年以后，全部取消。”于是东南之民重新得以安居乐业。

## 回纥与吐蕃断交，上表请求改称回鹘

**19** 回纥合骨咄禄可汗得到唐朝许婚，非常喜悦，派他的妹妹骨咄禄毗伽公主及大臣的妻子以及国相、跌跌都督以下一千余人来迎可敦，辞礼甚恭，说：“昔为兄弟，今为子婿，就是半个儿子了。如果吐蕃为患，儿子当为父亲铲除他们！”然后辱骂吐蕃使者，和吐蕃断交。

冬，十月十四日，回纥抵达长安，可汗上表请求把回纥改称回鹘，皇帝批准。

## 韦皋写信挑拨云南与吐蕃

**20** 吐蕃发兵十万，将要入寇西川，也向云南征兵。云南内心虽然归附唐朝，表面上还不敢背叛吐蕃，也发兵数万人，屯驻于泸水之北。西川节度使韦皋知道云南仍在犹豫，于是写信给云南王，嘉许他背叛吐蕃而归化唐朝的诚意，放在银匣子里，故意让东蛮转交给吐蕃。吐蕃开始怀疑云南，派兵二万屯驻会川，以阻塞云南军队前往蜀地的道路。云南怒，引兵归国。由此云南与吐蕃相互猜疑，归顺唐朝的心志更加坚定。吐蕃失去云南协助，兵势开始转弱。但是吐蕃已经入寇，于是分兵四万攻两林、骠旁，三万攻东蛮，七千入寇清溪关，五千入寇铜山。韦皋派黎州刺史韦晋等与东蛮连兵抵御，击破吐蕃军于清溪关外。

**21** 十月二十六日，册命咸安公主，加授回鹘可汗号长寿天亲可汗。十一月，以刑部尚书关播为送咸安公主兼册回鹘可汗使。

**22** 吐蕃耻于前日之败，再次以二万人入寇清溪关，一万攻东蛮。韦皋命韦晋镇守要冲城堡，督诸军以抵御。巂州经略使刘朝彩等出关连战，从十一月十一日战到十九日，大破吐蕃军。

**23** 李泌对皇帝说：“江、淮漕运，自淮河进入汴水，中途的甬桥是咽喉重镇，地属徐州，与李纳（平卢节度使）相邻，刺史高明应年少不习事，一旦李纳再有异图，窃据徐州，到时失去江、淮地区，国家财政从哪里得到！建议调寿、庐、濠都团练使张建封镇守徐州，把濠州、泗州划给他。再把庐州、寿州归淮南，这样平卢一定会警惕敬畏，不敢轻举妄动，而运路常通，江、淮安定了。现在高明应年幼无知可以代替，可以征召入朝为金吾将军。否则，万一徐州落入他人之手，就无法控制了。”皇帝听从。任命张建封为徐、泗、濠节度使。张建封为政宽厚而有纲纪，对犯法的人从不放任，所以他的部下无不畏惧而悦服。

**24** 横海节度使程日华薨逝，儿子程怀直自任为留后。

**25** 吐蕃屡次派人引诱威胁云南。

## 贞元五年（公元789年）

### 韦皋写信劝云南王异牟寻归附

**1** 春，二月十四日，西川节度使韦皋写信给云南王异牟寻，说：“回鹘屡次请求辅佐天子共灭吐蕃，大王不早定计，一旦为回鹘抢先，则大王累代功名都白费了。况且云南久为吐蕃屈辱，如今不乘此时依大国之势以复怨雪耻，后悔无及！”

**2** 二月二十五日，任命横海留后程怀直为沧州观察使。程怀直建议划出景城、弓高为景州，仍请朝廷任命刺史。皇帝喜悦说：“三十年没有这种事了！”于是任命员外郎徐伸为景州刺史。

## 李泌薨逝

**3** 中书侍郎、同平章事李泌屡次乞请再任命一位宰相。皇帝想要用户部侍郎班宏，李泌说班宏虽然清廉刚强，但是性情迟钝，反应缓慢，于是举荐窦参，说他通达聪敏，可以兼管度支和盐铁；又举荐董晋，说他为人方正，可以调到门下省。皇帝都不同意。窦参，是窦诞的玄孙，当时为御史中丞兼户部侍郎；董晋为太常卿。

至此，李泌病重，再次举荐二人。二月二十七日，任命董晋为门下侍郎，窦参为中书侍郎兼度支转运使，都兼任同平章事。任命班宏为尚书，仍兼度支转运副使。窦参为人刚强果断，但是严厉苛刻，没有学问，喜欢权谋，每次奏事，其他宰相出去后，窦参总是独自留下来，以奏报度支的事为借口，实际上是专揽大政，多引自己的亲党，安置在要害部门，让他们做自己的耳目。董晋只是充数而已。但是，董晋为人慎重，他跟皇帝说的话，从不跟其他人泄露，子弟有时问他，董晋说："你们要想知道宰相是否称职，看天下是安是危就可以。我在皇帝跟前有什么谋议，不足为道。"

三月二日，李泌薨逝。李泌有谋略而好谈神仙诡诞，所以为世人所轻视。

**【柏杨曰】**

自三世纪二十年代诸葛亮当蜀汉帝国宰相算起，迄八世纪八十年代，六百年间，杰出宰相不过三四人：王猛、房玄龄、杜如晦、姚崇而已。孔丘说："人才难得！"平均一百年还出不了一个优秀的政治家，而这寥寥的几个人中，房玄龄、杜如晦，不过是君王的助理，办办文书，姚崇也不过维持现状。只有李泌，不仅是王猛之后第一人，在中国宰相群中，也居高位。

但是，他信仰道家和佛教，跟儒家学派严重相抵触，遂被大儒之类指为怪诞。其次，他没有身段，却有幽默，以端嘴脸为第一要务的大儒之类，对他当然越看越不顺眼。跟诸葛亮一样，他们的顶头上司全都是标准的“顽劣”之辈，不过刘禅安于愚昧，而李适却愚而好自用，当李适的宰相比当刘禅的宰相困难万倍。李泌绝对异于传统的知识分子和孔门系统，他做事切实际而又有前瞻，粮食俸禄及疆场作战都能深入掌握，而外交政策更料事如神。他当宰相时间不过一年十个月，对国家贡献之大，实在是无与伦比。

李泌的品格，自诸葛亮以来，更是第一人。李亨在位时，李泌弃宰相如破鞋，回到衡山隐居，更足以使一些满腔热忱的知识分子恼羞成怒，是以刘昫反扑说：“居相位而从事鬼神，乃见狂妄浮薄之踪。”宋祁也酸溜溜地说：“异哉，其谋事尽忠，其轻去近高。”反正是“非我族类”，李泌怎么做都不对。不过李泌屈居孙儿辈李适之下，也看出他的悲哀，三世君王，从李亨开始，一蟹不如一蟹，而人的生命有限，再不最后捡起李适这只烂蟹，便无蟹可捡，历史如果抽出李泌，吐蕃灾难必不能息，中国人的苦楚，不可胜言！

**【华杉讲透】**

李泌的才能和贡献，诚如柏杨所言。但是，他到底有什么鬼神怪诞，让人轻视呢？甚至在记载他去世的这一条，司马光没有评论赞扬，只留下这么一句“这个人有争议”的话？

胡三省引用《唐国史补》说：

李泌为相，放任自己虚妄荒诞，常常当着客人的面，叫家人赶紧洒扫收拾，说今晚洪崖先生（**黄帝的近臣**）要来家里住。有人送来美酒一桶，正好有客人来，李泌说：“麻姑（**道教神仙**）送酒来，咱俩一起喝。”倒酒还没倒完，门卫进来报告：“某侍郎来取酒桶。”李泌命把酒倒回去还给他，而面无愧色。

李泌之才，说百年一遇都评价低了，李泌是五百年出一个，不是凡人，又生活在凡间，他这种“以虚诞自任”，也是没有人可以说话，自己发泄放松吧！没有人能理解他，著史的人也理解不了他，他是历史天空上的孤星。

**4** 当初，皇帝考虑李怀光的功勋，想要赦免他其中一个儿子，而子孙都已伏诛。三月二十六日，下诏以李怀光的外孙燕八八为李怀光后嗣，赐姓名李承绪，任命为左卫率胄曹参军，赐钱一千缗，让他奉养李怀光的妻子王氏及守护李怀光的坟墓祭祀。

**5** 冬，十月，西川节度使韦皋派他的部将王有道将兵与东蛮、两林蛮及吐蕃青海、腊城二节度战于巂州台登谷，大破之，斩首二千级，投崖及溺死者不可胜数，杀其大兵马使乞藏遮遮。乞藏遮遮，是吐蕃骁将，他死之后，韦皋所攻城栅，无不攻下。数年，收复巂州全境。

**6** 易定节度使张孝忠兴兵袭击蔚州，驱掠人畜。皇帝下诏斥责，张孝忠超过十天才回到本镇。

**7** 琼州自乾封年中为山贼所攻陷，至此，岭南节度使李复派判官姜孟京与崖州刺史张少迁攻打收复。

**8** 十二月三日，听闻回鹘天亲可汗薨逝，十二月十一日，派鸿胪卿郭锋册命其子为登里罗没密施俱录忠贞毗伽可汗。

之前，安西、北庭都假道于回鹘以奏事，所以与之连和。北庭离回鹘尤其近，回鹘索求无厌，又有沙陀人六千余帐与北庭相依。后来，三葛禄、白服突厥都归附于回鹘，回鹘多次侵略抢掠这两个部落。于是吐蕃率领葛禄、白服部众攻打北庭，回鹘大相颉干迦斯将兵救援。

**9** 虽然云南决心叛离吐蕃，但还不敢公开和他们决裂。十二月二十五日，韦皋再次写信招谕。

## 贞元六年（公元790年）

**1** 春，皇帝下诏，将岐山无忧王寺供奉的佛祖指骨迎接到宫禁中，又送给诸寺，向大众展示，长安城为之一空，都去瞻仰，布施的钱财，高达巨万。二月八日，再派宦官送回原处安葬。

**2** 当初，朱滔在贝州溃败，其棣州刺史赵镐献出本州，投降王武俊，既而又得罪于王武俊，王武俊召他，他不去。

魏博节度使田绪残忍，他的哥哥田朝，在平卢节度使李纳手下任齐州刺史。有人说李纳要派军队护送田朝回魏州，田绪惧怕；判官孙光佐等为田绪设计，丰厚贿赂李纳，并且游说李纳招降赵镐，取得棣州，以取悦李纳，然后请求李纳把田朝送到京师。李纳听从。二月三十日，赵镐以棣州投降李纳。三月，王武俊派他的儿子王士真攻打棣州，不能攻克。

**3** 回鹘忠贞可汗的弟弟弑杀忠贞，自立为可汗，其大相颉干迦斯西击吐蕃未还。夏，四月，次相率国人杀篡者而立忠贞的儿子阿啜为可汗，时年十五岁。

**4** 五月，王武俊屯驻在冀州，准备攻击赵镐，赵镐率部属逃奔郓州。李纳分兵占领棣州。田绪派孙子田光佐前往郓州，矫诏以棣州划归李纳。王武俊怒，派儿子王士清讨伐贝州，攻取经城等四县。

**5** 回鹘颉干迦斯与吐蕃作战不利，吐蕃急攻北庭。北庭人苦于回鹘索求无度，与沙陀酋长朱邪尽忠都投降吐蕃。节度使杨袭古率麾下两千人逃奔西州。

六月，颉干迦斯引兵回国，次相担心他再有废立之举，与可汗一起出郊迎接，俯伏在地，自陈擅立之状，说："今日是生是死，一切由大相做主。"将郭锋册立忠贞可汗时所带来的礼物全部陈列出来，都赠送给颉干迦斯。可汗下拜哭泣说：“儿愚幼，如果幸而得立，全靠阿多吃饭，不敢参与国政。”回鹘人称父亲为阿多，颉干迦斯为他的卑屈所感动，扶起他，也跟着哭泣，然后执守臣礼，把收到的礼物全部分给从行的人，自己一件也没有接受。国中由是渐渐安定下来。

秋，颉干迦斯举全国兵力数万，会合杨袭古，准备收复北庭，又被吐蕃击败，死亡大半。杨袭古收集余众数百人，准备回西州，颉干迦斯骗他说：“且与我同至牙帐，再送君还朝。”既而扣留不遣，最终将他杀了。安西由是音讯断绝，不知存亡，而西州仍为唐朝固守。葛禄乘胜攻取回鹘浮图川，回鹘震恐，将西北部落全部迁到牙帐之南，躲避吐蕃。

回鹘派达北特勒梅录跟随郭锋到京师，报告忠贞可汗之丧，并且请求册命新可汗。之前，回鹘使者入唐朝，礼容骄慢，与刺史都平起平坐。梅录抵达丰州，刺史李景略想要在他身上出气，对梅录说：“听闻可汗新丧，想要行吊丧之礼。”

李景略先占据高位而坐，梅录俯身上前哭泣。李景略安抚他说：“可汗逝世我和你一样哀痛。”梅录的骄容气势一下子索然而尽。自此回鹘使者抵达，都拜李景略于庭，威名远闻塞外。

冬，十月十九日，郭锋才从回鹘回来。

**6** 十一月八日，皇帝在圜丘祭天。

**7** 皇帝屡次下诏，命李纳将棣州归还王武俊，李纳百方拖延，请求用海州代替棣州还给朝廷。皇帝不许。李纳又请求皇帝下诏，让王武俊先归还田绪四县，皇帝听从。

十二月，李纳才把棣州还给王武俊。

## 贞元七年（公元791年）

**1** 春，正月八日，襄王李僙薨逝。

**2** 二月十二日，派鸿胪少卿庾铤出使，册封回鹘奉诚可汗。

**3** 二月七日，皇帝下诏，命泾原节度使刘昌修筑平凉故城，以扼守弹筝峡口。十二天就告完工，分兵戍防。刘昌又筑朝谷堡。三月四日（原文为二月，根据柏杨考证修改），皇帝下诏，命名为彰信堡，泾原地区稍稍安定下来。

**4** 当初，皇帝回长安后，认为神策等军有卫从之劳，都赐名为“兴元元从奉天定难功臣”，任命官员统领，抚恤十分优厚。禁军恃恩骄横，侵暴百姓，凌辱府县，以至于诟骂官吏，撕毁文书。府县官有不胜其忿而对他们用刑的，早上鞭笞一人，晚上就被流放到万里之外，由此府县即使有公正严明之官，也无法履行职责。市井富民，往往通过贿赂，把自己的名字列入军籍，则当地府县不能管制他们。

三月二十一日，皇帝下诏：神威、六军吏士与百姓争讼的，由当地府县审理，小事通报本军，大事奏闻朝廷。如果有军士欺凌府县官员，先行逮捕囚禁，然后奏报，由御史台审理。县吏如有笞辱军士的，一定贬谪！

**【华杉讲透】**

这里有一个奇怪的逻辑：对皇帝有功，就可以不守王法。士兵们这样认为，皇帝也这样认为。对功臣的奖励，往往有两项：一是可以不守法，二是可以不纳税。人生的最高成就，就是可以获得特权，欺压他人。如此治国，就只能越治越乱了。

**5** 三月二十三日，易定节度使张孝忠薨逝。

**6** 安南都护高正平横征暴敛，夏，四月，群蛮酋长杜英翰等起兵包围都护府，高正平忧惧而死。群蛮听说，全都投降。五月二十二日，设置柔远军于安南。

**7** 端王李遇薨逝。

**8** 韦皋连年写信招云南王异牟寻，始终没有回复。但是，吐蕃每次征发云南兵，云南派兵也越来越少。韦皋知道异牟寻心附于唐，他的讨击副使段忠义，本来是阁罗凤的使者。六月七日，韦皋派段忠义回云南，再次送信给异牟寻，劝勉晓谕他。

**9** 秋，七月十九日，任命定州刺史张升云为义武留后。

**10** 七月二十一日，任命虔州刺史赵昌为安南都护，群蛮于是安定下来。

**11** 八月十八日，任命翰林学士陆贽为兵部侍郎，其他职务全部解除。这是由于窦参厌恶他。

**12** 吐蕃攻打灵州，被回鹘击败，连夜逃遁。

九月，回鹘遣使来献俘。

冬，十二月八日，又遣使献所俘虏的吐蕃酋长尚结心。

**13** 福建观察使吴凑，为治的声名很好，窦参因为私人恩怨诋毁他，并且说他有风痹症。皇帝召他到京师，让他行走看看，知道是被窦参诬陷，由此开始厌恶窦参。

十二月二十一日，任命吴凑为陕虢观察使，以替代窦参的亲信李翼。

**14** 睦王李述薨逝。

**15** 吐蕃知道韦皋的使者在云南，遣使责问。云南王异牟寻骗他们说：“这位唐使，本来就是蛮族，韦皋允许他回来而已，并没有其他意思。”然后将段忠义逮捕，送到吐蕃。吐蕃多取云南大臣之子为人质，云南人更加怨恨。勿邓酋长苴梦冲，暗中勾结吐蕃，煽动引诱群蛮，隔绝云南使者。韦皋派三部落总管苏嵔将兵到琵琶川。

# 卷第二百三十四　唐纪五十

贞元八年（792）一月至贞元十年（794）五月，共2年5个月

# 德宗神武圣文皇帝九

## 贞元八年（公元792年）

**1** 春，二月十七日，韦皋抓获苴梦冲，数落他的罪状，将他斩首。与云南的交通开始畅通。

**2** 三月十一日（原文为丁丑日，根据柏杨考证修改），山南东道节度使、曹成王李皋薨逝。

**3** 宣武节度使刘玄佐有威略，每次平卢节度使李纳的使者来，刘玄佐都厚待交结，所以时常能打探到李纳一些秘密的事，先为之防备。李纳忌惮他。他的母亲虽然出身高贵，每日亲自织绢一匹，对刘玄佐说："你本来出身寒微，天子让你富贵至此，必须以死报答！"所以刘玄佐始终不失臣节。三月十六日，刘玄佐薨逝。

**【华杉讲透】**

《论语》中，有子曰：“其为人也孝弟，而好犯上者，鲜矣；不好犯上，而好作乱者，未之有也。君子务本，本立而道生。孝弟也者，其为人之本与！”

孝敬父母叫孝，敬爱兄长叫弟（悌）。在家孝敬父母，敬爱兄长，却喜欢触犯上级的，这种人是很少的。规矩老实，不好触犯上级，却能作乱造反的，这种人根本没有。君子务本，本立而道生。孝弟就是为人之本。

史书上记述一个忠臣，大概率会说到他的母亲，听妈妈话的孩子，就听皇帝的话。

**4** 山南东道节度判官李实知留后事，性格刻薄，裁减军士衣食。鼓角将（掌管军中战鼓、号角）杨清潭率众作乱。夜里在城中放火抢掠，唯独不侵犯曹王李皋家。李实翻城墙逃走。第二天，都将徐诚让人用绳索吊上城墙，得以入城，发号令禁遏变乱，然后才被镇压下来。逮捕杨清潭等六人，斩首。李实回到京师，任命为司农少卿。李实，是李元庆的玄孙也。

三月二十二日，调任荆南节度使樊泽为山南东道节度使。

**5** 当初，窦参任度支转运使，班宏是他的副手。窦参许诺班宏，一年之后，将自己的职位让给他。过了一年多，窦参毫无让位的意思，班宏怒。司农少卿张滂，是班宏所举荐的，窦参想要让张滂分管江、淮盐铁，班宏不同意。张滂知道了，也怨恨班宏。等到窦参被皇帝所疏远，于是将度支使职位让给班宏，又不想让利权专归于班宏，于是向皇帝举荐张滂。任命班宏为判度支，任命张滂为户部侍郎、盐铁转运使，仍隶属于班宏以取悦他。

窦参阴险狡猾，刚愎自用，恃权而贪，每次调动或任命官员，多与族子给事中窦申商议。窦申招权纳赂，时人称他为“喜鹊”。皇帝也颇有听闻，对窦参说：“窦申必定会连累卿，应该把他外放出去，以平息舆论。”窦参再三担保没有这回事，窦申也毫不收敛改过。

左金吾大将军、虢王李则之，是李巨之子，与窦申友善，左谏议大夫、知制诰吴通玄与陆贽不和，窦申担心陆贽得到进用，暗中与吴通玄、李则之伪造一些毁谤的书信，以陷害陆贽。不料皇帝全都掌握了内情。

夏，四月三日，贬李则之为昭州司马，吴通玄为泉州司马，窦申为道州司马。不久将吴通玄赐死。

**6** 宣武节度使刘玄佐去世，将佐们封锁死讯，向朝廷奏报说刘玄佐生病，请求指定继任人选，皇帝也假装不知道，遣使到军中问："以陕虢观察使吴凑替代可以吗？"监军孟介、行军司马卢瑗都认为恰当，然后任命。吴凑走到汜水，刘玄佐的灵柩正准备起运，军中请准备仪仗队引导，卢瑗不许，又下令把仪仗队的器用留下，以等待新使。将士们愤怒。刘玄佐的女婿及亲兵都身穿铠甲，拥护刘玄佐之子刘士宁脱下丧服，登上高榻，自任为留后。逮捕城将曹金岸、浚仪县令李迈，说："你们都是请吴凑来的人！"于是将他们凌迟处死。卢瑗逃走。刘士宁拿出钱财，奖赏将士，劫持监军孟介，要他向朝廷请示。皇帝问宰相意见，窦参说："如今汴州将领利用李纳势力，通过他来要求朝廷制命，如果不批准他，恐怕他与李纳联合。"

四月六日，皇帝任命刘士宁为宣武节度使。刘士宁怀疑宋州刺史翟良佐不归附自己，托言巡抚，到了宋州，以都知兵马使刘逸准替代他。刘逸准，是刘正臣之子。

**7** 四月十一日，贬中书侍郎、同平章事窦参为郴州别驾，贬窦申为锦州司户。任命尚书左丞赵憬、兵部侍郎陆贽并为中书侍郎、同平章事。赵憬，是赵仁本的曾孙。

**8** 张滂向班宏索取盐铁旧账簿，班宏不给。张滂与班宏一起遴选巡院官，意见没有一次相同的，以致缺额很多。张滂对皇帝说："如此，职事必废，臣罪无所逃。”

四月二十二日，皇帝命班宏、张滂分别掌管天下财赋，跟大历年情况一样（766年，刘晏、第五琦分别掌管天下财赋）。

**9** 四月二十八日，吐蕃入寇灵州，破坏水口支渠和营田。皇帝下诏，命河东、振武两军救援，派神策六军两千人戍防定远、怀远城。吐蕃于是退兵。

**10** 陆贽建议令各朝廷部门长官举荐自己的下属，并把推荐人的姓名一起写在诏书上，以后考核这些人的政绩，并以此擢升或贬黜举荐者（举荐得当则升，举荐不当则贬）。

五月十四日，皇帝下诏，执行陆贽的建议。

不久，有人对皇帝说：“诸司所举荐的人，都有内情，或者是自己的亲朋故友，或者是收受了对方贿赂，并不能得到真正的人才。”

皇帝密谕陆贽说：“从今天开始，调派或任命官员，卿最好还是自己选择，不要委派给诸司。”

陆贽上奏，其大略说：

“国朝五品以上官员，皇帝下制敕任命是由宰相磋商举荐的人选。六品以下则由皇帝下旨授官，是吏部选拔人才，署任职位，皇帝只批一个‘闻’字（表示知道了），不发表可否的意见。开元中期，起居、遗、补、御史等官，都由吏部奏拟。其后幸臣专权，舍弃磋商制度，自己单独行使权力，废除公举，而推行私恩，使得操守端正的人，如果不合当时宰相之意，而得不到任用。”

又说：“自从陛下之前颁布诏书，施行举荐制度以来，被举荐的不过十几人而已，考察这些人的资历和声望，并不比其他人差；考察他们的品行与才能，又没听说有什么失职误事的。而议论的人却信口开河，上烦圣听。道之难行，从这也可知了！请让说这话的人指出具体证据，是谁受贿，谁举荐的有私情，交付有司，核查虚实。错误举荐的人要受罚，诬陷好人的人也应该反坐判罪。何必要宽贷那些奸赃之人，不加以辩难诘问，而是把国家大事放在私底下谈论，不公开告发者的姓名，让无辜者被怀疑，有罪的被放纵，好人坏人混淆一起，人的行为还有什么标准！又，宰相不过数人，岂能了解天下人才！如果全国官员都由宰相来挑选，宰相势必辗转向各方咨询访求，这是变公举为私荐，变明扬为暗投，人情世故必多，流弊更加严重。所以，只要涉及官员任命，没有不被诽谤非议的。现行的办法，虽然各部门首长推荐的标准不一样，或者自行私惠，也是由于私底下向亲信访问，反而被对方欺骗。这些弊端并不长久，陛下稍加圣鉴，就能明察。”

又说：“如今的宰相，就是当年的台省长官，今天的台省长官，就是将来的宰相，只是职位暂时不同，并非行为举止有多大差别。岂有当台省长官之时不能举荐一两个属吏，而一旦当了宰相，就能选拔千百个官员的呢。议论纷纷，怎么会糊涂到如此地步。在上位的人统领纲要，下位的人负责具体工作，所以人主选择辅臣，辅臣选择庶长，庶长选择佐僚，要得到合适人才，除此没有别的办法。求才贵在广泛，考核贵在精密。以前武则天想要收买人心，不按资历排序，非但人人都可以举荐人才，也可以毛遂自荐。但是考核问责非常严格，进用和黜退都很迅速，所以当时称赞她有知人之明，而接下来几朝的太平，都靠她选拔的这些人才。”

又曰：“武则天举用之法易受诋毁，却容易得到人才，陛下的办法非常谨慎，条规太精，结果却是失去人才。”

皇帝最终追回前诏，不再施行。

**【华杉讲透】**

皇帝听了小报告，认为陆贽的办法“有问题”，于是要求改正。但他不知道的是，只能“改”，不能“正”，而且是越改越糟，因为换一个办法问题更大。

陆贽的办法和皇帝的办法，都不是好办法，都是坏办法。但是，皇帝的办法更糟。

这就是我们要学到的智慧，没有最好的办法，只有最不坏的办法。

我们不能追求最好，只能得到最不坏。

**11** 五月十九日，平卢节度使李纳薨逝。军中推举他的儿子李师古任留后。

**12** 六月，吐蕃骑兵一千余人入寇泾州，掳掠屯田军一千余人而去。

**13** 岭南节度使奏称：“近日装载奇珍异宝的海船，多到安南交易，准备派遣判官到安南征收税款，请命宦官一人与他同去。”皇帝准备听从，陆贽上言，认为：“远国商贩，惟利是求，对他们宽缓，他们就来；骚扰他们，他们就离去。广州一向是海船聚集的地方，如今忽然改去安南，如果不是对他们侵扰盘剥过深，则必定是安抚政策失当，地方官员不检讨自己，反而动摇圣心。何况岭南和安南，都是大唐领土，朝廷宦官和安南官员，都是陛下的臣子，为什么要相信岭南，而不信任安南；重视宦官，而轻视安南官员呢？岭南所奏，希望陛下不予批准。”

## 德宗坚持任用裴延龄为判度支事

**14** 秋，七月一日，户部尚书、判度支班宏薨逝。陆贽建议以前湖南观察使李巽暂任判度支，皇帝批准。既而又想用司农少卿裴延龄，陆贽上言，认为：“如今的度支，负责均平天下物价，如果刻薄吝啬，就会催生祸患，如果宽大纵容，就会包藏奸邪。裴延龄诞妄小人，用了他，必定骇人听闻。我固然会被指责为尸位素餐，陛下也会被怀疑知人之明。”皇帝不听。七月六日，任命裴延龄为判度支事。

河南、河北、江、淮、荆、襄、陈、许等四十余州大水，溺死者二万余人，陆贽请遣使赈抚。皇帝说：“听说损失很少，这就开始讨论优恤，恐怕受到奸人欺骗。”陆贽上奏，其大略说：“流俗之弊，多来自阿谀奉承，揣测上意，皇上喜欢听的，就夸大其词，皇上不爱听的，就大事化小，小事化无，朝廷不能对发生的事情有所预备，原因都在这里。”又说：“所花费的只是钱财，而所收获的是人心，只要人心不失，何愁没有财用！”皇帝同意遣使，而又说：“淮西很久没有进贡和缴纳赋税，不必遣使去那里。”陆贽再次上奏，认为：“陛下既然能忍辱负重，停止军事行动，赦免叛徒首领，对当地百姓，更应该宽厚抚恤。当年秦国和晋国是仇敌，晋国饥荒，秦穆公尚且救济，何况帝王怀柔万邦，唯德与义，宁人负我，我不负人。”

八月，派遣中书舍人、京兆人奚陟等宣抚诸道水灾。

**【华杉讲透】**

### 不要把自己摆到和小人平等的位置上

德宗格局太小，只知道守着自己的钱财，不愿意抚恤灾民。同意抚恤了，又要把淮西摘出来。殊不知最需要抚恤的，就是淮西。淮西节度使吴少诚不听朝命，不进贡，不缴纳赋税，形成事实上的独立王国。朝廷无力征讨，只能绥靖。而借着水灾机会，派钦差抚恤灾民，正是宣示朝廷主权和恩德、收揽人心、瓦解叛徒的好机会。德宗看不到这一点，因为他总是把自己的位置摆低，低到和吴少诚平等的位置，你不给我进贡，我就不给你抚恤。

**15** 任命前青州刺史李师古为平卢节度使。

**16** 韦皋攻打吐蕃维州，俘虏其大将论赞热。

**17** 陆贽上言，认为边疆粮食储备不足，都是由于官员措置失当，储蓄和赋敛都失宜，其大略说：“所谓措置失当，是戍卒不隶属于守臣，守臣又不隶属于元帅。以至于有一城之将，一旅之兵，各自派宦官为监军，都由另外的诏书委任。分别镇守横亘千里之地，彼此不相统属。沿边驻扎十万军队，不设主帅。每有敌寇，都要等朝廷命令，等到征发到达救援，敌寇已经获胜而归。吐蕃之于唐朝，兵力没我们多，战略也不比我们高，但是，他们攻击有余，我军却防守不足。这是因为他们的号令都由将领决定，而我军全部归朝廷节制，他们的兵众能合军并力，而我军的布署分崩离析。

“所谓储蓄和赋敛都失宜，陛下之前设置军队屯田，就地收购的办法来节省运费，又下制加倍收购以奖劝农耕，此令初行，人人喜悦（之前李泌的建议）。而有司竞相苟且，斤斤计较，丰收时不及时收购，歉收时又压低价格。于是让豪门、贪吏，反操利权，压价收购，等待公私都匮乏的时候高价牟利。又有权臣、近亲、商贩，在屯田部队低价收购粮食，高价贩卖于京邑，又多以劣质绢布作为价款。边疆寒冷，这些稀疏的绢布不能做衣裳，也没有地方可以卖出去。上既无信于下，下也对上造假，于是度支收购价转高，军城谷价转贵。度支以出售滞销的货物为功利，军司以所得的加价为利益。各地虽然设立巡院监察，反而徒具形式。以至于有假造簿账，谎报屯粮，计其数则亿万有余，考其实则百十不足。

又说：“从前因为关中开支庞大，每年从东方运米，以至于有一斗米运费要一斗钱的说法。习以为常而不明时宜的人，就说：‘这是国家大事，应该不惜代价，虽然知道是劳民伤财，也不可废弃。’只图近利而不防远患的人，就说：‘每年秋收之时，只需要在京畿按照市价收购，既容易把事情办成，又能奖劝农耕。’臣认为，两家之论，互有长短，为保障国库而制定法案，则需要权衡重轻。如果粮食不足而钱财有余，就应该缓于积财而着力于充实仓廪；粮食有余而财用不足，则缓于储备粮食而谨慎用钱。近年关中地区年年丰收，国家粮食储备，足以供给数年；而如今夏江、淮地区水灾，米价上涨加倍，人多流亡逃荒，或者替人帮佣。关辅地区因谷贱伤农，应该加价收购，但是官府没有钱；江、淮地区因谷贵人困，应该减价卖出，但是又没有米。但是呢，却继续把江淮地区缺乏的米，运到根本不缺粮的京畿地区，这就是习以为常，而不明时宜。如今江、淮一斗米值一百五十钱，运到东渭桥，运费又约二百钱，米糙且陈，京邑人更加看不上。据市司月估报告，每斗只能卖三十七钱。大抵算来，损耗了十分之九的价值，让江淮地区百姓挨饿，而伤害关中农民，这样处理事情，可以说是大错特错了！以前每年自江、湖、淮、浙运米一百一十万斛，在河阴留下四十万斛，贮存在河阴仓，到陕州又留三十万斛，贮存在太原仓，剩下四十万斛运到东渭桥。如今河阴、太原仓存米还有三百二十万余斛，京兆诸县一斗米不过值钱七十，建议下令来年江、淮只运三十万斛到河阴，然后河阴、陕州依次运到东渭桥，其江、淮所停运米八十万斛，委托转运使每斗取八十钱于水灾州县卖出，以救济贫乏，计算下来可以得钱六十四万缗，加上省下的运费六十九万缗。请令户部先以二十万缗交付京兆，令他们收购米以补入渭桥仓之缺数，一斗收购价一百钱，以利农民。以一百二万六千缗交付边镇，让他们收购十万人一年之粮，剩下十万四千缗作为来年购粮的储备金。其江、淮售米所得之钱，以及节省下来的运费，一并委托转运使收购绫、绢、絁、绵，运到京师，偿还之前向户部借贷的钱。”

九月，皇帝下诏，在西北边地以高价收购粮食，以充实仓储，边防用度渐渐充实。

**18** 冬，十一月一日，日食。

**19** 吐蕃、云南日益相互猜疑，每次云南兵抵达边境，吐蕃就也发兵，声言相应，实为防备。十一月十日，韦皋再次写信给云南王，想要与他共同袭击吐蕃，把吐蕃驱赶到云岭之外，铲平吐蕃所有城堡，单独与云南筑大城于境上，设置戍防部队，永同一家。

**20** 左庶子姜公辅长期没有升官，找陆贽请求升官，陆贽对他密语说：“听说窦相屡次奏拟准备提升你，但是皇上不允，还说了对你不满的话。”姜公辅惧，请求去做道士。皇帝问他缘故，姜公辅不敢泄露陆贽的话，说是听窦参说的。皇帝愤怒窦参把怨恨推到君王头上。

十一月十八日，贬姜公辅为吉州别驾，又派宦官斥责窦参。

**21** 十一月十九日，山南西道节度使严震奏报击败吐蕃于芳州及黑水堡。

**22** 当初，李纳认为棣州所属蛤蜾有产盐之利，筑城占据。又戍防德州之南三汊城，与田绪连通。等到李师古继位，王武俊认为他年少，轻视他，本月，引兵屯驻德州、棣州，准备攻取蛤蜾及三汊城。李师古派赵镐将兵抵御。皇帝派宦官晓谕制止，于是王武俊撤回。

**23** 当初，刘怦薨逝，儿子刘济在莫州，同母弟刘澭在父亲身边，以父命召刘济回来，把军权授给他。刘济任命刘澭为瀛州刺史，许诺之后由他接替自己。既而刘济用自己的儿子为副大使，刘澭怨恨，擅自通表朝廷，派兵一千人参加秋季边防。刘济怒，发兵攻击刘澭，击破。

**24** 左神策大将军柏良器，招募才勇之士，以淘汰那些靠贿赂挂名军籍却在外面做生意的人，监军窦文场厌恶他。正巧柏良器妻子的一个家人喝醉，在宫中值夜的房间住了一晚。十二月五日，柏良器被贬为右领军。自此宦官开始专擅军政。

## 贞元九年（公元793年）

### 开始征收茶税

**1** 春，正月二十四日，开始征收茶税。凡州、县产茶及茶山外交通要道，都估计产量和价值，征收十分之一的税，这是听从盐铁使张滂的建议。张滂上奏："去年水灾减税，用度不足，请税茶补充。明年之后，茶税之钱，命各地另行储存，等到有水灾旱灾，替代百姓田税。"自此每年收茶税钱四十万缗，但从未用来救水灾旱灾。

张滂又奏："奸人把铜钱融毁，制作铜器以牟利，请禁止全部铜器。铜山允许民间开采，但不得私卖。"

**2** 二月五日，任命义武留后张升云为节度使。

**3** 当初，盐州陷落，塞外失去保护屏障。吐蕃常阻绝灵武，侵扰鄜坊。二月十二日，皇帝下诏，发兵三万五千人在盐州筑城，又下诏泾原、山南、剑南各发兵深入吐蕃以分化其兵势，二十天完成筑城。命盐州节度使杜彦光率军驻防，朔方都虞候杨朝晟戍防木波堡，由此灵州、夏州、河西一带得以安定。

**4** 皇帝派人通知陆贽："凡是重要之事，不要当着赵憬讨论，另外密封手疏报告。"

又说："苗粲因为父亲苗晋卿往年摄政，曾有不臣之言，苗晋卿的儿子们都与古代帝王同名，现在朕不想公开斥责贬逐他们，提醒你把他们兄弟分配到外地任职，不要接近屯兵之地。"

又说："卿清廉谨慎太过，诸道馈赠，一概拒绝，恐怕事情不通，一些小礼物，如马鞭、皮靴之类，接受也无妨。"

陆贽上奏，其大略说："昨天臣所奏之事，只有赵憬听到，陛下已经如此劳神，委曲防范。这是陛下内心还在拘束自己的表现，如果表面上是一回事，内心和实际做法又是另一回事，那事情就很难办好。恐怕有损陛下无私之德，并且有伤不吝改过之明。"

又说："给人官爵，必定要在朝堂上；处决罪犯，一定要在街市，都是担心大家没有看见，事情不能彰显。君上能行之无愧于心，百姓听了也没有疑虑，受赏的人理所应当，没有愧色；被处刑的人，罪有应得，也没有怨言，这是圣王所以宣明典章，与全天下公正公开的办法。凡是谮言陷害打小报告的事，多非实言，利于私底下中伤，不敢公开辩论。要么就说岁月已久，无法调查核实；要么就说事体有妨，必须隐忍，不宜公开；又或者说恶迹还未显露，最好借其他事为名处理；还有说只需要赶走这个人，何必明言责辱他。这些话表面上接近情理，而实际上是造假诬陷，伤善售奸，没有比这更坏的了！如果苗晋卿父子真有大罪，就应当公开依法处理；如果是被诬枉，岂能让他们不明不白就被放逐。听讼辨谗，必须掌握证据，证据确凿，他辞服理穷，然后加以刑罚，这样才能下无冤人，上无谬听。”

又说：“官员收受贿赂，即令是一尺布，也要受到处罚，对卑官微职，尚且应当严禁，身为风化之首的宰相，怎么反而可以通行！贿道一开，就会愈演愈烈，马鞭马靴不拒绝，必定很快发展到金银玉器。眼睛看着可以欲求的东西，何能不乱于心！与他有了私交，又怎能违背他的心意！这就是涓流不绝，溪壑成灾了。”

又说：“如果接受了某人馈赠，又拒收另一个人的礼物，那被拒绝的人就怀疑他请托的事办不成了；如果一概拒绝不收，则大家都知道不接受者是常理，又怎么会对我嫌弃猜疑呢！”

**【华杉讲透】**

陆贽所言是治国大道，光明正大，公正公开。德宗私心极重，他的小动作最多，不能拿到台面上说。所以，他反而要劝宰相和光同尘了。

**5** 当初，窦参厌恶左司郎中李巽，把他外放为常州刺史。等窦参贬到郴州，李巽为湖南观察使。汴州节度使刘士宁送给窦参绢五十匹，李巽上奏弹劾窦参交结藩镇。皇帝大怒，想要杀窦参，陆贽认为窦参罪不至死，皇帝才停止，既而又派宦官对陆贽说：“窦参交结朝廷和地方高官，其意难测，社稷事重，卿尽快上书处理方法。”陆贽上言：“窦参是朝廷大臣，要诛杀他，不可以不明不白。当年刘晏之死，罪不明白，至今舆论还为之愤邑，叛臣得以以他为借口（刘晏被杨炎陷害，无罪被杀。李正己上书朝廷，要求公布刘晏罪状，并以此为借口抗拒朝廷。事见781年记载）。窦参贪纵之罪，天下共知；至于说他潜怀异图，那只是捕风捉影的事，如果不加调查，就将他处死，震动太大。窦参和臣没有半分友谊，这是陛下所知道的，我不是要营救他，只是要做到不滥施刑罚。”

三月，再贬窦参为驩州司马，家中男女都发配流放。皇帝又命调查他的亲党，陆贽上奏：“罪有首犯、从犯，法有重轻之别，窦参既然已经得到宽恕，亲党也应减轻处罚。何况窦参得罪之初，私党都已连坐，人心早已安定下来，建议不要再问罪了。”皇帝听从。

皇帝又想要没收他的家产，陆贽说：“依法，反逆者没收全部财产，贪赃者只没收贪污所得。并且都要在结案判刑之后，才执行没收。如今罪名并不明确，陛下已经宽大处理，如果再抄没家产，恐怕以财伤义。”当时宦官左右对窦参恨之入骨，谤毁不已。窦参还未到驩州，竟被赐死于路。窦申被杖杀，货财、奴婢全部传送京师。

**【华杉讲透】**

陆贽说了四个字：“以财伤义。”点明了，还是有人惦记窦参的钱。不管是皇帝惦记，还是宦官左右惦记。既然已经把他扳倒，再推一把就可以得到他的财产，何乐而不为？窦参“阴狡而愎，恃权而贪”，他敛的财太多。被杀之后，“货财、奴婢全部传送京师”，这就是死因了。

**6** 海州团练使张升璘，是张升云的弟弟，也是李纳的女婿，他在亡父两周年忌日，回到定州，曾经在大庭广众之下大骂王武俊，王武俊上奏。

夏，四月二十九日，皇帝下诏，削夺张升璘官职，派宦官杖打他，将他囚禁。定州富庶，王武俊常想得到，于是趁机派兵袭取义丰，抢掠安喜、无极一万余人，迁徙到德州、棣州。张升云闭城自守，屡次遣使道歉，王武俊才收手。

皇帝命李师古拆毁三汊城，李师古奉诏。但是时常招聚亡命之徒，凡是有得罪于朝廷的人，他都招抚任用。

**7** 五月二十七日，任命中书侍郎赵憬为门下侍郎、同平章事，义成节度使贾耽为右仆射，右丞卢迈职务不变，兼任同平章事。卢迈，是卢翰的族侄。赵憬怀疑陆贽仗恃皇帝恩宠，要专揽大政，把自己排挤在门下省，多称病不参与政事，由此与陆贽有矛盾。

**8** 陆贽上奏论边防六项失误，认为："一是措置不当，二是赏罚无常，三是兵员多而军费不足，四是将领多而兵力分散，五是待遇不均而生怨恨，六是朝廷遥制而错失战机。

"来自关东的边防战士，水土不服，身体苦于边荒，心理畏惧敌人。国家供养他们如同天之骄子，姑息他们如同请来的客人。他们每天掰着指头数回家的日子，张大嘴等待喂养；或者希望王师之败，他们可以乘机溃逃回家；或者放弃城镇，动摇远近人心。这样的军队，不仅无益，而且有损。又有犯刑谪徙的，既是无良之辈，再加上怀土之情，思乱幸灾，又更甚于一般戍卒。这就是措置不当了。

"近来朝廷大权下落，没有权威，将领的号令很少能行之于军，国家法典又不能施之于将，互相迁就，苟且拖延。要赏一个有功之士，就担心无功者心生反叛；要罚一个有罪之人，又顾忌同恶者忧惧不安。于是，有罪的因隐忍而不公开，有功的因嫌疑而不赏赐，姑息之道，乃至于此。于是，让忘身效节的被其他人讥诮，率众先登者被士卒们埋怨，败军失地的人心中没有愧畏，缓救失期者自以为聪明。义士为之痛心，勇夫因而解体。这就是赏罚无常了。

"敌人每次入寇，将帅们相互推脱，没有一个人敢主动出击。夸大敌情报告朝廷，说自己兵少，不能御敌。朝廷无法了解真相，只是一味征发增兵，对边防没有任何裨益，只是增加供应补给之弊。百姓每日消耗，征求越来越多，把百姓倾家荡产之资，有司榷盐、税酒之利，全都加到一起，消耗在边防之上。这就是兵员多而军费不足了。

"吐蕃全国能作战的士兵，不过相当于唐朝十几个大郡而已，但是，他们出动，则唐朝惧其众而不敢对抗，他们不动，则唐朝惮其强而不敢入侵，这是什么道理呢？是唐朝军队指挥不统一，而吐蕃统帅专一的缘故。统帅专一，则人心不分，号令不二，进退可齐，快慢自如，不会错失良机，自然气势雄壮。这就能以少为众，以弱为强。开元、天宝年间，控御西北两蕃，只有朔方、河西、陇右三个节度使。中兴以来，还没来得及对外征讨，对抗两蕃的，也不过朔方、泾原、陇右、河东四个节度使而已。自从分割朔方防区，建牙拥节的，有三个节度使（779年，分郭子仪兵权），其余镇军，有将近四十个，都是皇帝特诏任命，又各自有监军宦官，人人都可相互抗衡，没有人相互统属。每次边书告急，朝廷才下令他们会商用兵，既然没有军法可依，只好以招待宾客的礼节相待。用兵，是以气势为用，气聚则盛，气散则消；势合则威，势分则弱。如今的边备，势弱气消，这就是将领多而兵力分散了。

“治军之要，在于练核优劣，分出衣食等级，让能者努力上进，差的人也不敢妄求，虽然薄厚悬殊，也不生怨恨。如今穷边之地，长镇之兵，都是百战伤病之余，终年勤苦辛劳，但是衣粮所给，只够他一个人，再分给妻子儿女，就常有冻饿之色。而关东戍卒，怯于应敌，懈于服劳，衣粮所颁，却是他们的几倍。又有本来不是禁军，而是边防部队，其将校溜须拍马，请求隶属于神策军，不用离开驻防之地，只是改变番号虚名，供给待遇，立即增加三倍。做的事情一样而给养悬殊，如果不能忘怀，谁不愤怒！这就是待遇不均而生怨恨了。

“凡是要选任将帅，必须先考察他的品行和才能，合格的派遣，不合格的黜退，疑人不用，用人不疑，所以，将在军，君命有所不受。现在边军行动，大多由朝廷裁断，选置将帅，先求容易控制，分割他的部队，削弱他的权力，减轻他的责任，削弱他的心志，这样，就算命令与军情不合，他也乖乖听命，违反事宜，他也盲目执行。敌人驰突而来，迅如风飙，而边将军情上报，十天半月才能抵达京师。守土者说他兵寡不敢抗敌，分镇者说没有接到诏书不肯出师，敌人大肆抢掠之后，安全撤退，这时候他们就报功告捷。如果败军丧师，则阵亡一百人报一个人，如果俘虏敌兵，则把一百报为一千。将帅们庆幸都是朝廷亲自指挥，不担心自己被担责问罪，陛下又以为大权在握，不追究事情真相。这就是朝廷遥制而错失战机了。

“臣认为，应该取消诸道将士参加秋季边防的制度，令本道只负责供应衣粮，招募愿意留下的戍卒以及蕃、汉子弟以补充。又多开屯田，官府收购，敌人来了，则人自为战，平时则居家务农，这样，与那些来来回回的关东戍卒相比，岂可同等而论吗！又，应该选择文武能臣为陇右、朔方、河东三元帅，分别统率沿边诸节度使，有些不是要害的地区，不妨与附近战区合并。然后裁减奸滥虚浮的费用以丰富财用，核定衣粮等级制度以团结部众，弘扬委任之道以激励他们担当大任，公开赏罚标准以考核他们的成绩。如此，则戎狄怀威，疆场安宁了。”

对陆贽的奏章，皇帝虽然不能全部听从，但心里十分重视。

**【华杉讲透】**

陆贽所奏，全是痛点，所以皇帝“心甚重之”。但是，却“不能尽从”，因为这些情况，皇帝本来也都了解。陆贽对所谓“备边六失”给出的解决方案，并没有触及问题的“真因”，所以，他的对策，也就没什么意义。如果像他所说，边防指挥统一了，将在外君命有所不受了，形成新的军阀势力，又怎么办呢？这才是皇帝担心的，在他看来比吐蕃可怕一百倍。

所以，陆贽提出的这些意见都没有什么用。

有用的办法是什么呢？有用的办法不在这个层面，在更高层面。陆贽也跟皇帝说过，前面有记载，在公元783年，皇帝问陆贽当今最紧急的任务是什么。陆贽说：“臣认为当今急务，在于审察群情，如果人心所向的事情，陛下先去做；人心所厌恶的，陛下先革除。皇帝好恶与天下人相同，而天下人不归心的，自古及今，从未有过。治乱之本，系于人心，何况现在，正是变故动摇之时，危疑向背之际，人之所归则屹立，人之所离则倾覆，陛下怎能不审察群情，与人民同爱同恨，让亿兆归心，以安邦定国！这就是当今的急务。”

这些话很“迂腐”了，陆贽自己也说：“虑有愚而近道，事有要而似迂。”这是真正的大道，但是听起来很愚笨；这是真正重要的事情，但是看上去很迂腐。

对于陆贽这番话，皇帝有什么反应呢？奏疏递上去十天，皇帝什么反应也没有，也不追问。

这就没办法了，听得懂的，没有用；有用的，听不懂。

**9** 韦皋派大将董勔等将兵出西山，击破吐蕃部众，攻拔堡栅五十余座。

**10** 五月二十九日，门下侍郎、同平章事董晋被罢免，改任礼部尚书。

## 云南王异牟寻请求归顺唐朝

**11** 云南王异牟寻派出三位使者，分别从戎州、黔州、安南三路来唐朝，各自带着生金、丹砂拜访韦皋。金表示坚定，丹砂表示赤心，把韦皋写的信分为三份，作为信物，三路使者都抵达成都。异牟寻上表请求弃吐蕃归唐，并送给韦皋帛书，自称唐故云南王孙、吐蕃赞普义弟日东王。韦皋把他的使者送到长安，并上表祝贺。皇帝赐给异牟寻诏书，令韦皋遣使慰抚。

**12** 贾耽、陆贽、赵憬、卢迈为相，百官奏事时，互相谦让，谁也不肯发表意见。秋，七月，大家奏请按至德年惯例，宰相轮流秉笔以处政事，十天换班一次；皇帝下诏听从。其后改为每天换班一次。

**13** 剑南、西山诸羌女王汤立志、哥邻王董卧庭、白狗王罗陀忽、弱水王董辟和、南水王薛莫庭、悉董王汤悉赞、清远王苏唐磨、咄霸王董邈蓬及逋租王，之前都役属吐蕃，至此各自率众内附。韦皋把他们安置在维州、保州、霸州，给以耕牛种粮。汤立志、罗陀忽、董辟和入朝，皇帝都授予官职，优厚赏赐，然后遣返。

**14** 七月二十七日，户部侍郎裴延龄上奏：“自从我担任判度支以来，查出诸州欠款八百万余缗，收取诸州抽贯钱（在常赋外，规定每贯钱中抽取若干文）三百万缗，呈样物（贡品）三十万余缗，建议另外设置季库负责追讨，清查消耗盈亏事务，织染绸缎则设置月库以清查。”皇帝下诏批准。

欠款的人都是穷人，根本无力偿还，只是个虚数，抽贯钱在征收之后，就随时用光了，呈样及织染绸缎，都由左藏保管。裴延龄奏请搬到别的仓库，虚张数目以迷惑皇帝而已。皇帝相信他，以为他能富国而宠任他，而实际上根本没有增加收入，只是虚费吏人编造账簿而已。

京城以西湿地生芦苇数亩，裴延龄奏称长安、咸阳有沼泽数百顷，可以放牧厩马。皇帝派有司阅视，根本没有，但也不问他的罪。左补阙权德舆上奏，认为：“裴延龄把常赋中没有用完的部分充作他查出的多余的钱，作为自己的功劳。官府先所市物，再给其直，把盈余的钱存到别的仓库。边军自从今春以来，并没有再支取粮食。陛下必定以为裴延龄忠贞孤立，受人排斥，当今无论正直君子还是奸邪小人，都对他有流言批评，何不派遣信得过的臣子去复查，究其本末，明行赏罚。现在群情众口喧哗于朝廷和街市，岂是京城士庶皆为朋党吗！陛下应该稍微考虑明察。”皇帝不听。

【华杉讲透】

## 人性弱点之一是相信自己希望成真的事情

德宗已经知道裴延龄欺骗他，为什么还是信任他呢？这是人性的弱点，人们相信某些事，只是因为他希望那是真的。裴延龄就是不断地告诉皇帝，钱有的是！我能弄来钱。每次都被证明是假的，德宗还期待下一次是真的。至少他在帮我敛钱，而你们这些人根本指望不上，你们反而都劝我不要敛钱。

裴延龄抓住德宗这个心理弱点，信口开河，无往不利，他的故事还有很多。陆贽在《论裴延龄奸蠹书》中说："户部侍郎裴延龄者，其性邪，其行险，其口利，其志凶，其矫妄不疑，其败乱无耻，以聚敛为长策，以诡妄为嘉谋，以掊克敛怨为匪躬，以靖谮服谗为尽节，总典籍之所恶，以为智术，冒圣哲之所戒，以为行能，可谓尧代之共工，鲁邦之少卯……"

裴延龄就是这样一个超级奸臣，也一直得到德宗的超级信任，因为他给德宗带来希望。人不一定会为自己得到的东西埋单，但是会为自己的期待埋单。遇到德宗这样的人，你只要说能弄到钱，那就可以一直骗他，怎么骗都不会穿帮，即使穿帮了也不用解释，他自己会帮你解释。

这一段有一句，"县官先所市物，再给其直"，不知道什么意思，一般解释是先收购货物，再高价卖出，把盈余存进别的仓库。但如果这样，是真赚钱了。柏杨解释是"先用低价收购常平仓早先储藏的杂物，再用高价售出"，这是自己发挥了。我们也可以理解为把直接收购的东西，重新估值，这样制造账面盈利。这就像现在上市公司的财报，对原有资产进行"公允价值"评估，以公允价值损益形成账面利润，虽然实际上没有现金流，但它可以把这个利润计入账簿。裴延龄没有本事弄来钱，但是他有本事肆无忌惮地玩报表，你想要多少利润，他都能给你做出来。

## 李晟薨逝

**15** 八月四日，太尉、中书令、西平忠武王李晟薨逝。（终于平安落地了。）

**16** 冬，十月十八日，韦皋派他的节度巡官崔佐时带着皇帝诏书到云南，且亲自写回信给云南王。

**17** 十一月十日，皇帝在圜丘祭天，赦天下。

**18** 刘士宁既为宣武节度使，诸将多不服。刘士宁淫乱残忍，出外打猎，几天都不回来，军中深以为苦。都知兵马使李万荣得众心，刘士宁猜疑他，夺了他的兵权，令他摄理汴州。

十二月十日，刘士宁率众二万人在野外打猎。李万荣早晨进入节度使府，召所留亲兵一千余人，骗他们说："敕令征召大夫入朝，让我主掌留务，你们每人赐钱三十缗。"众人都下拜。又晓谕外营士兵，全部听命。于是分兵关闭城门，派人驰马报告刘士宁说："皇上敕令，征召大夫入朝，请您赶快上路，如果拖延，就砍下您的首级，送到京师。"刘士宁知道众心不为自己所用，于是率五百骑兵逃归京师，等走到东都，还跟着他的只有自己的仆人和侍妾而已。抵达京师，皇帝敕令他回家给父亲服丧，禁止出入。

淮西节度使吴少诚听闻事变，发兵屯驻郾城，遣使质问缘故，并且表示要发动战争。李万荣对来使调侃戏弄，吴少诚羞惭而退。

皇帝听闻李万荣驱逐刘士宁，派人去问陆贽意见，陆贽上奏，认为如今军州已定，应该派遣朝臣宣慰，再慢慢查明真相，以免差失，其大略说："如今刘士宁被驱逐，虽然是军心所向，但李万荣典军，还不是朝廷旨意。这正是安危强弱之机，愿陛下审之慎之。"

皇帝再派人对陆贽说："如果再拖延，恐怕事态恶化。现在决定任命一位亲王为节度使，且令李万荣任留后，制书马上就从宫中发出。"

陆贽再次上奏，其大略说："臣虽然不能角力疆埸制服戎族，但是对经武伐谋或许有所见地。处置之安危在于势，交付之成否在于才。势就像一个器物，只看把它放在哪里，放在平地，它就稳当。才就好像背负东西，只看交给他多少，重量超过了其力量就会扑倒。李万荣如今所陈奏章，急切张皇，但露徼求之情，全无退让之礼，看他粗鄙急躁的样子，完全不是纯良之人。又听说他本是滑州人，偏厚滑州将士，与他相得的，才只三千人而已，其他诸营士兵已经心怀怨愤了。从他这样偏重士兵来看，他也不是大将之材，如果得志骄盈，不是悖逆就是失败，悖逆就会犯上作乱，失败则全军覆没。”

又说：“他强求符节，这是不顺，朝廷苟且应允，这是不诚，上不诚，下不顺，君臣之间，势必相互猜疑。与其等他发展之后再解决，不如把他消灭在萌芽之中。”

又说：“为国之道，以义训人，要教他们事奉君王，就要先令他们顺服官长。”

又说：“方镇之臣，事多专制，欲加之罪，谁则无辞！如果让倾夺之徒找个借口就能取而代之，利之所在，人人动心，这种风气起来，祸事会越来越多，必然难救。这样不仅助长祸乱，而且开启谋逆之端。”

又说：“李万荣驱逐刘士宁，起于仓卒之际，诸郡守将固然没有和他同谋，他本城军队也不是跟他一条心。各自计算成败之势，回遑于逆顺声名，岂肯冒着生命危险与他同恶！”

又说：“陛下只需选文武群臣一人，任命为节度使，仍降下优诏，慰劳本军。奖赏李万荣以抚定之功，另加宠任，褒奖将士以和睦之义，丰厚赏赐资装，大体判断，祸乱就会平息。李万荣就是想要飞扬跋扈，又能有什么作为！”

又说：“如果后事没有按我的预测发展，臣愿承担责任而被治罪。”

皇帝不听。十二月十七日，任命通王李谌为宣武节度大使，以李万荣为留后。

**【华杉讲透】**

## 人只会接受自己能理解的事物

陆贽的分析很有道理。但是，德宗此时认为多一事不如少一事，不敢折腾，只是一味绥靖。

陆贽所论，都是孙子兵法。先说“经武伐谋”，伐谋，就是孙子兵法“上兵伐谋”，伐掉对方的计谋，伐掉他脑子里的念头。陆贽此时，就是要伐掉李万荣脑子里取刘世宁而代之，割据宣武的念头。靠什么伐呢？靠“势”，陆贽说“制置之安危由势，付授之济否由才”，就是孙子兵法的“任势择人”，先制造有利的势，再选择合适的人。势在前，人在后，就是所谓“形势比人强”。势，就是多方博弈的利害关系和心理。陆贽分析了李万荣、宣武战区其他城池守将、汴州城内将士的利害关系和心理，他们各自所处的“势”，以及如何处理未来对其他战区的影响，然后给出判断和解决方案。但是，这些分析对于德宗来说太复杂了，超纲了，他没有能力理解。

人只会接受自己能理解的事物，你看之前裴延龄胡说八道，但是他说的，德宗全都能理解，所谓“一听就懂”，智识低的人就是这样，他会抓住他能理解的东西，无论对错，错的他也会骗自己这是对的，因为“能理解”的感觉，让人舒服。

**19** 十二月二十二日，娶故驸马都尉郭暧的女儿为广陵王李淳王妃。李淳，是太子的长子。王妃的母亲，就是升平公主。

## 贞元十年（公元794年）

**1** 春，正月，剑南、西山羌、蛮二万余户来降。皇帝下诏，加授韦皋为押近界羌、蛮及西山八国使。

**2** 崔佐时抵达云南首都羊苴咩城，吐蕃使者数百人之前就在云南，云南王异牟寻尚不希望吐蕃知道，令崔佐时穿牂柯服入城。崔佐时不同意，说：“我大唐使者，岂能衣小夷之服！”异牟寻不得已，夜里迎接他。崔佐时大声宣读诏书，异牟寻恐惧，回头看着左右，惊恐失色。但是既然已经归降唐朝，只能嘘唏流涕，俯伏受诏。宰相郑回密见崔佐时，提醒他如何应对，所以崔佐时掌握了全部实情，于是劝异牟寻将吐蕃使者全部斩首，去除吐蕃给他的封号，将吐蕃金印献给朝廷，恢复南诏王国旧名。异牟寻全部听从。于是刻金契（刻有誓文的契券）进献。异牟寻率其子寻梦凑等与崔佐时盟誓于点苍山神祠。

之前，吐蕃与回鹘争夺北庭，大战，死伤颇众，征兵一万人于云南。异牟寻推辞说国小，请发三千人，吐蕃嫌少。增加到五千，吐蕃才批准。异牟寻派五千人前行，自己率数万人跟随其后，昼夜兼行，袭击吐蕃，战于神川，大破之，攻取铁桥等十六城，俘虏吐蕃亲王五人及部众十余万。正月二十四日，遣使来献捷。

**【华杉讲透】**

## “杀使伐交”的战术

孙子兵法，“上兵伐谋，其次伐交”，伐交有一个标准战术，叫作“杀使伐交”，就是在同盟国杀死敌国使者，把同盟国逼到墙角，无法两边敷衍，必须旗帜鲜明地做出决定，跟敌国断交。楚汉相争时，刘邦的使者随何在争取九江王英布的时候，就逼迫英布杀了项羽的使者。班超出使西域，在鄯善国，则是自己突袭匈奴使团，杀了匈奴使者，逼迫鄯善王铁了心降汉。这回崔佐时出使云南，在云南宰相郑回的帮助下，使的还是这一招。

**3** 瀛州刺史刘澭被兄长刘济所逼，上书申请朝廷把他调到陇坻以西为国守边，于是率所部兵一千五百人、男女一万余口到京师，号令严整，在路上没有一人敢取百姓鸡犬的。皇帝嘉勉他，二月三日，任命为秦州刺史、陇右经略军使，驻防普润。军中肃穆，不击柝（巡夜打更用的梆子），不设音乐。士卒生病的，刘澭亲自探视，死亡的，刘澭亲自哭丧。

**4** 二月二十二日，义成节度使李融薨逝。二月二十四日，任命华州刺史李复为义成节度使。李复，是李齐物之子。李复任命河南县尉、洛阳人卢坦为判官。监军薛盈珍数次干涉军政，卢坦每次都据理以拒绝他。薛盈珍常说：“卢侍御说的话都公正合理，我当然不违背他。”

**5** 横海节度使程怀直入朝，皇帝优厚赏赐，然后遣返。

**6** 夏，四月二十八日，宣武军发生变乱，留后李万荣将之讨平。之前，宣武亲兵三百人一向骄横，李万荣厌恶他们，派他们到京西参加秋季边防，亲兵怨愤。大将韩惟清、张彦琳引诱亲兵作乱，攻打李万荣，被李万荣击破。亲兵抢掠之后溃逃，多逃奔宋州，宋州刺史刘逸准优厚抚慰他们。韩惟清逃奔郑州，张彦琳逃奔东都。李万荣诛杀全部作乱者妻子儿女数千人。有军士数人在街市上大喊：“今晚大军抵达，城池将被攻破！”李万荣将他们逮捕斩首，奏称是刘士宁指使。五月二十八日，把刘士宁流放到郴州。

**7** 钦州蛮酋黄少卿造反，包围州城，邕管经略使孙公器奏请征发岭南兵救援。皇帝不许，派宦官调停和解。

**8** 陆贽上言：“陛下南郊祭天时颁布大赦令，已近半年，而被贬谪流放的人尚未得到恩泽。”于是拟定三条细则进呈。皇帝派人对他说：“按惯例，被贬谪的官员可以酌情向内地调动，但不过三五百里，如今你所拟定的，稍有超越，又多接近兵马及当路州县，恐怕不合适。”

陆贽再次上言，认为：“王者待人以诚，有责怒而无猜嫌，有惩处而无怨忌。贬到远方，是惩罚他不能尽责；宽恕赦免，是勉励他改过自新。没有处罚，会有损国法威严；没有勉励，则加速他自暴自弃。不管擢升他，还是黜退他，都不是因为感情上的爱憎。执行法律，暂时将他贬黜；念及他的才能，又逐渐擢升。知道自己还能再得到任用，谁不努力进德修业！哪里需要担忧是否扰乱纲常，又何必怕他怀恨记仇！如果一旦贬黜，就说他是奸凶，长久防范和摒弃，则是悔过的人也无法自补，有才的人终身得不到施展。人之常情，穷则思变，生活在凄苦之中，恨不得早日天下大乱，祸事或许就因此而起。现在如果只能调动三五百里，则事实上还没有离开本道，而风土气候可能比他之前所在的州更恶劣，徒有搬家之劳，反增发配之扰。又，当今郡府，多有军兵，所在封疆，很少没有馆驿，如果对他们猜忌防范到这个地步，显示胸襟并不宽阔。乞请陛下重新考虑裁定。”

皇帝性格猜忌，不委任臣下，官无论大小，必定自己选拔任用，宰相推荐的，很少批准；文武百官一旦受到谴责，往往终身不再任用；喜欢以能言善辩选取人才，不用敦厚实干之士；由于升迁困难，很多人才被压制埋没。陆贽上奏进谏，其大略说：“擢升官职，是为了勉励立功，罢黜降级，是用来惩处过错，二者交叉运用，进退循环。升职之后有过错则惩罚，惩罚之后能改过则再提升，既不废法，也不弃人，虽然纤介必惩，而人才并不匮乏。所以能使被黜退者克勤克励以求复职，擢升者能警醒自律而居官勤政，君上没有缺乏人才的障碍，臣下也没有怀才不遇的怨言。”

又说：“明主不以言辞来评判人，也不以自己心意来选士，如果只是自己喜欢而不根据才干选用，喜悦于其言语而不检验他的实际行为，进退都随自己的爱憎，离合只系于是否趣味一致，这就是舍弃了绳墨（木匠用墨绳弹出直线）而全凭自己心意裁定曲直，抛弃权衡（天平）而靠自己的手去揣测轻重，虽然精微，但不能没有错误。”

又说：“中人以上，各有所长，如果区别得宜，付授得当，各自适合他们的特点，各自发挥他们的才能，因为合适而成功，也与全才无异。一切只在皇上明鉴大度，御之有道而已。”

又说：“因为一句话合了自己心意，就认为他很有才能，而不核查其虚实；因为一件事违忤，就认为他犯了大错，而不考查他的忠邪，那让自己快意的，就交付给他超过他能力的职务，不考虑他的不及之处，那违忤自己的心意的，罪责过当，不宽恕他确实已经尽了全力，是以职司之内无成功，君臣之际无定分。”

皇帝不听。

【华杉讲透】

## “一票通过”是用人的正确态度

对人有两种态度，一种是一票通过，另一种是一票否决。德宗就是对人一票否决，一件事、一句话惹他不高兴，他就对人彻底否定，永不录用。陆贽的建议呢，就是要对人一票通过，有一项好处，就任用他，把他用在合适的地方，也就跟全才没什么区别，因为全才也只能用在一个地方而已，不能把所有事都干了。

德宗不听，因为他理解不了。要理解这个事，一需要胸怀，二需要智识，而这两样都是他所没有的，他心胸狭隘，智识低下，只能凭自己的爱憎情绪行事。

于是，就造成最后两句话所说的结果：“职司之内无成功，君臣之际无定分。”职司之内无成功，是各项工作都做不成，因为人都不稳定。君臣之际无定分，是君臣关系都不稳定，干得再好都没有用，哪天一件事惹了皇帝不高兴，就撵出去，彻底否定，永不录用。

陆贽自己最后也是这个下场，差点被德宗杀掉。谏官们上书营救，免死贬窜。德宗终身都记恨他，永不录用。

陆贽又请调节财赋，凡六条：

其一，论两税之弊，其大略说：“旧制赋役之法，叫作租、调、庸。男丁一人受田一百亩，每年缴纳粟米二石，称为‘租’。每户各用当地土产，缴纳绢（厚绸）、绫（薄绸）、絁（粗绸）共二丈，丝绵三两，不能养蚕的地方缴纳布二丈五尺，麻三斤，称为‘调’。男丁每年服徭役，但可以折合现款，由官府雇人替代，计每天绢布三尺，称为‘庸’。天下为家，法制均一，就算他迁徙到别的地方，也无法逃避赋税，所以人心不会动摇，而事情都有定制。等到羯胡乱华，天下大乱，国土分崩离析，为了军事需要，赋法都遭到了破坏。建中初年，朝廷再度恢复秩序，执政大臣知道弊政需要改革，但是所定规章都失其根本；

知道应该简政可从，但是所作所为抓不到要点。凡是要拯救弊政，必须找到弊病的原因，是时弊，就只需解决一时的问题；是法弊，则需要改革法令，对策得当，就不会后悔。兵兴以来，供给无度，这是时弊，不是法弊。而突然变更租、庸、调法，分派使者，到各州县搜刮，校验簿书，每州取大历中年税收最多的一年作为两税定额。财之所生，必须靠人力，所以先王制定赋税标准，必定以丁夫为本。不因为他努力耕种而增税，也不因为他懒惰而减‘租’，这样人民才会勤于耕种；不因为他努力纺织绸缎就增收他的‘调’，也不因他迁移搬家就免除，这样百姓才会安居乐业；不因他尽忠职守而加重他的徭役，也不因他顽劣怠惰而减少他的‘庸’，这样百姓才会勤奋工作。如此，人人安居本地，尽力劳动。两税制度只以资产为准，不以人力为本。却不懂得在资产之中，有的体积小，可以藏在怀里、箱子里，物品虽贵，而别人看不见；而蓄积在场圃仓库里的粮食，价值虽轻，而众人都认为耕者很富。流通贩卖的货物，数量虽然不多，但是每天都有盈利；房屋器用之类，价值虽高，整年也不会产生利息。这类情况，复杂而繁多，一概估算价值，评估纳税多少，当然助长谎报，难以公平。因此，追求体积小、能随身携带的资产而乐于迁徙的人，始终免于差徭赋税；勤勉耕种而建起房屋的人，却因差役赋税陷于困境。这是引诱百姓为奸，驱使他们避役，人力越来越少，赋入不得不缺。再加上立法之初，没有考虑公平原则，供应有繁有简，州牧郡守的能力有强有弱，各地徭役赋税，轻重悬殊，所派去的使臣，又意见各异，计议上奏一被批准，有加无减。又，大历中年供应军队和皇宫的费用，已经计入两税，如今在两税之外，又依旧征收，望稍微削减，以救济凋零之民，得以维持残生！”

其二，建议两税收取布帛等实物，不计钱数。其大略说：“凡国之赋税，必须量人之力，并根据当地土产适宜，所以，征收的都是布、麻、缯（绸缎）、纩（丝绵）与粮食而已。先王担心各地物价有失于平衡，而民间交易又没有标准，又制定钱币法，每一枚钱币的轻重都有标准，财政收支的松紧，都由钱币调节。财政权是国家的利权，在官府，不在百姓。然而粮食布帛，是民间生产；货币，是官府控制。所以国朝法令，租出谷，庸出绢，调出缯、纩、布，岂有禁止民间铸钱，又要求以钱币交租赋的呢！如今之两税，唯独与旧制不同，只是给资产估值，然后就以钱谷定税，临时征收的杂物，又每年都不一样，只考虑求得方便，不管百姓供应难易。所征收的，不是所生产的；所生产的，又不收。于是，百姓只好加价去买他所没有的，减价以卖他所生产的，这一增一减，耗损更多！建议调查各州刚开始缴纳两税时每年绢布数量，将当年所估的价格与现在的价格作一比较，贱的增加，贵的减少，酌量取一个中间数，总计合税之钱，再折算成布帛数量。”

又说：“地力产出有极限，取之有度，用之有节，则时常充足。取之无度，用之无节，则时常不足。丰收与否是靠天，用物多少则由人决定。所以圣王立下章程，量入为出，就算遇上灾荒，百姓也不至于困穷。但是，国家衰败之后，就反其道而行之，量出为入，不考虑到底有没有。桀用天下而不足，汤用七十里而有余，所以国用之盈虚，在于节制与不节制而已。”

**【华杉讲透】**

这是金句：“桀用天下而不足，汤用七十里而有余。”全天下的财富都给夏桀一个人用，还是不够；商汤的国土只有七十里，他的用度却绰绰有余。孟子说：“以德行仁者王，王不待大。汤以七十里，文王以百里。”以仁政王天下的人，不需要巨大的国土，都是修身齐家治国平天下，近悦远来，天下归心。商汤起家时只有七十里的国土，周文王的国土则是一百里，二者统治的都是非常小的国家，但他们却始终保持游刃有余，一直到王天下。

《大学》说：“生财有大道，生之者众，食之者寡，为之者疾，用之者舒，则财恒足也。”生之者众，食之者寡，是生产的人多，吃皇粮的人少。

国家有事，要征派徭役，但要选择农闲的时候。如果不能使民以时，正在农忙的时候你要他去干工程，就把农事耽误了，所以要轻省差徭，禁止不必要的工作，纵然有非用民力不可的时候，也放在农闲时节，使百姓能及时田作，这叫为之者疾。

财用出入，当有定规，必须计算一年的产出，来计划一年的预算开支。而且要善于储蓄，在三年之中，要积蓄出一年的用度，九年之中，要积蓄出三年的用度，越积越多，使常有宽裕，这是用之者舒。

如此，生之者众，则有开财之源，其收入就无穷无尽地增长；用之者寡，则有节财之流，其用度就有限。民间并不为税收的聚敛所困，而政府的国库始终充足，常用常足。

张居正说：这是经国久远的规模，非一切权宜小术可比，所以谓之大道也。

百姓持家也是一样，谚语说：“吃不穷，穿不穷，不会划算就会穷。”千条万条，无非四个字：量入为出。没有什么财务自由，再多的钱也没有人的欲望多，再富强的国家也支持不了一个君王的雄心壮志，更不用说支持德宗这样的败家子了。

其三，批评地方官以增加户口、加税、开辟田地为业绩考核，其大略说：“地方官很少有能持守忠恕之道，设身处地为百姓着想，大公无私，忠心报国的，都是施行小恩小惠，竞相引诱奸邪，把对邻境州郡的巧取豪夺，当作自己的才智能力，以招集逃亡罪犯和地痞流氓，作为自己的教化之功。从外地迁入的移民，因为是新收容而免除赋税，突然离开又突然回来的人，因为刚刚复业而得到优惠。而那些怀土安居，从来没有迁徙过的，加在他们身上的徭役和赋税就越来越重。于是，永远定居一地的人，就替那些懒惰的游民缴税服役，这何异于驱赶他们迁徙，教唆他们造假呢？这都是州牧县宰不能弘通事理，各自掠夺自己所辖之地的过错。”

又曰：“立法治理人民，时间长了不能没有弊病，理政的官吏如果不懂得临事制变，适当处理，奸巧诈伪就会萌生，越是劝告阻止，越会滋长蔓延。请申命有司，详细制定考绩标准。如果在他的管区之内，人口越来越多，越来越富有，所定税额有余，则按户口均摊减少税率，以减税多少为考核指标。管区内所有税收加总，每户减税十分之三的为上等，减十分之二的为次等，减十分之一的为三等。反过来，如果他的管区内百姓很多流亡，把捐税增加到先有住户上，则比照上列办法，分别等级，加以处罚。”

其四，指出缴税限期太急迫，其大略说：“建官立国，是为了保护人民；赋人取财，是为了供应国家。明君不为国家富强伤害人民，所以必定先满足人民劳动生产，只在农闲的时候，才征用他们的余力；先保障人民的家庭生活，再征收他们的余财。”

又说：“百姓刚刚开始养蚕，官府就征收缣税，农事未毕，就先收取谷租。上司对下吏的问责既然严苛，下吏对百姓的威暴就更加急促，有绸缎和粮食的人家，急于售卖换取现金缴税，不得不减半价出售，没有绸缎和粮食的人家，只能借贷而付给加倍的利息。希望重新制定征税期限。”

其五，建议以茶税收入设置义仓，作为水旱灾年赈济的预备金，其大略说：“古代说国家要有九年、六年的存粮，是把全国官民都包括在内，不是只管充实国库，不管天下苍生。近年有司奏请征收茶税，每年约得五十万贯，原来的敕令是贮存在户部，用来救济百姓凶年饥荒。臣建议改为收购粮食储存，正符合陛下之前的旨意。”

其六，论兼并土地的豪强，私人赋敛重于公税，其大略说：“如今京畿之内，每一亩田，官税五升，而私家收租竟然有一亩征收一石（十升一斗，十斗一石）的，这是二十倍于官税。即令是中等情况，地租也要五斗。土地是王者所有，耕稼是农夫所为，而兼并之徒，居然从中牟利。”

又说：“我建议，民间所占有的田地，应该加以限额，裁减租价，务求有利于贫民。法律贵在有法必行，所以要谨慎，立法不要太苛刻，制度宽厚，容易接受；执法严格，惩处违背的人，略微降低富人利益，稍稍提高穷人收入，富人的钱减少一点，还是富人；穷人的收入增加了，则得到赈济，这是自古以来安富恤穷之善经，不可舍弃。”

# 卷第二百三十五　唐纪五十一

贞元十年（794）六月至贞元十六年（800）十二月，共6年7个月

# 德宗神武圣文皇帝十

## 贞元十年（公元794年）

**1** 六月一日，昭义节度使李抱真薨逝。他的儿子、殿中侍御史李缄与李抱真的外甥元仲经商议，秘不发丧，伪造李抱真奏表，请求把节度使职事授给李缄。又伪造他父亲的书信，派裨将陈荣找王武俊借钱。王武俊怒道："我与你父亲交情深厚，是要一起辅佐王室，岂能与你同恶！听说你父亲已经去世，你竟敢不等朝命而自立，又敢骗我，何况还要借钱！"打发陈荣回去，命他把原话带给李缄，斥责他。

昭义步军都虞候王延贵，是汝州梁县人，一向以义勇闻名。皇帝知道李抱真已死，派宦官第五守进前往观变，并且把军事委派给王延贵。第五守进到了上党，李缄声称李抱真生病，不能见面。三天后，李缄才带着士兵，戒备森严地前去见第五守进，第五守进对他说："朝廷已经知道你父亲去世，令王延贵暂且掌管军事。你应该为父亲发丧，改穿丧服。"李缄愕然，出来，对诸将说："朝廷不许我掌兵权，诸君意向如何？”没有人回答。李缄惧怕，于是回去发丧，把节度使印及钥匙授给监军。第五守进召王延贵，宣布皇帝口诏，令他视事，催促李缄去东都洛阳。元仲经出走，王延贵全部归罪于元仲经，将他追捕回来，斩首。皇帝下诏，以王延贵权知昭义军事。

## 云南恢复国号为南诏

**2** 云南王异牟寻派他的弟弟凑罗栋进献地图、土贡及吐蕃所给金印，申请恢复国号为南诏。

六月十二日，以祠部郎中袁滋为册南诏使，赐给银座金印，印文是“贞元册南诏印”。袁滋到了南诏国，异牟寻北面跪受册印，稽首再拜，然后与使者宴会，拿出玄宗所赐的两个银质平脱（平脱是一种镶嵌工艺，将金、银纹饰用胶漆平粘于素胎上，空白处填漆，再加以细磨，使粘上的花纹与漆面平齐，叫“平脱”）马头盘给袁滋看。又指指老笛工、歌女说：“皇帝（玄宗）所赐‘龟兹乐’团，只有他们二人还在世。”袁滋说：“南诏当深思祖先苦心，子子孙孙尽忠于唐。”异牟寻下拜说：“敢不谨承使者之命！”

**3** 赐义武节度使张升云名张茂昭。

**4** 御史中丞穆赞调查度支吏贪赃之罪，裴延龄想要营救，穆赞不从。裴延龄进谮言陷害他，穆赞被贬为饶州别驾，朝士畏惧裴延龄，都不敢正眼看他。穆赞，是穆宁之子。

**5** 韦皋奏报，击破吐蕃军于峨和城。

**6** 秋，七月一日，任命王延贵为昭义留后，赐名王虔休。

昭义行军司马、摄洺州刺史元谊听闻王虔休为留后，心中不平，上表请求划出磁州、邢州、洺州，另为一镇。昭义精兵多在山东，元谊对他们赏赐优厚，收买取悦。皇帝屡次派宦官前往晓谕，不听。临洺守将夏侯仲宣献出城池，归降王虔休，王虔休派磁州刺史马正卿督裨将石定蕃等将兵五千人攻击洺州。石定蕃率本部二千人叛归元谊，马正卿退还。皇帝下诏，任命元谊为饶州刺史，元谊拒绝到任。王虔休亲自将兵攻击，引洺水以灌城。

**7** 钦州蛮酋黄少卿攻陷钦州、横州、浔州、贵州等州，又攻打邕管经略使孙公器于邕州。

**8** 九月，王虔休击破元谊兵，攻拔鸡泽。

## 裴延龄奏对时满口胡言，颇得宠

**9** 裴延龄上奏说国家官吏太多，自今往后，缺员暂且不要再补授，节省俸禄以充实府库。皇帝想要修神龙寺，需要五十尺长的松木，找不到。裴延龄说："臣最近看见同州一个山谷里，有松木数千株，都超过八十尺。"皇帝说："开元、天宝间在近畿地区尚且找不到好木材，现在怎么可能还有？"裴延龄回答说："天生珍材，固然是要等待圣君出现，它才出来，开元、天宝年间怎么可能得到！"

裴延龄上奏："左藏库官员失落了很多财物，近来我清仓检查，重新登记，竟然在粪土之中找到银十三万两，棉布、绸缎等其他杂货价值百万有余。这都是已经抛弃的东西，也就是额外收入，应该全部移入杂库，以供陛下敕令支用。"太府少卿韦少华不服，抗表称："这些都是正式登记在册的国库财产，每月都有列表呈报，请派人查证。"执政大臣请令三司详细复核。皇帝不许，也不治韦少华的罪。

裴延龄每次奏对，都恣意妄言离奇之事，都是别人不敢说，也从来没有听到过的话，裴延龄说时毫不犹豫。皇帝也颇知道他的荒诞，但是因为他喜欢诋毁人，而皇帝也想多听到外面的事，所以对他亲近厚待。群臣畏惧裴延龄有宠，不敢说，唯有铁转运使张滂、京兆尹李充、司农卿李铦，因为职事相关，不时告发他的虚妄，而陆贽独自挺身和他对抗，每天向皇帝陈述说裴延龄不可用。

【华杉讲透】

## 长君之恶和逢君之恶

陆贽说裴延龄不可用，而实际上裴延龄对皇帝来说实在是非常有用，比陆贽有用。

裴延龄没有底线，又极有想象力，他的连篇鬼话，句句都能给皇帝带来利益。比如他说国库的粪堆里翻出十三万两白银，这是额外多出来的钱，应该转移进皇帝私库。太府少卿韦少华当然不服，因为十三万两白银居然在粪堆里没人知道，那是他的责任，所以抗表要求调查，说这些银子明明在账上，我每月财报上都有，怎么就到粪堆里呢！皇帝拒绝调查，也不问韦少华的罪，假戏真做，这十三万两白银，就从国库转移到皇帝私库了。

有昏君就有奸臣。孟子把奸臣分了两个等级，裴延龄是一等奸臣，而历史上其他一等奸臣，也没有他这么不要脸。坏人可以很坏很坏，但是就算是最坏的人，做了朝廷大臣，也很难做到像裴延龄这么不要脸，他可以说是超级奸臣了。

孟子怎么给奸臣分级的呢？他说："长君之恶其罪小，逢君之恶其罪大。"奸臣恶行分为长君之恶和逢君之恶两级。长君之恶，是助长国君的恶行，所谓助纣为虐。不过，孟子说，长君之恶，那还算是小罪，因为他只是不敢违抗君主，或不舍得因违拗而失去权位，听命行事而已。逢君之恶，那才是大罪。什么是逢君之恶呢？朱熹说："君之恶未萌，而先意导之者，逢君之恶也。"国君本来没想到要去干的坏事，他引诱国君去干。或者国君想干，但是还不敢干、不好意思干，因为毕竟良知未泯，知道不应该那样做。这时候，奸恶之臣加以逢迎，给国君找出理论依据，帮助他自欺欺人，让他无所忌惮，理直气壮地干，这才是最坏的家伙。

裴延龄的逢君之恶，那手段是动于九天之上，藏于九地之下，完全超乎想象。所以德宗对他爱得不行，这是五百年才出一个的超级天才奸臣。

十一月三日，陆贽上书极陈裴延龄奸诈，数落他的罪恶，其大略说：

“裴延龄以搜刮聚敛为长策，以诡诞妄言为良谋，以激起民怨为勤政，以谗言陷害他人为尽节，把典籍里记载的丑恶之事都加总起来，作为自己的智术，把圣哲所告诫不能做的事全都做了，作为自己的才能，他可以说就是尧时代的共工，鲁国的少正卯了。他劣迹斑斑，日长月滋，隐秘的事情固然还未全部彰显，暴露出来的部分已经罄竹难书。”

又说：“陛下如果认为对他的批评都是诽谤，那就应该立刻为他辩论清楚。陛下如果知道他是无良之徒，又怎能替他包庇掩盖！”

又说：“陛下想要保护裴延龄，从未诘问他，裴延龄认为自己能蒙蔽陛下，不再惧怕。把东边的东西移到西边，便成为功绩，把这边的东西搬到那边，就号称有了盈余，愚弄朝廷，如同儿戏。”

又说：“矫诡之能，诬罔之辞，遇事则行，张嘴就来，没有一天一刻不是这样，难以详尽陈述。”

又说：“当年赵高指鹿为马，臣认为，鹿与马毕竟还是同类的动物，岂如裴延龄掩有为无，指无为有。”

又说：“裴延龄凶妄，流布天下，上自公卿近臣，下至仆役贱民，大声谈议，亿万官民，能跟皇上说上话的，能有几个人！臣以卑鄙之身，担当宰相之任，情激于胸，虽欲罢而不能自默也。”奏书呈上，皇帝不悦，对待裴延龄更加优厚。

**【华杉讲透】**

陆贽以为的指控，对皇帝来说简直就是裴延龄的功劳簿。四条罪状，对于皇帝来说全部是功劳：“以搜刮聚敛为长策，以诡诞妄言为良谋，以激起民怨为勤政，以谗言陷害他人为尽节。”皇帝就是要搜刮聚敛，是陆贽这样的宰相拦着不让。但是裴延龄以天才的“诡诞妄言”“指无为有”，把钱财挪一下地方就说那是盈余，是盈余，皇帝就可以拿去用了，这不是功劳吗？这不是良谋吗？激起民怨，那是陆贽妄言；至于谗言陷害他人，皇帝正是通过裴延龄，才能知道你们这些人都在做什么！

政治是个人的，陆贽心里只想着国家，不知道皇帝的利益和国家利益还有区别。裴延龄只服务于皇帝的利益，所以皇帝也坚决支持他。

**10** 十二月，王虔休趁护城河结冰，渡过壕沟，急攻洺州。元谊出兵迎击，王虔休不胜而返，日暮时分，河冰融化，士卒死亡过半。

## 陆贽因弹劾裴延龄被罢相

**11** 中书侍郎、同平章事陆贽因为皇帝对他的厚待，对不合理的事，经常据理力争。他的亲友中有人规劝他，说他过于尖锐，陆贽说：“我上不负天子，下不负所学，其他事情，不是我所考虑的。”裴延龄每天对皇帝指摘陆贽。赵憬入朝拜相，是陆贽引荐，既而又对陆贽不满（见去年记载），秘密把陆贽弹劾裴延龄的事告诉裴延龄，于是裴延龄就更能将计就计，皇帝由此信任裴延龄而不认同陆贽。陆贽与赵憬相约，一起在皇帝面前极力陈述裴延龄的奸邪，皇帝怒形于色，赵憬默不作声。

十二月二十三日，陆贽罢相，降级为太子宾客。

**12** 当初，渤海文王大钦茂去世，儿子大宏临早死，族弟大元义继位。大元义猜疑暴虐，国人将他杀死，立大宏临之子大华屿，是为成王，改年号为中兴。大华屿去世，又立大钦茂的小儿子大嵩邻，是为康王，改年号为正历。

## 贞元十一年（公元795年）

**1** 春，二月七日，册拜大嵩邻为忽汗州都督、渤海王。

**2** 陆贽既罢相，裴延龄借势指控京兆尹李充、卫尉卿张滂、前司农卿李铦是陆贽同党。正巧发生旱灾，裴延龄奏言："陆贽等失势，心怀怨望，对众人说：'天下大旱，百姓将要流亡，度支多欠诸军粮草，军中人无粮食，马无草料，怎么办！'以动摇众心，他们的意思不只是要中伤我而已。"之后数日，皇帝在苑中打猎，正好有神策军士投诉说："度支不给马草料。"皇帝想到裴延龄的话，认为确有其事，于是还宫。

夏，四月二十五日，贬陆贽为忠州别驾，李充为涪州长史，张滂为汀州长史，李铦为邵州长史。

当初，阳城以处士身份被征召为谏议大夫，他没有推辞就接受了拜官。还未抵达京师，人们都想看见他的风采，说："阳城必定谏诤，死在职下。"抵达之后，诸谏官进谏的奏章都是琐碎的事情，天子更加厌烦。而阳城与两个弟弟及宾客日夜痛饮，人们不知道他怎么回事，都认为他只是浪得虚名而已。前进士河南韩愈作《争臣论》以讥讽他，阳城也不以为意。有想要造访阳城，当面问他的人，阳城揣知对方的来意，就强拉对方喝酒。要么是客人先醉倒在席上，要么是阳城先醉卧在客人怀中，不能听客人说话。等到陆贽等人被贬，皇帝怒气还未消解，京师内外，都惴惴不安，认为可能还有不测之罪，无人敢救。阳城听闻，奋起说："不可令天子信用奸臣，杀无罪之人。"即刻率拾遗王仲舒、归登，右补阙熊执易、崔邠等守在延英殿大门，上疏论裴延龄奸佞，陆贽等无罪。皇帝大怒，想要加罪于阳城等人。太子李诵为之营救，皇帝怒意稍解，令宰相晓谕遣返他们。这时金吾将军张万福听说谏官伏阁进谏，快步跑到延英殿大门，大声祝贺说："朝廷有直臣，天下必定太平！"于是挨个向阳城与王仲舒等人下拜，继而连声大喊"太平万岁！太平万岁！"张万福，是武将，已经八十多岁，自此名重天下。归登，是归崇敬之子。当时裴延龄随时都会做宰相，阳城说："如果以裴延龄为相，我当亲手撕毁诏书，恸哭于殿前。”有一个叫李繁的，是李泌之子，阳城详细书写裴延龄的过恶，准备秘密上疏弹劾，因为李繁是老朋友的儿子，让他誊抄，李繁直接跑去报告裴延龄。裴延龄得以先晋见皇帝，一一为自己辩解。奏疏呈上，皇帝认为是一派胡言，不理。

**3** 四月二十九日，幽州奏报，击破奚王啜利等六万余人。

**4** 回鹘奉诚可汗去世，没有儿子，国人立国相骨咄禄为可汗。骨咄禄本姓跌跌氏，聪慧善辩，有勇略，自天亲可汗在位时，就掌典兵马，管理政事，大臣诸酋长都畏服他。既为可汗，改姓药葛罗氏，遣使来告丧。自天亲可汗以上子孙年幼的，都送到唐朝宫廷养育。

**5** 五月十一日，任命宣武留后李万荣、昭义左司马领留后王虔休都为节度使。

**6** 五月十八日，河东节度使李自良薨逝。五月二十二日，监军王定远奏请以行军司马李说为留后。李说，是李神通的五世孙。

**7** 五月二十四日，派秘书监张荐册拜回鹘可汗骨咄禄为腾里逻羽录没密施合胡禄毗伽怀信可汗。

## 铸监军印，自此监军有印

**8** 五月二十七日，任命李说为河东留后，知府事。李说十分感激监军王定远，请求铸监军印，皇帝听从。监军有印，就从王定远开始。

**9** 秋，七月一日，阳城改任国子司业，这是他抨击裴延龄的缘故。

**10** 王定远自恃有功于李说，专擅河东军政，调换诸将。张说不能全都听从，由此两人有了矛盾。王定远以私怒扼死大将彭令茵，尸体埋在马粪中，将士们都愤怒。张说上奏向朝廷汇报，王定远听闻，直接去找张说，拔刀就刺。张说逃脱。王定远召集诸将，拿出一个装着皇帝敕令及二十多张任命状的箱子，展示给大家说："皇帝有敕令，令张说到京师，任命行军司马李景略为留后，你们全都升官。"众人都下拜。大将马良辅偷看箱中，都是王定远自己的任命状及之前皇帝给他的敕令，于是告诉众人说："敕令和任命状都是假的，不可接受。"王定远逃走登上乾阳楼，呼唤他的部下，没有人响应，他想翻城墙逃走，不慎坠落，为枯木刺伤而死。

**11** 八月十七日，司徒兼侍中北平庄武王马燧薨逝。

**12** 闰八月四日，元谊假称献出洺州，诈降。王虔休派裨将率二千人入城，全部被元谊杀死。

**13** 九月二十三日，加授韦皋为云南安抚使。

**14** 横海节度使程怀直，不体恤士卒，在郊野打猎，几天都不回去。程怀直的堂兄程怀信为兵马使，利用众心怨恨，关闭城门，拒绝他入城，程怀直逃回京师。

冬，十月十四日，朝廷任命程怀信为横海留后。

**15** 南诏攻打吐蕃昆明城，攻取。又俘虏施部落、顺部落两位蛮王。

## 贞元十二年（公元796年）

**1** 春，正月七日，元谊、石定蕃等率洺州兵五千人及其家人一万余口放弃城池，投奔魏州。皇帝不予追究，命田绪安抚他们。

**2** 二月三日，任命浑瑊、王武俊都兼任中书令。二月七日，加授严震、田绪、刘济、韦皋都任同平章事。天下节度使、观察使，全部加授检校官（给地方官一个朝廷官职的虚衔）以取悦他们。

**3** 三月二日，韦皋奏报，西南蛮高万唐等二万余人投降。

**4** 三月十三日，任命闲厩、宫苑使李齐运为礼部尚书，户部侍郎裴延龄为户部尚书，原职保留如故。李齐运没有才能学问，专以伪善谗佞而得到皇帝宠幸，每次宰相问对之后，李齐运就单独晋见皇帝，对之前讨论的事情做出决议。有时病卧在家，皇帝打算任命某人，往往派宦官去他家里问他意见。

**5** 三月二十四日，韶王李暹薨逝。

**6** 魏博节度使田绪娶嘉诚公主为妻，有庶子三人，田季安最幼，公主把他当成自己的儿子，任命为副大使。夏，四月九日，田绪暴薨。左右保密，拥护田季安领军事，田季安时年十五岁。四月十四日，发丧，推举田季安为留后。

**7** 四月十九日，皇帝生日，按惯例，命和尚、道士讲论于麟德殿，至此，开始命儒士参加。四门博士韦渠牟口才敏捷，言语幽默，皇帝喜悦，十天半月之间，擢升为右补阙，开始有宠。

**8** 五月六日，邠宁节度使张献甫暴薨，监军杨明议请都虞侯杨朝晟暂代留后职务。五月十四日，朝廷任命杨朝晟为邠宁节度使。

**9** 六月六日，任命监句当左神策窦文场、监句当右神策霍仙鸣都为护军中尉，监左神威军使张尚进、监右神威军使焦希望都为中护军（四人都是监军宦官）。

当初，皇帝设置六统军，官阶与六尚书相当，专门用来安置退休或离职的节度使，任命状用麻纸书写。至此，窦文场暗示宰相，任命护军中尉，任命状也要以麻纸书写。翰林学士郑䌹奏言：“按惯例，只有封王及任命宰相的制书用白麻，如今用来任命中尉，不知道陛下是用来给窦文场以特别恩宠呢，还是从此成为定制呢？”于是皇帝对窦文场说：“武德、贞观年间，宦官的最高职位，不过员外将军，享受将军待遇而已，能穿上红色官服的，寥寥无几。自从李辅国以来，堕坏制度。朕今天用你，不能说没有私心。如果再以麻纸诏命宣告天下，舆论必定说是你胁迫我这么做的。”窦文场叩头道歉。于是焚毁麻纸诏命，命令说，包括统军在内，今后都由中书省降下敕令。第二天，皇帝对郑䌹说：“宰相不能违拒宦官，朕听到卿的话才醒悟。”当时窦文场、霍仙鸣势倾中外，藩镇将帅多出自神策军，台省要职官员也有出自他们门下的。

**【胡三省曰】**

*左右神策军有中尉，从窦文场、霍仙鸣开始。从此，宦官的权力越来越大，再也不能控制了。*

**10** 宣武节度使李万荣中风，昏迷不醒，霍仙鸣举荐宣武押牙刘沐可以委任军政。六月二十二日，任命刘沐为行军司马。

**11** 宣歙观察使刘赞去世。

当初，皇帝因为在奉天困窘缺钱，所以还宫以来，尤其专意聚敛财富。藩镇多以进奉钱财来换取皇帝恩惠，都说“这是税外收入”，又说“这是开支盈余”，其实有的是截留正常税款，有的是增加百姓税收，有的是克扣官吏俸禄，有的是贩卖公田的蔬果，往往收入私囊，再拿出十分之一二去贿赂皇帝。李兼在江西，每月进贡一次，称为“月进”，韦皋在西川，则每天进贡一次，称为“日进”。其后常州刺史、济源人裴肃因为进奉有功，升迁为浙东观察使，刺史进奉就从裴肃开始。刘赞去世之后，判官严绶掌管留务，竭尽府库以进奉皇帝，征召擢升为刑部员外郎，幕僚进奉从严绶开始。严绶，是蜀人。

**【华杉讲透】**

## 模仿行为一旦开始，就会迅速蔓延

这就是“模仿律”，法国社会学家塔尔德1890年出版《模仿律》一书，指出一切社会行为都是人与人之间的相互模仿，而模仿的规律是：（一）下降律：社会下层人士具有模仿社会上层人士的倾向；（二）几何级数率：在没有干扰的情况下，模仿一旦开始，便以几何级数增长，迅速蔓延。

节度使们说的话、做的事，是模仿裴延龄。在模仿中也不断创新放大，李兼月进，韦皋就日进，让皇帝每天都想着他。紧接着，刺史开始模仿节度使。再下一步，幕僚开始模仿刺史。节度使掌握大权，可以征收税款，克扣俸禄去给皇帝上供，幕僚没有这个权力，他怎么办呢？“竭尽府库以进奉皇帝”，直接把府库的钱财送给皇帝了。他把钱都给皇帝了，哪天对不上账怎么办？一句话，给皇帝了，谁也不能查。他拿走了多少，分了多少给皇帝，也没法查了。按上文记载，都是只拿出十分之一二给皇帝，这个代理成本也太高了！皇帝心里也明白，但他觉得，总比那些不让他敛钱的宰相强。

**12** 宣武节度使李万荣生病，他的儿子李乃为兵马使。六月二十五日，李乃召集诸将，斥责李湛、伊娄说、张丕不关心军事，贬逐到外县。皇帝派宦官第五守进到汴州，刚刚宣慰完毕，军士十余人大喊说：“兵马使勤劳，却没有赏赐，刘沐什么人，居然担任行军司马！”刘沐惧怕，假装中风，被抬出去。军士又呼喊说：“仓官刘叔何收支舞弊。”把他杀了，还吃掉他的肉。又想要砍杀第五守进，被李乃制止。李乃又杀了伊娄说、张丕。都虞候、匡城人邓惟恭与李万荣是同乡，关系亲密，李万荣把他当心腹，李乃也倚重他。至此，邓惟恭与监军俱文珍商量，逮捕李乃，押送京师。秋，七月六日，任命东都留守董晋为同平章事，兼宣武节度使，任命李万荣为太子少保，贬李乃为虔州司马。七月七日，李万荣薨逝。

邓惟恭既逮捕李乃，于是权且代理军事，自以为一定会接替李万荣，不派人迎接董晋。董晋既受诏，即刻带着仆从十余人赴镇，不用兵卫。到了郑州，迎接的人没有来。郑州人为董晋感到担心，有人劝董晋暂且留下，观察变化。有从汴州来的人，告诉董晋说："不能去。"董晋不回应，继续前行。邓惟恭因为董晋来得太快，来不及布置应对。董晋离城十余里，邓惟恭才率诸将出迎。董晋命邓惟恭不必下马，气色温和，邓惟恭勉强自安。入城之后，董晋仍将军政委任给邓惟恭。

当初，刘玄佐增汴州兵至十万，待遇优厚，李万荣、邓惟恭又更加厚待。士卒骄纵，不能统驭，于是设置腹心之士，驻扎在公庭走廊下，挟弓执剑，严密防备，时不时又要慰劳这些人，赏赐酒肉。董晋抵达第二天，全部撤除。

**13** 七月九日，韩王李迥薨逝。

**14** 七月二十三日，皇帝下诏，以宣武将士邓惟恭等执送李乃有功，各自升官赐钱。那些被李乃胁迫，邀逼钦差的人，都赦免不问。

**15** 八月一日，日食。

**16** 八月十一日，任命田季安为魏博节度使。

**17** 八月十八日，任命汝州刺史陆长源为宣武行军司马。朝议认为董晋柔仁，好说话，恐怕不能统御，所以派陆长源来辅佐他。陆长源性格刚强苛刻，多改革旧制。董晋开始时总是同意他，等计划拟订妥当之后，就下令暂时停止实施，由此军中得以安定。

**18** 八月二十八日，门下侍郎、同平章事赵憬薨逝。

**19** 当初，皇帝不想在节度使在世时就替换（不是不想，是不敢），经常自己选择行军司马为储帅。李景略为河东行军司马，河东留后李说猜忌他。回鹘梅录入朝进贡，经过太原，李说宴请他，梅录争座次，李说不能遏止。李景略呵斥，梅录认出他的声音，快步上前下拜说：“这不是丰州李端公吗！”再次下拜，于是在下座坐下。座中人都瞩目于李景略。李说更加愤愤不平，于是厚赂中尉窦文场，让他把李景略调走。正巧有传言说回鹘将要入寇，皇帝忧虑，因为丰州在敌人进军路线要冲，要选择合适的守将。窦文场借机举荐李景略。

九月六日，任命李景略为丰州都防御使。穷边气寒，土瘠民贫，李景略以勤俭率众，两年之后，储备完实，雄于北边。

**20** 宰相卢迈中风，九月十二日，另一位宰相贾耽私忌（父母、祖父母、曾祖父母忌日），宰相没有一个人上班，皇帝派宦官召主书承旨。

**21** 九月十八日，户部尚书、判度支裴延龄去世，京师内外，大家都相互祝贺，唯独皇帝哀悼惋惜。

**22** 九月二十四日，吐蕃入寇庆州。

**23** 冬，十月十七日，任命谏议大夫崔损、给事中赵宗儒为同平章事。崔损，是崔玄暐的弟弟的孙子，裴延龄曾经举荐过他，所以皇帝任用。

**24** 十一月八日，任命右补阙韦渠牟为左谏议大夫。皇帝自从陆贽贬官，尤其不信任宰相，自御史、刺史、县令以上都亲自选用，中书只是下达文书而已。但是，深居禁中，所取信的人，唯有裴延龄、李齐运、户部郎中王绍、司农卿李实、翰林学士韦执谊及韦渠牟，都权倾宰相，趋附盈门。王绍严谨缜密，没有得失；李实阴险狡诈，擅长搜刮聚敛钱财；韦执谊擅写文章与皇帝唱和，年仅二十余岁，就从右拾遗召入翰林；韦渠牟轻佻浮躁，尤其为皇帝所亲近狎昵，皇帝每次面对执政大臣，不过四十五分钟，韦渠牟奏事，通常都要一个半小时，欢声笑语，相互打趣，往往声闻于外，他所举荐的人，都破格提拔，全是庸俗粗鄙之士。

**25** 宣武都虞候邓惟恭内心不能自安，勾结将士二百余人，密谋作乱。事情被察觉，董晋将他的党羽全部逮捕斩首，械送邓惟恭到京师。已未（十一月无此日），皇帝下诏免死，汀州安置。

## 贞元十三年（公元797年）

**1** 春，正月十五日，吐蕃遣使请和亲，皇帝因为吐蕃数次负约，不许。

**2** 皇帝因方渠、合道、木波都是吐蕃通往唐朝的要道，想要修筑城池，派人问邠宁节度使杨朝晟："需要多少兵？"杨朝晟回答说："邠宁兵就足以完成筑城任务，不需要其他道派兵。"皇帝再派人问他说："之前修筑盐州城，用兵七万人，只是勉强够用。如今三城尤其逼近敌境，应当加倍派兵，你反而要减少，为什么？"杨朝晟回答说："修筑盐州城有多少人，敌人都知道。如今发本镇兵，不过十天，就抵达塞下，出其不意而修筑城池。敌人以为我们这次的兵众也不下七万，只是还未到齐，不敢轻易来侵犯。不过三十天，我城池已经修筑完成，留兵戍防，敌人就算来了，也无能为力。城池旁的草被马吃尽了，不能久留，必定退去。敌人退去之后，我们再运粮草充实城池储备，这是万全之策。如果大集诸道兵，一个多月才能抵达，敌人也集结大军而来，与我争战。胜负未可知，哪有工夫筑城呢！”皇帝听从。

二月，杨朝晟分军为三，各筑一城。军吏说：“方渠无井，不可屯军。”判官孟子周说：“方渠在和平年代，居人成市，如果没有井，那些人怎么聚居的呢！”命人疏浚废弃湮没的老井，果然得到甘泉。三月，三城筑成。夏，四月五日，杨朝晟军回到马岭，吐蕃才出兵追击，相拒数日而去。于是杨朝晟修筑马岭城而还，开辟疆土三百里，都跟他之前的计划相符。

**3** 四月十五日，义成节度使李复薨逝。四月二十五日，任命陕虢观察使姚南仲为义成节度使。监军薛盈珍正在大宴宾客，听闻消息，说：“姚大夫一介书生，岂是将才！”判官卢坦私底下对人说：“姚大夫外柔内刚，监军如果侵犯他，他必定不接受。军府之祸，自此开始了，我恐怕要被他留下做幕僚。”于是从小路暗中逃走。姚南仲果然发公文要求他留任，没有找到他，作罢。既而薛盈珍与姚南仲有矛盾，幕府多有被治罪贬黜的，甚至有人被害死。

**4** 吐蕃赞普乞立赞去世，儿子足之煎继位。

**5** 六月二十八日，韦皋奏报吐蕃入寇，嶲州刺史曹高仕击破之于台登城下。

**6** 光禄少卿、同正（享受正职待遇）张茂宗，是张茂昭的弟弟，皇帝将义章公主许配给他为妻；没有成婚，张茂宗的母亲去世，遗表请求完成婚礼，皇帝批准。秋，八月二十日，起复张茂宗为左卫将军同正。左拾遗蒋乂上疏进谏，认为：“遇上军情紧急，古代有墨衰从军的（穿着丧服从军），但没听说过驸马在守丧期间起复跟公主结婚的事。”皇帝派宦官晓谕他，他不停止进谏，于是特意召见他到延英殿问对，对他说：“民间多借丧礼成婚的，你为什么这么坚持反对？”蒋乂回答说：

“婚姻、丧纪，人之大伦，吉凶不可亵渎。平民人家，不知礼教，女儿孤贫没有依靠，或许有借丧礼出嫁的，没听说男子借丧礼娶妇的事。”太常博士韦彤、裴堪也上疏进谏。皇帝不悦，命有司赶快确定下嫁之期，八月二十八日，成婚。

**7** 九月七日，中书侍郎、同平章事卢迈因病免职，任太子宾客。

**8** 冬，十月，淮西节度使吴少诚擅自开凿刀沟，注入汝水，皇帝派宦官晓谕制止他，吴少诚不听。皇帝再命兵部郎中卢群前往诘问，吴少诚说：“开凿这条水渠，大利于人。”卢群说：“君王下令，臣子就应该执行，即使有利，人臣敢自己专擅吗！你不听天子之令，怎么让下面的官吏听你的命令呢！”吴少诚即刻为之停止工程。

**【华杉讲透】**

劝说吴少诚这样的人，跟他讲道理没有用，要给他讲他自己的利益。卢群说，你不听皇上的话，你的下属就会有样学样，不听你的话。吴少诚马上就醒悟了。

**9** 十二月，徐州节度使张建封入朝。之前，宫中购买外间物品，由官吏负责，按价付款。近年以来，改为宦者采买，称为宫市，拿着朝廷公文购买物品，稍稍低于市价。其后不再给公文，设置“白望”数百人于东、西两市及热闹街巷，察看商人所卖的物品，只需说一声宫市，就得拱手送给他，既无法辨别他的身份真伪，也没有人敢问他从哪里来，甚或跟他谈价钱，大多是用值一百钱的东西，买人值几千钱的物品，而支付的价款，多半是把旧衣服和破烂绸缎以红紫颜料染色后，撕成尺寸付给对方，还要向卖家索取“进宫钱”和跑腿费。小贩到街市卖东西，竟有空手而归的，名为宫市，其实是抢夺。商贾有好货，都深深藏匿起来。每次宫里派出敕使，卖酒、卖饼的全部撤业关门。曾经有农夫以驴驮柴，宦官声称是宫市，上前索取，给了绢布数尺，马上就索取进宫钱，还要他的驴送柴到宫内。农夫啼泣，把所得的绢布给宦官，宦官不肯接受，说：“就要你这头驴。”农夫说：“我有父母妻子，全靠这头驴养活。如今把柴给你，不要你的钱，你尚且不肯，我有死而已。”于是殴打宦官。街吏将农夫逮捕，报告皇帝，皇帝下诏，黜免宦官，赏赐农夫绢布十匹。但宫市依旧不改，谏官御史数次上奏进谏，皇帝不听。张建封入朝，详细上奏宫市弊端，皇帝颇为嘉许接受，问户部侍郎、判度支苏弁，苏弁迎合宦官们的意思，回答说：“京师游手好闲的人，有一万家，没有产业，全靠宫市养活。”皇帝相信了，之后凡是跟他谈宫市的，一概不听。

**【华杉讲透】**

“宫市”就是抢劫，“白望”，就是看中了就白拿。这是理直气壮、明目张胆的，皇帝心里明镜一样，因为在“理念”上，全天下都是皇帝的，不管谁的财产，只要皇帝看中，就要“还给”皇帝。但是行动上太不像话，长安城一看见皇帝的“买手”出宫，全都关门闭市，皇帝也不得不准备有所收敛。但苏弁跟他说京师有一万户游手好闲的人家靠干这个养活，等于说有很多人以冒充宫中宦官在街市抢劫为业，他反而不管了。为什么呢？游手好闲的人可以合法抢劫勤劳工作的人，这样游手好闲的人就不会闹事，这就是他的逻辑。柏杨说他是“猪皇帝”，他就是这样吧。

## 贞元十四年（公元798年）

**1** 春，二月二十四日，申、光、蔡三州军队更名为彰义军。

**2** 夏，闰五月十一日，任命神策行营节度使韩全义为夏、绥、银、宥节度使。韩全义当时屯驻在长武城，皇帝下诏，命他率众赴镇。士卒们因为夏州是沙碛盐碱地，又正逢盛夏，不愿意迁徙。闰五月十二日，军乱，杀大将王栖岩，韩全义翻逾城墙逃走。都虞候高崇文诛杀为首作乱者，军队平定下来。高崇文，是幽州人。闰五月二十七日，任命高崇文为长武城都知兵马使，但是没有降下敕令，只是让宦官口头宣布。

**3** 秋，七月二十五日，罢免赵宗儒给事中、同平章事职务，任右庶子，任命工部侍郎郑余庆为中书侍郎、同平章事。

**4** 八月，开始在左、右神策军设置“统军”。当时禁军戍边者，禀赐优厚，诸将多申请隶属神策军，称为行营，都归中尉统领，于是左右神策军多达十五万人。

**5** 京兆尹吴凑屡次上奏进谏宫市的弊病。宦官们指控说，吴凑不断谈论宫市，都是右金吾都知赵洽、田秀岩的主意。八月二十九日，赵洽、田秀岩被流放到天德军。

**6** 九月十日（原文为丙申日，根据柏杨考证修改），任命陕虢观察使于頔为山南东道节度使。

**7** 九月二十一日，杞王李倕薨逝。

**8** 彰义节度使吴少诚派兵抢掠寿州霍山县，杀镇遏使谢详，侵地五十余里，留兵镇守。

**9** 太学生薛约拜司业（国子监副长官）阳城为师，因为上疏言事，被流放连州，阳城送他到郊外。皇帝因为阳城竟然与罪人结党，九月二十三日，将他贬为道州刺史。阳城治民如治家，道州赋税无法收齐，观察使多次讥诮责备，阳城在自己的考核报告上写道：“安抚百姓，用心良苦；征收赋税，成效太差，考评为下下等。”观察使派判官去督促赋税，到了道州，阳城先把自己关进监狱。判官大惊，飞驰而入，在狱中谒见阳城说：“使君有什么罪！我只是奉命来问候而已。”判官滞留一两天没有走，阳城出了监狱，也不回自己住所。客馆门外有一块旧门板横在地上，阳城昼夜坐卧其上，判官不能自安，辞去。其后又派其他判官前往调查，那判官载着妻子儿女一起上路，中途逃走。

**10** 冬，十月二十一日，通王李谌薨逝。

**11** 十月二十四日，夏州节度使韩全义奏报，击破吐蕃于盐州西北。

**12** 明州镇将栗锽杀刺史卢云，引诱山越作乱，攻陷浙东州县。

## 贞元十五年（公元799年）

**1** 春，正月九日，雅王李逸薨逝。

**2** 二月三日，宣武节度使董晋薨逝。二月十一日，任命其行军司马陆长源为节度使。陆长源性格苛刻严急，恃才傲物。判官孟叔度，轻佻淫纵，喜欢侮辱将士，军中都厌恶他。董晋薨逝，陆长源为知留后，扬言说：“军纪松弛，为时已久，我当以法整顿！”众人都惧怕。有人劝他发放钱财以慰劳军队，陆长源说：“我岂能效仿河北那些军阀，用钱买通士兵，来为自己求节钺呢！”

按惯例，主帅薨逝，要发给军士白布以制作丧服，陆长源命令改发代金，不发布，由士兵自己购买。于是孟叔度提高盐价，降低布价，每人不过得盐二三斤。军中怨怒，陆长源也不作防备。当天，军士作乱，杀陆长源、孟叔度，将尸体切成碎块吃掉，顷刻吃尽。监军俱文珍认为宋州刺史刘逸准长期担任宣武军大将，得人心，秘密送信召他。刘逸准引兵直入汴州，乱兵这才安定。

**3** 任命常州刺史李锜为浙西观察使、诸道盐铁转运使。李锜，是李国贞之子。闲厩、宫苑使李齐运接受他的贿赂数十万，向皇帝举荐，所以任用他。李锜苛刻剥削人民，以进奉皇帝，皇帝因此喜欢他。

**4** 二月六日，浙东观察使裴肃生擒变民首领栗锽于台州，押送京师，斩首。

**5** 二月十五日，任命刘逸准为宣武节度使，赐名刘全谅。

**6** 三月十日，吴少诚派兵袭击唐州，杀监军邵国朝、镇遏使张嘉瑜，抢掠百姓一千余人而去。

**7** 三月十四日，昭义节度使王虔休薨逝。

三月二十四日，任命河阳、怀州节度使李元淳为昭义节度使。

**8** 夏，四月九日，任命安州刺史伊慎为安、黄等州节度使。

**9** 六月二十日（*原文为四月，根据柏杨考证修改*），山南西道节度使严震薨逝。

**10** 南诏国王异牟寻遣使与韦皋约共击吐蕃，韦皋以兵粮未集为由，建议再等几年。

**11** 山南西道都虞候严砺谄媚事奉严震，严震病，任命他为留后，遗表举荐他。秋，七月三日，任命严砺为山南西道节度使。

**12** 八月，陈许节度使曲环薨逝。

八月二十四日，吴少诚派兵抢掠临颍，陈州刺史上官涚任陈洲留后，派大将王令忠将兵三千救援，全都被吴少诚所俘虏。

九月五日，任命上官涚为陈许节度使，于是吴少诚包围许州。上官涚想要弃城逃走，营田副使刘昌裔劝阻他说：“城中兵足以御贼，只要紧闭城门，不与他们交战，不过数日，贼军士气自然衰落，我以万全之策制其疲弊，没有不能攻克的。”吴少诚昼夜急攻，刘昌裔招募勇士一千人，在城墙上凿洞出击吴少诚，大破之，城池由此得以保全。刘昌裔，是兖州人。吴少诚又入寇西华，陈许大将孟元阳拒战，将他击退。陈许都知兵马使安国宁与上官涚不和，密谋翻城响应吴少诚，刘昌裔设计将他斩首。集合安国宁的部属，每人给二匹细绸。在重要的巷子里派兵埋伏，只要看见手持细绸的，一律斩首，没有一个人逃脱。

**13** 九月九日，宣武节度使刘全谅薨逝。军中思念刘玄佐的恩德，推举他的外甥、都知兵马使、匡城人韩弘为留后。韩弘将兵，了解官兵的才干和勇怯，在他的指挥下，官兵都能完成任务。

**14** 九月十五日，皇帝下诏，削夺吴少诚官爵，令诸道进兵讨伐。

**15** 九月二十日，任命韩弘为宣武节度使。之前，吴少诚遣使与刘全谅约定一起攻打陈许，把陈州划归宣武。前后几批使者还在客馆，韩弘将他们全部驱赶出来，斩首。遴选士卒三千人，与诸军会合，攻击吴少诚于许州。吴少诚由此失势。

**16** 冬，十月十九日（原文为己丑日，根据柏杨考证修改），邕王李源薨逝。李源是太子之子，皇帝喜爱他，把他当作自己的儿子，李源薨逝之后，谥号为文敬太子。

**17** 山南东道节度使于頔、安黄节度使伊慎、知寿州事王宗与上官涚、韩弘进击吴少诚，屡次击破。

十一月十二日，于頔奏报，攻拔吴房、朗山。

**18** 十二月二日，中书令、咸宁王浑瑊薨逝于河中。浑瑊性格谦虚谨慎，即使位居将相，也没有自矜自大之色，每次向朝廷进贡物品必定亲自阅视，接受皇帝赏赐，行礼就如同在皇帝面前，由此为皇帝所亲爱。皇帝从兴元回来，即使一州一镇有兵的将领，都务必姑息。浑瑊每次奏事，未被皇帝送交中书省与门下省时，就私底下喜悦说："皇上不怀疑我。"所以能以功名善终。

**19** 六州党项自永泰年间以来就居住在石州，永安镇将阿史那思暕侵犯勒索不已，党项部落全部逃奔河西。

**20** 诸军讨伐吴少诚的，没有统帅，每次出兵，只顾自己的利益，进退不一。十二月二十六日，诸军自己溃散于小溵水，丢弃器械、物资、粮草，全部为吴少诚所有。于是开始商议设置招讨使。

**21** 吐蕃军五万分别攻击南诏及巂州，异牟寻与韦皋各自发兵抵御，吐蕃无功而还。

## 贞元十六年（公元800年）

**1** 春，正月六日，恒冀、易定、陈许、河阳四军与吴少诚战，都不利而退。夏绥节度使韩全义本来出身于神策军，中尉窦文场对他非常厚爱，向皇帝举荐，命他统帅诸军讨伐吴少诚。二月十七日，任命韩全义为蔡州四面行营招讨使，十七道兵都受韩全义节度。

**2** 宣武军自从刘玄佐薨逝，前后五次作乱，士卒更加骄纵，轻视主帅。韩弘视事数月，掌握了全部带头人的名字，有一位郎将刘锷，经常做领头。三月，韩弘陈兵于牙门，召刘锷及其党羽三百人，数落他们说："多次参与作乱，还自以为功。"全部斩首，血流染红了道路。自此之后，一直到韩弘入朝，二十一年之久，士卒没有一人敢在城中大呼小叫的。

**3** 义成监军薛盈珍为皇帝所宠信，想要夺节度使姚南仲军政大权，姚南仲不从，由是有了矛盾。薛盈珍诬陷姚南仲的幕僚马总，马总被贬为泉州别驾。福建观察使柳冕谋害马总，以谄媚薛盈珍，派幕僚、宝鼎人薛戎摄理泉州事，指使他给马总罗织罪名，薛戎反而为马总辩护，证明他的无辜。柳冕怒，召回薛戎，囚禁，命守卒恣意侵辱他。如此数月，慢慢引诱他诬陷马总，薛戎始终不从，马总由此得以免死。柳冕，是柳芳之子。

薛盈珍屡次向皇帝诋毁姚南仲，皇帝开始猜疑姚南仲。薛盈珍又派小吏程务盈乘驿车入京诬奏姚南仲之罪。牙将曹文洽恰好也要到长安奏事，知道消息，昼夜兼行，在长乐驿追上程务盈，与他同宿，半夜，杀了他，把薛盈珍的奏表扔进厕所里。自己作表为姚南仲申冤，并且对杀程务盈之罪一力承担，也写一封信向姚南仲报告情况，然后自杀。第二天早上，门不开，驿吏破门而入，在曹文洽尸体旁发现奏表和信件。皇帝听闻，感到惊异，征召薛盈珍入朝。姚南仲担心薛盈珍谗言陷害他更深，也申请入朝。

夏，四月八日，姚南仲抵达京师，在金吾等待皇帝降罪。皇帝下诏释放他，召见。皇帝问："薛盈珍干扰卿吗？"姚南仲回答说："薛盈珍不干扰臣，只是扰乱陛下法治罢了。况且天下如薛盈珍这样的人，何可胜数！就算是羊祜、杜预复生，也不能推行善政，成就军功。"皇帝默然，竟然不怪罪薛盈珍，仍让他掌管机密。薛盈珍又对皇帝说："姚南仲的恶政，都是幕僚马少微出的主意。"皇帝下诏，把马少微贬到江南，派宦官押送，把马少微推入江中淹死。

**【华杉讲透】**

姚南仲对于皇帝来说，算是最好的节度使了，其他人都致力于割据一方，召他来京师都不来，而姚南仲毫无二心，主动到京师自证清白。

但是，德宗还是支持薛盈珍，杀了姚南仲的人。为什么呢？因为他选择了与太监共治天下，只要他还坚持这个原则，那就像姚南仲说的，“虽使羊、杜复生，亦不能行恺悌之政，成攻取之功也”。

**4** 黔中观察使韦士宗，政令苛刻。四月十九日，被牙将傅近等驱逐，逃奔施州。

**5** 新罗王金敬则去世，四月二十二日，册命其嫡孙金俊邕为新罗王。

**6** 韩全义一向没有勇略，专以巧佞贿赂勾结宦官，得以成为大帅，每次商议军事，与几十个监军宦官坐在帐中争论，纷然不能决断，都是不了了之。天气渐暑，士卒长久屯驻在潮湿地带，多生病疫，韩全义不抚恤士忠，人心渐渐分崩离析。

五月十三日，韩全义与吴少诚部将吴秀、吴少阳等战于溵南广利原，两军刚刚接触，官军大溃。吴秀等乘机追击，韩全义退保五楼。吴少阳，是沧州清池人。

**7** 山南东道节度使于頔借着讨伐吴少诚的机会，大肆招募战士，修缮盔甲武器，聚敛货财，恣意诛杀，有割据汉南之志，专以怠慢朝廷，欺凌下属为事。皇帝正姑息藩镇，知道他的所作所为，也无可奈何。于頔诬陷邓州刺史元洪贪赃之罪，朝廷不得已，将元洪流放端州，派宦官护送到枣阳。于頔派兵将他劫取，押回襄州，宦官奔回京师。于頔上表说对元洪处罚太重，皇帝又任命元洪为吉州长史，于頔这才遣送他上任。又对判官薛正伦发怒，上奏贬他为峡州长史。等皇帝敕令下达，于頔怒气已解，又上奏留他做判官。皇帝一一听从。

**8** 徐、泗、濠节度使张建封镇守彭城十余年，军政治理，有条不紊，病重，累次上表，请朝廷任命替代人。五月十四日，任命苏州刺史韦夏卿为徐、泗、濠行军司马。敕令下达，张建封已经薨逝。韦夏卿，是韦执谊的堂兄。徐州判官郑通诚任留后，担心军士作乱，正巧浙西兵经过彭城，郑通诚想要引他们入城为自己后援。军士怒，五月十五日，数千人用斧头砍开库门，拿出盔甲兵器，全副武装，包围牙城，劫持张建封的儿子、前虢州参军张愔，拥戴他主持军府事，杀郑通诚及大将段伯熊等数人，把监军宦官戴上枷锁囚禁。皇帝听闻，任命吏部员外郎李鄘为徐州宣慰使。李鄘直抵其军，召将士宣读朝廷圣旨，晓谕以祸福之道，解除监军枷锁，让他官复原职，凶党不敢反抗。张愔上表，自称兵马留后，李鄘因为朝廷并未给他任命，不接受奏表，让他除去自己加的头衔，然后把奏表带回。

**9** 灵州奏报，击破吐蕃于乌兰桥。

**10** 五月二十九日，韦士宗再次回到黔中。

**11** 湖南观察使、河中人吕渭上奏揭发永州刺史阳履贪赃受贿，阳履上表，声称他所聚敛的财物都是准备进奉给皇帝的。皇帝召他到长安，丁丑（五月无此日），命三司调查，诘问他聚敛的钱财去哪里了，阳履回答说："已经用来买马进奉给皇上了。"又诘问："卖马的人是谁？马的年龄多大？"阳履回答说："卖马的人，是漂泊无定之人，如今不知道他们去哪里了。按《礼》，询问君王御马年龄，属于议论宫廷内部事务，不敬，要被责罚，所以我不知道马的年龄。"他所做的回答，大多类似如此。皇帝喜欢听他说进奉的话，释放他，只是免官而已。

**12** 六月十九日，加授淄青节度使李师古为同平章事。

**13** 徐州乱兵上表请愿，为张愔求旌节，朝廷不许。加授淮南节度使杜佑为同平章事，兼徐、濠、泗节度使，命他讨伐。杜佑集结大量舟舰，派牙将孟准为前锋。刚渡过淮河，就被叛军击败，杜佑不敢前进。

泗州刺史张伾出兵攻打埇桥，大败而还。朝廷不得已，任命张愔为徐州团练使，以张伾为泗州留后，濠州刺史杜兼为濠州留后，仍命杜佑兼任濠泗观察使。

杜兼，是杜正伦的五世孙，性格狡诈阴险，能忍人所不能忍。张建封病危时，杜兼就暗中图谋替代他，从濠州疾驱入军府。幕僚李藩与杜兼地位相同，入内探问张建封病情，出来见到杜兼，哭泣说："仆射病危如此，您应该在本州严密防备变乱，如今弃州来此，想做什么呢！赶快回去，不然，我要上奏弹劾你。"杜兼一时错愕，不知道怎么应对，于是直接折返。张建封薨逝之后，李藩回到扬州，杜兼诬奏李藩在张建封薨逝时摇动军心，皇帝大怒，密诏命杜佑杀李藩。杜佑一向器重李藩，把诏书揣在怀里，过了十天也不忍心动手，于是请李藩来，与他讨论佛经说："佛说有因果报应，有吗？"李藩说："有。"杜佑说："如果是这样，你遇到事情一定不会恐惧。"然后拿出诏书给李藩看。李藩神色不变，说："这还真是报应。"杜佑说："你不要说出去，我已密奏皇上，以全家百口性命为你担保。"皇帝还是怀疑，召李藩到长安，望见李藩仪度安雅，才说："这岂是为恶的人吗！"即刻任命为秘书郎。

**14** 新罗王金俊邕去世，国人立他的儿子金重熙。

**15** 秋，七月，吴少诚进击韩全义于五楼，官军再次大败。韩全义连夜逃遁，退保溵水县城。

**16** 卢龙节度使刘济的弟弟刘源为涿州刺史，不听刘济指挥；刘济引兵攻击，将他生擒。

**17** 九月八日，义成节度使卢群薨逝。甲戌（九月无此日），以尚书左丞李元素替代他。贾耽说："凡就军中选拔任命节度使，必有爱憎向背，喜惧者相半，所以军心多不安。自今往后，愿陛下只从朝廷官员中选择任命，或许不会发生其他变化。"皇帝以为然。

**18** 中书侍郎、同平章事郑余庆与户部侍郎、判度支于頔关系友善，于頔所奏之事，郑余庆多劝皇帝听从。皇帝认为他们朋比为奸，九月十五日，贬郑余庆为郴州司马，于頔为泉州司户。于頔，是于頔的兄长。

**19** 九月十八日，吴少诚进逼溵水数里，扎营，韩全义再次率诸军退保陈州。宣武、河阳兵私自撤回本道，唯独陈许将领孟元阳、神策军将领苏光荣率领所部留军在溵水。韩全义以诈术诱捕昭义军将领夏侯仲宣、义成军将领时昂、河阳军将领权文变、河中军将领郭湘等，斩首，想要以此威慑众人。

韩全义抵达陈州，刺史刘昌裔登上城墙，对他说："天子命公讨伐蔡州，现在您却来到陈州，我不敢接纳您入城，请在城外扎营。"既而刘昌裔带着牛酒进入韩全义军营，犒劳部队，韩全义惊喜，心中暗暗服气。

九月二十四日，孟元阳等与吴少诚战，杀二千余人。

**20** 九月二十五日，任命太常卿齐抗为中书舍人、同平章事。

**21** 九月二十八日，任命张愔为徐州留后。

## 吴少诚请罪，得赦免

**22** 冬，十月，吴少诚引兵回到蔡州。之前，韦皋听闻诸军讨伐吴少诚，不能取胜，上疏说："请以浑瑊、贾耽为元帅，统率诸军。如果陛下不愿劳烦元老勋臣，则臣请以精锐一万人下巴峡，出荆楚以翦除凶逆。不然，就趁他们请罪的时候赦免他们，撤退两河诸军，让公私都得到休息，也算是次一等的对策。如果吴少诚有一天恶贯满盈，被自己部下所杀，则又要把他的爵位授给凶手，这是除掉一个吴少诚，又生一个吴少诚，为患无穷。”

贾耽对皇帝说：“贼人的本意，也是希望能蒙受皇恩，恐怕还是要给他们开一条生路。”皇帝同意。正巧吴少诚写信和送钱给官军的监军宦官，请求他为自己洗雪冤情，监军上奏。十月二十三日，皇帝下诏，赦免吴少诚及彰义将士，恢复他们的官爵。

**23** 十月二十四日，河东节度使李说薨逝。十月二十九日，任命他的行军司马郑儋为节度使。皇帝选拔一个可以接替郑儋职务的人，因为刑部员外郎严绶还在做幕僚时就向皇帝进奉财物，皇帝记得他的名字，于是任用他为河东行军司马。

**24** 吐蕃数次被韦皋击败，本年，其曩贡、腊城等九节度婴、笼官马定德率其部落来降。马定德有智略，吐蕃诸将行兵，都遵照他的谋略计策，经常乘坐驿车到各地计划事情，至此因为多次作战不利，害怕获罪，于是来投降。

# 卷第二百三十六　唐纪五十二

贞元十七年（801）一月至永贞元年（805）十二月，共5年

# 德宗神武圣文皇帝十一

## 贞元十七年（公元801年）

**1** 春，正月二十一日，韩全义抵达长安，窦文场为他掩盖败迹，皇帝对他礼遇非常丰厚。韩全义自称足疾，不能朝谒，派司马崔放入宫问对。崔放为韩全义引咎自责，为没能建功谢罪，皇帝说："韩全义为招讨使，能招来吴少诚，他的功已经很大了，何必杀人才算有功呢！"

闰正月十一日，韩全义回到夏州。

**2** 韦士宗既入黔州，妄杀长吏，人心大扰。韦士宗惧怕，三月，脱身逃走。

夏，四月二十日，任命右谏议大夫裴佶为黔州观察使。

**3** 五月一日，日食。

**4** 朔方邠、宁，庆节度使杨朝晟在宁州参加秋季边防，五月二十四日，薨逝。

当初，浑瑊派兵马使李朝寀将兵戍防定平。浑瑊薨逝，李朝寀申请以本部隶属神策军；皇帝下诏批准。

杨朝晟病重，召集僚佐，对他们说："我必定不能好转，按过去惯例，朔方军将领多出自本军，虽然顺应大家的心愿，但实在不符合国体。宁州刺史刘南金，熟习军旅，应该让他摄理行军，暂且主持军事，等朝廷派遣新的主帅，必定安然无虞。"又写亲笔信给监军刘英倩，刘英倩向朝廷报告。军士们私议说："朝廷派遣统帅，我们欢迎，即令任命刘南金，我们也事奉他；如果从其他军调来统帅，他必定带自己部下来，我们就要被排斥了，那必定要拒挡他。"

五月二十八日，皇帝派宦官前往察探军情，军中多拥护刘南金。

五月三十日，皇帝再派高级宦官薛盈珍带着诏书到宁州。六月三日，薛盈珍抵达军中，宣诏说："李朝寀所率领的，本来也是朔方军，如今将两军合并，以壮军势，威震戎狄，以李朝寀为节度使，刘南金为副使，军中认为如何？"诸将都奉诏。

六月五日，都虞候史经对大家说："李公命令收缴我们的弓箭刀枪，又要我们送去甲胄二千副。"军士都说："李公想要带自己麾下二千人来，作为他的心腹，我们的妻子儿女难道还能保全吗！"夜里，一起造访刘南金，想要推举他为统帅，刘南金说："我当然也想当节度使，但是没有天子之命，那就不可以，军中岂无其他将领吗！"众人说："弓箭刀枪都被官家收缴了，唯有军事府还有武器盔甲，我们想要以此集事。"刘南金说："你们不愿李朝寀为帅，可以把军心告诉敕使。如果操起甲兵，那就是拒诏了。"命令关闭大门，不让士兵们进去。军士们离去，去找兵马使高固，高固逃跑藏匿，被士兵们搜出。高固说："你们能听我的命令就行。"众人说："惟命是从。"高固说："不要杀人，不要抢掠金帛。"众人说："诺。"于是一起去找监军，请他上奏。众人说："刘南金既得朝廷圣旨为副帅，必定会阻挠我们成事。"于是诈称监军命令，召刘南金来计事，刘南金到了之后，众人将他杀死。

六月七日，朝廷下制，任命李朝寀为邠宁节度使。当天，宁州兵变消息传到朝廷，皇帝追还制书，再次派薛盈珍前往调查军情。

六月十一日，薛盈珍抵达军中，士兵们表示拥护高固，薛盈珍即刻依皇帝圣旨任命高固主持军事。有人将六月七日制书的消息传到邠州，邠州军士惶惑，不知所从。奸人乘机挑拨，准备兵变。留后孟子周把精锐士卒全部调入府廷，每天酒肉招待士卒，内以取悦众心，外以威阻奸党。邠军最终没有发生兵变，都是靠孟子周的谋略。

**5** 李锜（799年被任命为浙西观察使、诸道盐铁转运使，苛刻剥削人民，以进奉皇帝，皇帝由此喜欢他）既掌握天下利权，以贡献巩固皇帝对他的恩宠，以馈赠交结权贵，恃此骄纵，无所忌惮，盗取国家财产，所部官属无罪受戮的前后相继。浙西平民崔善贞直上宫阙，上呈皇帝“亲启密奏”，直言宫市、进奉及盐铁弊病，并揭发李锜不法之事。皇帝览奏，不悦，命令将李锜戴上枷锁，押送京师。李锜听闻崔善贞将要抵达，先凿坑于道旁。六月八日，崔善贞到达，李锜将他连同枷锁推入坑中，直接活埋。远近听闻，不寒而栗。李锜为了自保，增广兵众，选有材力善射者称为“挽强”，胡、奚各族士兵称为“蕃落”，给他们相当于正规军十倍的薪俸和赏赐。转运判官卢坦屡次进谏，李锜不听，与幕僚李约等都脱身离去。李约，是李勉之子。

**6** 六月十八日，任命高固为邠宁节度使。高固，是一员老将，以宽厚得众心，过去的节度使猜忌他，只给他一个闲职，同级别的其他将领也多轻侮他；等到他被起用为统帅，没有报复任何人，由是军心安定。

**7** 六月二十六日，成德节度使王武俊薨逝。

**8** 秋，七月十八日，吐蕃入寇盐州。

**9** 七月二十一日，任命成德节度副使王士真为节度使。

**10** 七月二十九日，吐蕃攻陷麟州，杀刺史郭锋，夷平其城郭，抢掠居民及党项部落而去。郭锋，是郭曜之子（郭曜是郭子仪的儿子）。

和尚延素为吐蕃俘虏。有一位叫徐舍人的吐蕃将领，对延素说：“我是英公（徐世勣）的五代孙。武后时，我家高祖建义不成，子孙流播异域，虽然世代都居于禄位，典掌兵权，但是思本之心不忘，只是宗族太大，不能离开。现在放你回去吧。”于是将他放走。

皇帝遣使敕令韦皋出兵深入吐蕃，以分其兵势，纾解北部边患。韦皋遣将带兵二万人，分九道出兵，攻打吐蕃维、保、松州及栖鸡、老翁城。

**11** 河东节度使郑儋暴薨，来不及安排自己身后事，军中喧哗，眼看就要发生兵变。午夜，十余骑兵全副武装，召掌书记令狐楚到军门，诸将环绕，让他草写遗表。令狐楚在白刃之中，援笔立成。令狐楚，是令狐德棻的族孙。

八月二十八日，任命河东行军司马严绶为节度使（严授以幕僚身份直接行贿皇帝而不断升官）。

**12** 九月，韦皋奏报，大破吐蕃于雅州。

**13** 左神策中尉窦文场退休，以副使杨志廉接替。

**14** 韦皋屡次击破吐蕃，转战千里，前后攻拔城池七座，军镇五座，焚毁堡垒一百五十座，斩首一万余级，俘虏六千人，招降三千户，于是包围维州及昆明城。

冬，十月十一日，加授韦皋为检校司徒兼中书令，赐爵南康郡王。南诏王异牟寻虏获尤其多，皇帝派宦官前往慰抚。

**15** 十月二十九日，盐州刺史杜彦先弃城逃奔庆州。

## 贞元十八年（公元802年）

**1** 春，正月，骠国（缅甸古国）王摩罗思那派他的儿子悉利移入朝进贡。骠国在南诏西南六千八百里，听闻南诏内附，心中向慕。通过南诏介绍，入京晋见，并进献本国音乐。

**2** 吐蕃派大相兼东鄙五道节度使论莽热将兵十万增援维州，西川兵占据险要地形，设下埋伏，严阵以待。吐蕃军抵达，西川兵先出一千人挑战，吐蕃全军追击，进入埋伏阵地，伏兵出击，吐蕃军大败，生擒论莽热，士卒死者超过一半。但是，维州、昆明最后也没有攻下，西川兵撤退。正月十八日，韦皋遣使将论莽热送到京城献俘，皇帝赦免了他。

**3** 浙东观察使裴肃既以贿赂皇帝得以升官，判官齐总代理掌管留后事务，侵夺剥削百姓以进献皇帝求媚的程度，又超过裴肃。

三月十七日，皇帝下诏，擢升齐总为衢州刺史。给事中、长安人许孟容将诏书密封，还给皇帝，说："衢州没有什么事变，齐总也没有什么特殊业绩，忽然得到如此破格提拔，恐怕让大家莫名惊骇。如果齐总一定有什么可取的地方，应该把他的功勋登记在考绩簿册上，然后破格提拔，以解除众人的疑心。"于是诏书留中。己亥（二月无此日），皇帝召见许孟容，慰劳夸奖他。

**4** 秋，七月十七日，嘉王府咨议高弘本在正殿奏事，忽然表示，他的债务会自己处理。七月二十一日，皇帝下诏："公卿庶僚自今往后，不要在正殿奏事，如有陈奏，应该在延英门请求奏对。"议者认为："正殿奏事，是自武德年以来都没有改变的规矩，是为了让皇上了解下情，讲论政事。高弘本无知，把他罢黜就可以了，不应当因人废事。"

**5** 淮南节度使杜佑累次上表请求派人替代自己。冬，十月四日，任命刑部尚书王锷为淮南副节度使兼行军司马。

**6** 十月二十六日，鄜坊节度使王栖曜薨逝。中军将何朝宗密谋作乱，夜，纵火。都虞候裴玢秘密藏匿，不参与救火，早上，生擒何朝宗，斩首。朝廷任命同州刺史刘公济为鄜坊节度使，裴玢为行军司马。

## 贞元十九年（公元803年）

**1** 春，二月六日，将安黄军更名为奉义军。

**2** 二月十八日，安南牙将王季元驱逐其观察使裴泰，裴泰逃奔朱鸢。第二天，左兵马使赵匀斩王季元及其党羽，迎回裴泰，官复原位。

**3** 二月二十三日，杜佑入朝。三月一日，任命杜佑为检校司空、同平章事，任命王锷为淮南节度使。

**【华杉讲透】**

杜佑入朝拜相，我们要记住他，因为他干了一件了不起的事情，即编撰《通典》，开创了中国典章制度史的先河。《资治通鉴》是帝王将相史，《通典》则是中国历史上第一部体例完备的典章制度史，专叙历代典章制度的沿革变迁。杜佑在乱世之后，痛定思痛，为重建完善制度，呕心沥血，历时三十六年，整理记录了上起黄帝唐虞时代、下迄唐玄宗天宝末年典章制度之沿革。全书共两百卷，内分食货、选举、职官、礼、乐、兵、刑法、州郡、边防9门，子目一千五百余条，约一百九十万字。

**4** 鸿胪卿王权建议把献祖（唐高宗李渊的高祖父李熙）、懿祖（李渊的曾祖父李天赐）的牌位迁到德明（皋陶）、兴圣（西凉皇帝李暠，李渊的七世祖）庙，每次禘祫大祭，将太祖（李渊的父亲李虎）牌位面向东方。皇帝听从。

**5** 三月二十四日，任命司农卿李实兼京兆尹。李实施政暴戾，皇帝宠爱信任他。李实恃恩骄傲，许诺给人引荐，都能破格提拔拜官，等他诬陷要求驱逐谁，都能如期办到，士大夫畏惧他，路上遇见都不敢直视。

**6** 夏，四月，泾原节度使刘昌奏请将原州治所迁到平凉，皇帝听从。

**7** 五月二十六日（原文为四月，根据柏杨考证修改），吐蕃派大臣论颊热入朝进贡。

**8** 六月十二日，任命右神策中尉副使孙荣义为中尉，与杨志廉一样，都骄纵招权，依附者甚众，宦官权势更加鼎盛。

**9** 六月十三日，派右龙武大将军薛伾出使吐蕃。

**10** 陈许节度使上官涚薨逝，女婿田偁想要胁迫他的儿子继承军政。牙将王沛，也是上官涚的女婿，知道他的阴谋，向监军范日用告发，讨伐生擒他。

九月十六日，任命陈许行军司马刘昌裔为节度使。王沛，是许州人。

**11** 从正月到秋天七月，一直没有下雨。

**12** 七月十一日，中书侍郎、同平章事齐抗因病免职，任太子宾客。

## 王伾、王叔文得太子李诵宠幸

**13** 当初，翰林待诏王伾擅长书法，山阴人王叔文擅长下棋，都出入东宫，娱侍太子。王伾，是杭州人。王叔文谲诡多计，自称读书多，懂得治国之道，乘间常为太子说民间疾苦。太子曾经与诸侍读及王叔文等论及宫市之事，太子说：“寡人正想极力进谏。”众人都称赞，唯独王叔文不说话。大家退下后，太子叫王叔文留下，对他说：“刚才只有你不说话，有什么看法吗？”王叔文说：“我有幸蒙太子信任，看见什么事情，敢不跟太子说吗？太子的职责，就是关心父皇饮食健康，早晚问安，不宜议论外事。陛下在位日久，如果疑心太子收买人心，太子怎么为自己解释呢！”太子大惊，哭泣说：“如果不是先生，寡人都想不到这一层。”王叔文由此大受太子爱幸，与王伾相互依附。于是王叔文时常对太子说：“某人可以为宰相，某人可以为大将，希望以后任用他们。”又秘密交结翰林学士韦执谊及当时朝士有名而求速进者陆淳、吕温、李景俭、韩晔、韩泰、陈谏、柳宗元、刘禹锡等人，约定为死友。而凌准、程异等又通过这些同党的推荐得到太子赏识，他们每天聚在一起，行踪诡秘，没人知道他们在干什么。藩镇节度使也有秘密给他们输送贿赂，与他们相结交的。

陆淳，是吴县人，曾经担任左司郎中；吕温，是吕渭之子，当时为左拾遗；李景俭，是李瑀之孙，进士及第；韩晔，是韩滉的族子；陈谏，曾经做过侍御史；柳宗元、刘禹锡，当时为监察御史。

左补阙张正一上书，得到皇帝召见。张正一与吏部员外郎王仲舒、主客员外郎刘伯刍等相互亲善，王叔文一党怀疑张正一报告他们的隐秘之事，令韦执谊在皇帝面前反诬张正一，说他勾结朋党，游宴无度。九月六日，张正一等都被贬窜远方，人们都不知道是什么缘故。刘伯刍，是刘乃之子。

**14** 盐夏节度判官崔文先代理盐州刺史，为政苛刻。冬，闰十月三日，部将李庭俊作乱，杀死崔文先，将尸体剁成肉酱吃掉。

左神策兵马使李兴干戍防盐州，杀李庭俊，向朝廷报告。

**15** 闰十月十日，门下侍郎、同平章事崔损薨逝。

**16** 十一月一日，任命李兴干为盐州刺史，可以直接上奏皇帝，自此盐州不再隶属夏州。

**17** 十二月十三日，任命太常卿高郢为中书侍郎，吏部侍郎郑珣瑜为门下侍郎，都担任同平章事。郑珣瑜，是郑余庆的堂兄弟。

**18** 建中初年，皇帝敕令京城诸使及府县监狱所关押的囚犯，每季度末由御史巡行按察，有冤枉或滥用刑法的汇报皇帝。近年，北军只是移交公文而已，御史们都不敢去巡察。监察御史崔薳对下属要求严格，下面的官吏想要陷害他，故意引他进入右神策军。军使以下官兵惊骇恐惧，详细向皇帝报告情况。皇帝大怒，杖打崔薳四十棍，流放崖州。

**19** 京兆尹、嗣道王李实，一心横征暴敛，进奉皇帝，对皇帝说："今年虽然天旱，而禾苗丰美。"因此租税都不免除，百姓穷到拆毁房屋卖瓦、卖木材、卖麦苗来交税。戏剧演员成辅端编唱歌谣嘲讽。李实上奏成辅端诽谤朝政，杖杀成辅端。

监察御史韩愈上疏，说："京畿百姓穷困，今年应缴纳税钱及草料粟米等征收无法缴纳的，请等明年蚕事完毕或小麦收割后再补缴。"韩愈被贬为阳山县令。

**【华杉讲透】**

德宗知道李实说的是假话，跟裴延龄一样"骗"他。但这样的"骗"正是他需要的，靠着这些假话，他就可以正大光明地聚敛钱财。所以杖杀成辅端，贬黜韩愈，都是为了保护这些谎言带来的实利。

## 贞元二十年（公元804年）

**1** 春，正月十日，天德军都防御团练使、丰州刺史李景略去世。当初，李景略曾经宴请僚佐，行酒的人拿错了，把醋斟上来。判官、京兆人任迪简因为李景略性格严厉，担心行酒者获罪，强饮下去，回去之后呕出血来。军士们听闻，都感动得流泪。等到李景略去世，军士们都说判官是仁者，想要推奉他为统帅。监军宦官把他带到别的房间藏起来，军士们撬开门，接他出来。监军宦官报告皇帝，皇帝下诏，任命任迪简替代李景略。

**2** 吐蕃赞普死，他的弟弟继位。

**3** 夏，四月二十二日，将陈许军改名为忠武军。

**4** 左金吾大将军李升云率禁军镇守咸阳，疾病，他的儿子李政谭与虞候上官望等密谋效仿山东藩镇，指使将士们上奏请愿，让他摄理父亲的兵权。

六月九日，李升云去世。六月十一日，朝廷下诏，追削李升云官爵，籍没全部家产。

**5** 昭义节度使李长荣薨逝，皇帝派钦差宦官带着手诏前往，只要是军士们所拥护的将领，就把节度使职务授给他。当时大将来希皓为众人所服，钦差宦官将要把诏书给他。来希皓对众人说："在本军选拔人，按理确实应该是我，但是做节度使，我不行。如果朝廷拿一束草来放在那位置上，我也必敬事它。"钦差宦官说："面奉皇上圣旨，只让我在此军中选取大将，授予节钺，朝廷不会从别的地方调人。"来希皓坚决推辞。兵马使卢从史在军中位居第四，暗中与监军相结，从班列中站出来说："如果来大夫不肯受诏，我请求暂且统领此军。"监军宦官说："卢中丞若如此，也符合圣旨。"于是监军宦官从怀中取出诏书授给他。卢从史捧着诏书，再拜舞蹈。来希皓即刻回到班列中，北面称贺。军士毕集，再无一言。

秋，八月十七日，皇帝下诏，任命卢从史为节度使。

### 太子李诵中风

**6** 九月，太子李诵中风，不能说话。

# 顺宗至德弘道大圣大安孝皇帝

## 永贞元年（公元805年）

### 德宗崩逝，顺宗即位

**1** 春，正月一日，诸王、亲戚入宫向德宗贺岁，唯独太子因病不能来，德宗涕泣悲叹，由此得疾，病情每日加重。前后二十余日，内外音讯不通，大家都不知道两宫安否。

正月二十三日，德宗崩逝。仓促之间，召翰林学士郑细、卫次公等到金銮殿草拟遗诏。宦官中有人说："谁继承皇位，宫中尚未议定。"众人都不敢说话。卫次公即刻反驳说："太子虽然有病，但他是嫡长子，全国一致拥护。即便是必不得已，也应该立广陵王（太子的长子）。不然，必有大乱。"郑细等跟着附和，于是议定。卫次公，是河东人。太子知道人心忧疑，穿着紫衣麻鞋，抱病强撑着出九仙门，召见诸军使，人心略微安定。

正月二十四日，宣遗诏于宣政殿，太子身穿丧服见百官。正月二十六日，即皇帝位于太极殿。卫士们还有怀疑，踮着脚伸长脖子遥望，说："真是太子！"于是喜极而泣。

当时顺宗已经说不出话，不能决事，常居宫中，面前隔着帘帷，唯独宦官李忠言、昭容牛氏侍奉左右。百官奏事，在帷中批示。自从德宗病危，王伾先入宫，称诏召王叔文，坐在翰林院裁决国事。王伾把王叔文的意见带进去告诉李忠言，再以皇帝诏书名义颁布，外面的人最初都不知道是这种情况。不久，任命杜佑摄冢宰。二月三日，皇帝才开始在紫宸门接受百官朝见。

**2** 二月九日，加授义武节度使张茂昭为同平章事。

**3** 二月十一日，任命吏部郎中韦执谊为尚书左丞、同平章事。王叔文想要专揽国政，首先引荐韦执谊为相，自己在幕后掌权，两人相互唱和。

**4** 二月十二日，李师古发兵屯驻西境，以威胁滑州。当时告哀使者还未抵达诸道，义成牙将有从长安回来的，得到遗诏，节度使李元素因为李师古是邻道，为了表示不把他当外人，派使者秘密携带遗诏给他看。李师古想要乘国丧侵蚀邻境，于是集合将士，说："圣上万福，而李元素忽然传来遗诏，这是他谋反，应该攻击他。"于是杖打李元素使者，发兵屯驻曹州，并且向汴州借道。宣武节度使韩弘派人对他说："你能越过我的地界去做强盗吗！我准备好等你来，你不要说空话！"李元素报告事情紧急，韩弘派人对他说："我在此，你只管安心，不要害怕。"有人对他说："他们正在翦除荆棘，铲平道路，军队就要到了，请准备。"韩弘说："他如果真要来，不会大张旗鼓平整道路。"不予回应。李师古诈术用尽，并且听闻新君即位，于是罢兵。李元素上表请求自贬。朝廷两边安慰，让他们和解。李元素，是李泌的族弟。

吴少诚送给李师古制造牛皮鞋的材料，李师古则资助吴少诚食盐，秘密经过宣武界，被察觉，韩弘将物资全部扣留，送缴国库，说："依法不得私相馈赠。"李师古等都畏惧他。

**5** 二月二十一日，皇帝下诏，数落京兆尹、道王李实残忍凶恶、横征暴敛之罪，贬为通州长史。街市欢呼，都在袖子里藏着瓦片石块，在道路两旁等着他，李实走小道躲过。

**6** 二月二十二日，任命殿中丞王伾为左散骑常侍，仍兼翰林待诏，苏州司功王叔文为起居舍人、翰林学士。王伾相貌丑陋，一口吴地方言，是皇帝所狎昵的弄臣；而王叔文颇以天下为己任，略知文义，喜欢谈论国事，皇帝因此对他稍有敬重，不能像王伾那样自由出入内廷。王叔文在翰林院办公，而王伾能进到柿林院（内廷），见李忠言、牛昭容议事。大抵上，王叔文依靠王伾，王伾依靠李忠言，李忠言依靠牛昭容，转相交结。每事先下翰林，问王叔文意见，然后再向中书省宣布，韦执谊奉旨执行。外党则有韩泰、柳宗元等负责调查掌握舆论反应。内外谋议唱和，日夜汲汲如狂，互相吹捧，你说我是伊尹，我说你是周公，他说我是管仲，我说他是诸葛亮，狂妄自大，自以为天下无人。荣辱进退，轻率决定，只要他们喜欢，不用任何程序。士大夫们畏惧他们，道路上相遇都不敢交谈。而一向和他们有交往的，一个接一个地擢升，以至于一天之内任命数人。他们的党羽中有人说：“某某可以做某官。”不过一两天，就已经任命。于是王叔文及其党羽十几家大门，昼夜车马闹如市。等待王叔文、王伾接见的客人，一连几天等不到，就住宿在临街糕饼店或酒馆炉灶间，一人要花上千钱，老板才肯收留。王伾尤其猥亵下贱，专以纳贿为事，特制一个大柜子来存放金帛，夫妇二人就睡在上面。

**7** 二月二十四日，皇帝登丹凤门，赦天下，人民所欠官府的各种捐税，一切免除，正常进贡之外，取消一切额外进奉。贞元末年人民意见最大的几项恶政，如宫市、五坊小儿（雕坊、鹘坊、鹰坊、鹞坊、狗坊，合称“五坊”，豢养这些猛禽及猎犬以备皇帝打猎所用，各坊供职者即称五坊小儿）之类，全部罢黜。之前五坊小儿在街巷张捕鸟雀，都以暴横勒索人钱物，以至于有张罗网于百姓家门不许人出入的，或者张罗网于井上让人不能打水的。接近他们，就说：“你吓跑了我供奉皇上的鸟雀！”就上前痛殴，要人出钱物谢罪才离去。或者相聚在酒馆大吃大喝，醉饱而去，卖家有不知道他们身份的，要求他们付钱，多半被打挨骂。有时留下一袋蛇做饭钱，说：“这蛇是皇家捕捉鸟雀的饵，现在留给你保管，希望好好饲养，不要让它饥渴。”店家痛悔，哀求宽恕，他们才肯把蛇带走。皇帝在东宫时就知道这些弊病，所以即位之后首先就禁止五坊小儿。

**8** 二月二十五日，取消盐铁使每月进奉的“盈余钱”。之前，盐铁使每月进奉“盈余”，而正常收入越来越少，至此，取消。

**9** 三月二日，任命王伾为翰林学士。

**10** 德宗末年，十年没有发布过赦令，群臣因为一点小过被驱逐贬窜的，都得不到再次起用，至此，才开始酌情迁到条件好一点的地方。三月三日，皇帝下诏，命忠州别驾陆贽、郴州别驾郑余庆、杭州刺史韩皋、道州刺史阳城赶赴京师。

陆贽做宰相时，贬驾部员外郎李吉甫为明州长史，既而升迁为忠州刺史。等到陆贽被贬为忠州别驾，陆贽的兄弟门人都很担忧，但是，陆贽到了李吉甫手下，李吉甫欣然把他当宰相一样尊敬。陆贽开始时还羞惭惧怕，后来两人就结为深交。

李吉甫，是李栖筠之子。韦皋在成都，屡次上表请以陆贽替代自己。陆贽与阳城都没等到皇帝召还的诏书，就去世了。

**11** 三月十七日，加授杜佑为度支及诸道盐铁转运使。任命浙西观察使李锜为镇海节度使，解除其盐转运使职务。李锜虽然失去了财政利权，但是得到了兵权，所以他的反谋也没有发动。

**【华杉讲透】**

李锜最终还是起兵造反，一个月后就覆灭，被腰斩。世间有一种人，就是又蠢又坏。他造反，不是因为他判断自己能夺天下，只是因为他对自己的境遇不满意，就要掀天揭地。

**12** 三月十九日，改徐州军为武宁军，以张愔为节度使。

**13** 加授彰义节度使吴少诚为同平章事。

**14** 任命王叔文为度支、盐铁转运副使。之前王叔文与其党羽密谋，一旦掌握国家赋税大权，就可以用来结交权贵，收买军士人心，以巩固自己的权位，又担心自己突然行使重权，人心不服，而杜佑一向有擅长计算的名声，位高权重，而只求保全自己官位，容易控制，于是先让杜佑做度支和盐铁转运使，自己做他的副手，但掌握实权。王叔文虽然兼任这两个职务，却从来不看账簿，日夜与他的党羽关在屋子里摒去旁人秘密窃语，人们都不知道他在干什么。

皇帝任命御史中丞武元衡为左庶子。德宗末年，王叔文的党羽多为御史，武元衡看不起他们的为人，对待他们非常粗暴。武元衡任山陵仪仗使时，刘禹锡求为判官，武元衡不许。王叔文因为武元衡掌握监察大权，想要让他攀附自己，派人去以权力利益引诱他，武元衡不从，因此被贬。武元衡，是武平一的孙子。

侍御史窦群上奏弹劾屯田员外郎刘禹锡挟邪乱政，不宜在朝廷任职。又曾经谒见王叔文，作揖行礼，说："事情也有不可预知的。"王叔文曰："什么意思？"窦群说："去年李实怙恩挟贵，不可一世，你在那时，在路上遇见他都躲在路沿上走，不过是江南一个小吏罢了。如今你一朝之间，坐上他的位置，怎么知道路沿上没有像你当年一样的人呢！"王叔文的党羽想要驱逐他出京，韦执谊因为窦群一向有刚强耿直之名，制止了他们。

## 立李淳为太子，更名李纯

**15** 皇帝久病不愈，经常需要扶着上殿，群臣只是瞻望而已，没有能亲自奏对的。内外危惧，都希望早立太子，而王叔文之党想要专揽大权，厌恶听到立太子的事。宦官俱文珍、刘光琦、薛盈珍等都是先朝掌权的旧人，不满王叔文、李忠言等朋党专横放肆，于是启奏皇帝，召翰林学士郑絪、卫次公、李程、王涯入金銮殿，草立太子制。当时牛昭容等因为广陵王李淳英明睿智，厌恶他；郑絪不再请示，直接在纸上书写“立嫡以长”四个字，呈给皇帝，皇帝点头同意。三月二十四日，立李淳为太子，更名李纯。李程，是李神符（李渊的堂弟）的五世孙。

**16** 宰相贾耽因为王叔文党用事，心中厌恶，称病不出，屡次请求退休。

三月二十八日，诸宰相在中书省会餐。按惯例，宰相们吃饭的时候，百官无人敢谒见。王叔文抵达中书，想要找韦执谊商量事情，令值班官员通报，值班官员告诉他规矩，王叔文怒，呵斥值班官。值班官惧怕，进去通报。韦执谊扭捏羞愧面红耳赤，竟起身迎接王叔文，在自己办公室谈话很久。杜佑、高郢、郑珣瑜都放下筷子等待，有通报的人说：“王叔文要我们送去饭菜，韦相公已经与他在房间里一起吃饭。”杜佑、高郢心里知道这样不可，畏惧王叔文、韦执谊，不敢出声。唯独郑珣瑜叹息说：“我怎么可以还坐在这个位置上！”回顾左右，取马直接回家，于是不再上班。贾耽、郑珣瑜二相，都有很高的威望，相继回家，王叔文、韦执谊等更加无所顾忌，远近官员，对他们都大为惧怕。

**17** 夏，四月三日，立皇弟李谔为钦王，李诚为珍王；皇子李经为郯王，李纬为均王，李纵为溆王，李纾为莒王，李绸为密王，李总为郇王，李约为邵王，李结为宋王，李缃为集王，李綵为冀王，李绮为和王，李绚为衡王，李纁为会王，李绾为福王，李纮为抚王，李緄为岳王，李绅为袁王，李纶为桂王，李绰为翼王。

**18** 四月六日，皇帝登宣政殿，册立太子。百官目睹太子仪表，退下之后，都相互祝贺，以至于有感动哭泣的，内外大喜。而王叔文独有忧色，口不敢言，只是吟诵杜甫题《诸葛亮祠堂》诗曰：“出师未捷身先死，长使英雄泪满襟！”听到的人都嘲笑他。

之前，太常卿杜黄裳为裴延龄所厌恶，留滞台阁，十年没有升官，等到他的女婿韦执谊为相，才升任太常卿。杜黄裳劝韦执谊率群臣请太子监国，韦执谊惊道：“丈人刚刚得到一个官职，怎么就开口议论禁中大事！”杜黄裳勃然说：“我受三朝皇恩，岂是一个官职就能买通的吗！”拂衣起出。

四月九日，任命给事中陆淳为太子侍读，更名为陆质。韦执谊因自己专权，担心太子不悦，所以以陆质为侍读，让他秘密观察太子心意，随时化解。等到陆质发言，太子怒道：“陛下令先生为寡人讲经义而已，为什么要干预其他事！”陆质惶惧而出。

**19** 五月三日，任命右金吾大将军范希朝为左、右神策京西诸城镇行营节度使。五月六日，任命度支郎中韩泰做他的行军司马。王叔文自知为内外官员所憎恨，想要夺取宦官兵权以自固，因范希朝老将，让他在名义上做统帅，而实际上以韩泰掌权。百官猜不出他的用意何在，更加疑惧。

**20** 五月二十三日，任命王叔文为户部侍郎，仍兼度支、盐铁转运副使。宦官俱文珍等厌恶他专权，削去他翰林之职。王叔文见了制书，大惊，对人说：“我每天到翰林院商量公事，如果没有翰林职务，我怎么有理由进去。”王伾即刻为他上疏申请，皇帝不听。再上疏，于是批准他每隔三日或五日进入一次翰林，但没有翰林学士的名义。王叔文开始惧怕。

**21** 六月二日，贬宣歙巡官羊士谔为汀州宁化县尉。

之前，羊士谔以公事到长安，正逢王叔文当权，羊士谔公开说他的不是。王叔文听闻，怒，想要下诏将他斩首，韦执谊认为不可；王叔文就命乱棍打死，韦执谊又说不可，于是贬窜。由此王叔文开始大为厌恶韦执谊，往来二人门下的人都很恐惧。

之前，剑南支度副使刘辟向王叔文转达韦皋的意见，要求都领剑南三川（西川、东川、山南西道），对王叔文说："太尉派我向您致以诚意，如果给他三川，当以死相助；如果不给，他也有其他方式报答您。"王叔文怒，要将他斩首，韦执谊坚决不同意。刘辟还在长安交游，没有离去，听闻羊士谔被贬，马上逃归。

韦执谊当初为王叔文所引荐得以任用，对他深相攀附，得位之后，想要掩盖过去的事迹，而且迫于公议，所以经常与王叔文意见相左，就派人向王叔文道歉说："不是我敢负约，是想辗转为王兄成事而已！"王叔文怒骂，不信他，于是二人成为怨仇。

**22** 六月十六日，韦皋上表，认为："陛下哀毁成疾，加上日理万机，所以长期不能病愈，建议权且令皇太子亲监庶政，等皇躬痊愈，再重归东宫。臣位兼将相，今日所陈，正是我的职责本分。"又直接上书给太子，认为："圣上远法高宗，谅阴不言（指商朝高宗武丁，在守丧期间不讲话），委政臣下，而所托非人。王叔文、王伾、李忠言之徒，一朝掌权，就放纵自己私情，任意赏罚，紊乱纲纪。散府库之财以贿赂权门。树置心腹，遍于贵位；潜结左右，忧在萧墙。我担心他们会倾覆太宗之盛业，危及殿下之家邦，愿殿下即日奏闻，斥逐群小，让政出人主，则四方获安。"

韦皋自恃重臣，又远在西蜀，估计王叔文不能动摇他，于是极力指控王叔文的奸恶。不久，荆南节度使裴均、河东节度使严绶的笺表相继送达，意见与韦皋相同，京师内外，都倚靠他们为声援，而邪党震惧。裴均，是裴光庭的曾孙。

**【华杉讲透】**

王叔文肆无忌惮，同时向宦官和藩镇开战，作为一个只有新君支持，没有长期根基的权力暴发户，他太鲁莽了。现在，宦官和藩镇都联合起来对付他。韦皋作为一个藩镇将领，上表要求皇帝把权力交给太子，还同时直接上书太子，要太子出手，这更是骇人听闻的事情，可见他们才是真正有实力支撑而肆无忌惮。宦官和藩镇联手，不仅王叔文要掉脑袋，皇帝也要倒台。最悲催的是顺宗皇帝，他做了二十六年的太子，小心翼翼，戒慎恐惧，到了心惊胆战的地步，而等他好不容易当上皇帝，却内外都要他传位给太子。他就得了一个谥号——顺。

**23** 王叔文既以范希朝、韩泰主掌京西神策军，宦官们还未醒悟。接着边区诸将各自致函中尉辞别，并且说现在要隶属范希朝指挥。宦官们才醒悟自己的兵权被王叔文等夺了，于是大怒说："如果他的计谋得逞，我们必定死于其手。"密令诸将使者，让他们回去报告说："不要交出兵权。"范希朝到了奉天，诸将没有一个人来迎接的。韩泰飞驰回京报告，王叔文无计可施，只是念叨："奈何！奈何！"不久，他的母亲病重。六月十九日，王叔文摆设丰盛酒席，与诸学士及李忠言、俱文珍、刘光琦等在翰林院饮宴。王叔文说："我母亲病了，我因身任国事，不得亲自侍奉医药，现在将要请假回家照顾母亲。我竭心尽力，不避危难，都是为报答朝廷大恩。一旦离去，百谤交至，你们谁肯为我说话相助呢？"俱文珍接着他的话，一句接一句地驳斥，王叔文不能回答，只是斟满酒杯劝酒，喝了几杯后散去。

六月二十日，王叔文因母丧去位。

**24** 秋，七月九日，加授李师古为检校侍中。

**25** 王叔文既回家为母亲守丧，韦执谊更加不听他的话。王叔文怒，与其党日夜密谋，起复之后，必先斩韦执谊而诛杀全部不归附自己的人，听到消息的人都惶恐不安。自从王叔文归第，王伾失去依靠，每天找宦官及杜佑请起复王叔文为相，并且统帅北军；既得不到支持，又退而求其次，请求任命为威远军使、平章事，又不得。其党羽都忧悸不能自保。当天，王伾坐在翰林院，三次上疏，都没有批复，知道事情不济，快要上床睡觉，到了夜里，忽然叫道："我中风了！"第二天，就坐着轿子回家，闭门不出。

七月二十二日，任命仓部郎中、判度支案陈谏为河中少尹。王伾、王叔文的党羽至此开始被除去。

**26** 七月二十六日，横海军节度使程怀信薨逝，任命他的儿子、副使程执恭为留后。

## 顺宗禅让，宪宗即位

**27** 七月二十八日，皇帝下制，说："朕长期患病，还未恢复，其军国政事，权令皇太子李纯全权处理。"当时朝廷内外都痛恨王叔文党羽专权横暴，皇帝也厌恶。俱文珍等屡次启奏皇帝，请令太子监国，皇帝也厌倦日理万机，于是批准。又任命太常卿杜黄裳为门下侍郎，左金吾大将军袁滋为中书侍郎，并同平章事。俱文珍等因为他是先朝旧臣，所以引荐任用他。又任命郑珣瑜为吏部尚书，高郢为刑部尚书，都解除宰相职务。太子见百官于东朝堂，百官拜贺。太子涕泣，不答拜。

八月四日，皇帝下制："令太子即皇帝位，朕称太上皇，制敕称诰。"

八月五日，太上皇迁居兴庆宫，诏令改年号为永贞，立良娣王氏为太上皇后。太上皇后，是宪宗李纯之母。

八月六日，贬王伾为开州司马、王叔文为渝州司户。王伾不久病死在贬所。第二年，赐王叔文死。

八月九日，宪宗李纯即位于宣政殿。

**【王夫之曰】**

王伾、王叔文被史书盖棺论定为奸邪之人，韩泰、韩晔、刘禹锡、柳宗元，都是一时之选。韦执谊具有清望，因为是被他所引荐，就不能再列于士类了，恶声一播，史家对他们极其贬低讥诮，以至于要他们与赵高、宇文化及等凶逆相提并论。平心而论，考察他们的所作所为，何至于此呢！自其执政以后，罢进奉、宫市、五坊小儿，贬李实，召陆贽、阳城，以范希朝、韩泰夺宦官之兵柄，革除德宗末年之乱政，以快人心、清国纪，可以说做的都是好事。他们可憎的，是器量狭小而容易盈满，气质轻浮而不能守节，事情本来可以光明正大地做，非要做得神神秘秘；计谋本来也没有什么奇绝之处，而故意显得很轻险，跟自己的同党如胶似漆，对待异己则傲慢暴横，得志则猖狂，身处危境而不醒悟。简要来说，他们的毛病，就是担不起这样的大任而已。因此而激起满朝怨愤，寡不敌众，谤毁腾于天下。但是，说他们包藏祸心，而为神人所共怒，那就太过了！

**【华杉讲透】**

王伾、王叔文或许不是什么好人。但是，他们在施政中做的全是好事。韩泰、陈谏、柳宗元、刘禹锡、韩晔、凌准、程异及韦执谊等八人，先后被贬为边远八州司马，这就是著名的“二王八司马”。二王前后掌权146天，史称“永贞革新”，主张加强中央集权，反对藩镇割据，反对宦官专权。改革最后因为俱文珍等人发动政变，幽禁唐顺宗，拥立太子李纯，而以失败告终。

永贞革新失败之后，皇帝彻底被宦官控制，宪宗李纯最后被宦官谋杀，而之后唐朝皇帝的废立，都由宦官操纵。

顺宗李诵带着太子时期的书生班底，情况不明决心大，心中无数办法多，在宦官和藩镇两大势力当中横冲直撞，而对方一旦反击，就束手无策，只能听天由命，最终大败亏输。顺宗的禅位和死亡，也多有可疑之处。王叔文的问题，在于智慧不足，修养不够，又私心太重，李诵用他，“出发点是好的”，但是德薄而位尊，力小而任重，智小而谋大，成事不足，败事有余。

**28** 八月十日，升平公主献上女子五十人。皇帝说：“太上皇都不接受献礼，朕怎敢违背！”把女子送回。

八月十四日，荆南进献毛龟二只，皇帝说：“朕所认为宝贵的，唯有贤人。至于嘉禾、神芝，都是虚美之事，所以《春秋》不书祥瑞。自今往后，凡有嘉瑞，只准报告有司，不要再跟我说。珍禽奇兽，都不要进献。”

**29** 八月十七日，西川节度使、南康忠武王韦皋薨逝。韦皋在蜀二十一年，重加赋敛，丰厚贡献以结皇恩，厚给赏赐以抚士卒。士卒婚嫁死丧，他都供给资费，所以能久安其位而士卒乐于为他所用，征服南诏，击败吐蕃。他的幕僚，时间长资历高的，就任命为刺史，卸任后再回到幕府，始终不让他们回京，是担心他们泄露自己所作所为的缘故。府库充实之后，他有时放宽对百姓的盘剥，每三年免除租赋一年，蜀人佩服他的智谋而畏惧他的威严，至今画像以为土神，家家祭祀。

支度副使刘辟自封为留后。

**30** 郎州武陵、龙阳江水上涨，冲走一万余家。

**31** 壬午（八月无此日），奉义节度使伊慎入朝。

**32** 辛卯（八月无此日），夏绥节度使韩全义入朝。

韩全义在溵水战败后，直接回本镇，没有朝觐皇帝，当时皇帝在籓邸，听闻其事，心中厌恶。韩全义惧怕，于是自请入朝。

**33** 刘辟指使诸将上表请愿，为自己索求节度使节钺，朝廷不许。

八月二十三日，朝廷任命袁滋为剑南东、西川及山南西道安抚大使。

**34** 度支奏报说，裴延龄所设置的别库，都是从正库中搬出财物，另外贮存而已。请全部归还正库，皇帝听从。

**35** 八月二十五日，派度支、盐铁转运副使潘孟阳宣慰江、淮，考察租赋与专卖业务利弊，并监察官吏好坏和百姓疾苦。

**36** 八月二十七日，任命尚书左丞郑余庆为同平章事。

**37** 九月二日，礼仪使上奏："曾太皇太后沈氏（唐德宗的母亲）失踪的时间已久，没有迎访找回的可能性。按晋朝庾蔚之的意见，若是寻访三年还找不到，就等她到中寿（八十岁）的时候服丧。我建议，在大行皇帝移灵之日，皇帝率百官举哀，即以当天为曾太皇太后忌日。"皇帝听从。

**38** 九月六日，监修国史韦执谊上奏，开始令史官编撰《日历》。

**39** 九月十三日，贬神策行军司马韩泰为抚州刺史，司封郎中韩晔为池州刺史，礼部员外郎柳宗元为邵州刺史，屯田员外郎刘禹锡为连州刺史。

**40** 冬，十月二日，右仆射、同平章事贾耽薨逝。

**41** 十月三日，任命中书侍郎、同平章事袁滋为同平章事，充西川节度使；征召刘辟回京，任给事中。

**42** 舒王李谊薨逝。

**43** 太常议定，曾太皇太后谥号为睿真皇后。

**44** 山中人罗令则从长安前往普润，矫称太上皇诰，征兵于秦州刺史刘澭，并且向刘澭说以废立之事。刘澭将他逮捕，押送长安，连同他的党羽，乱棍打死。

**45** 十月十四日，葬神武孝文皇帝于崇陵，庙号德宗。

**46** 十一月四日，将睿真皇后、德宗皇帝牌位迎入太庙。礼仪使杜黄裳等议，认为：“国家遵照周朝制度，太祖相当于后稷，高祖相当于周文王，太宗相当于周武王，牌位永不迁出。高宗（李治）在三昭三穆之外，请将牌位迁到西夹室。”皇帝听从。

**47** 十一月七日，贬中书侍郎、同平章事韦执谊为崖州司马。韦执谊因为曾经与王叔文意见不一，并且是杜黄裳的女婿，所以单独后贬。但是王叔文失败后，韦执谊也自知失势，知道祸且将至，虽然还是宰相，已经坐立不安，有气无力，听到屋外传来脚步声，就惶悸失色，直到被贬。

**48** 十一月十三日，任命韩全义为太子少保，退休。

**49** 刘辟拒不接受征召，调动军队布防。袁滋畏惧其强，不敢前进。皇帝怒，贬袁滋为吉州刺史。

**【华杉讲透】**

刘辟想做第二个韦皋，但是韦皋的本事他却没有，差得太远！

**50** 再次任命右庶子武元衡为御史中丞。

**51** 朝议认为，王叔文的党羽有的从员外郎外放为刺史，贬得太轻。十一月十四日，再贬韩泰为虔州司马、韩晔为饶州司马、柳宗元为永州司马、刘禹锡为朗州司马，又贬河中少尹陈谏为台州司马、和州刺史凌准为连州司马、岳州刺史程异为郴州司马。

**52** 回鹘怀信可汗去世，朝廷派鸿胪少卿孙杲前去吊丧，册封他的嗣子为腾里野合俱录毗伽可汗。

**53** 十二月九日，加授山南东道节度使于頔为同平章事。

**54** 任命奉义节度使伊慎为右仆射。

**55** 十二月十四日，任命给事中刘辟为西川节度副使、知节度事。这是因为皇帝刚刚嗣位，没有力量讨伐。右谏议大夫韦丹上疏，认为："如今放过刘辟，不予诛杀，那朝廷可以指挥的，就只有长安、洛阳两京而已。此外谁不为叛！"皇帝嘉许他的话。十二月十七日，任命韦丹为东川节度使。韦丹，是韦津的五世孙。

**56** 十二月二十六日，百官请求上太上皇尊号为应乾圣寿太上皇，上皇帝尊号为文武大圣孝德皇帝。皇帝批准给太上皇上尊号，而推辞不接受自己的尊号。

**57** 十二月二十七日，任命翰林学士郑絪为中书侍郎、同平章事。

**58** 任命刑部郎中杜兼为苏州刺史。杜兼辞让，上书说，李锜就要造反，必定上奏要求将他灭族。皇帝认为有这个可能，留下他任吏部郎中。

# 卷第二百三十七　唐纪五十三

元和元年（806）一月至元和四年（809）六月，共3年6个月

# 宪宗昭文章武大圣至神孝皇帝上之上

## 元和元年（公元806年）

**1** 春，正月一日，皇帝率群臣到兴庆宫，给太上皇加上尊号。

**2** 正月二日，赦天下，改年号为元和。

**3** 正月六日，任命鄂岳观察使韩皋为奉义节度使。正月八日，任命奉义留后伊宥为安州刺史兼安州留后。伊宥，是伊慎之子。正月十七日，加授成德节度使王士真为同平章事。

### 顺宗崩逝

**4** 正月十九日，太上皇崩逝于兴庆宫。

**5** 刘辟既得旌节，志气更加骄横，要求兼领三川，皇帝不许。于是刘辟发兵包围东川节度使李康于梓州，打算任命自己的幕僚卢文若为东川节度使。推官（掌推勾狱讼之事）、莆田人林蕴力谏刘辟不要举兵，刘辟怒，把他套上枷锁，关进监狱，拉出去将要斩首，又暗中告诉行刑者不要杀，只是反复把刀刃架在他脖颈上，想要使他屈服，然后赦免他。林蕴呵斥说："竖子，当斩即斩，我颈子是你的磨刀石吗！"刘辟回顾左右说："真忠烈之士也！"于是罢黜林蕴为唐昌县尉。

皇帝想要讨伐刘辟，又不敢轻易用兵，公卿议者也都认为蜀地险要，难以攻取，唯独杜黄裳说："刘辟一个狂戆书生，攻取他就如同拾起一根草芥一样！臣知道神策军使高崇文勇略可用，愿陛下把军事全权委任给他，不要设置监军，必可生擒刘辟。"皇帝听从。翰林学士李吉甫也劝皇帝讨蜀，皇帝由此器重他。

正月二十三日，命左神策行营节度使高崇文率步骑兵五千人为前军，神策京西行营兵马使李元奕率步骑兵二千人为次军，与山南西道节度使严砺共同讨伐刘辟。当时德高望重的老将很多，都自以为是征蜀之选，等到诏书下达，用高崇文，都大吃一惊。

皇帝与杜黄裳论及藩镇，杜黄裳说："德宗自从经历忧患，一味姑息，不在节度使在世时罢黜。有去世的，先派宦官去考察军情，看将士们拥戴谁，就把节钺授给他。而宦官有的私下接受大将贿赂，回来赞誉他，即刻授予旌旗节钺，每一个人选都不是朝廷的心意。陛下如果一定要振举纲纪，应该稍以法度裁制藩镇，则天下可以得到治理。"皇帝深以为然，于是开始用兵讨蜀，以至于威行两河，都是杜黄裳的启发。

高崇文屯驻长武城，训练士卒五千人，平常日子也是戒备森严，就如同敌人到来，六点钟接到诏书，八点就出发，器械粮草，一无所缺。

正月二十九日，高崇文出斜谷，李元奕出骆谷，同向梓州进发。高崇文军抵达兴元，有军士在旅馆吃饭，发脾气折断人筷子的，高崇文将他斩首示众。

刘辟攻陷梓州，逮捕李康。二月，严砺攻拔剑州，斩其刺史文德昭。

**6** 奚王诲落可入朝。二月三日，封诲落可为饶乐郡王，遣返。

**7** 二月十九日，加授魏博节度使田季安为同平章事。

**8** 二月二十四日，皇帝与宰相讨论：“自古帝王，有的勤劳庶政，有的端拱无为，互有得失，哪一种更好呢？”杜黄裳回答说：“王者上承天地宗庙，下抚百姓四夷，夙夜忧勤，固然不可自暇自逸。但是，上下有分，纪纲有叙，如果谨慎选择天下贤才而委任他们，有功则赏，有罪则刑，选用以公，赏刑以信，则谁不尽力，什么事不能做到呢！明主劳于求人，而逸于任人，这是虞舜能无为而治的原因。至于簿书狱市烦细之事，各有专职部门，不是人主应该亲力亲为的。当年秦始皇用衡石衡量公文重量，魏明帝亲自到尚书台查阅公文，隋文帝过了中午还不停止朝会，卫士们都传餐而食，结果既无补于当时，又被后世讥笑，他们不可以说不勤劳，只是做的都不是自己该做的事。人主之患，在于不推诚布公；人臣之患，在于不竭忠尽力。如果上疑其下，下欺其上，要想国家得到治理，不是太难了吗！”皇帝深深赞同他的话。

**9** 三月二日，任命神策京西行营节度使范希朝为右金吾大将军。

**10** 高崇文引兵从阆州向梓州进发，刘辟部将邢泚引兵逃遁，高崇文进入梓州。刘辟把之前生擒的李康送回给高崇文，以求洗雪自己的罪过，高崇文因李康败军失守，将他斩首。

三月十二日，严砺奏报攻克梓州。

三月十三日，皇帝下制，削夺刘辟官爵。

**11** 当初，韩全义入朝，任命他的外甥杨惠琳任夏绥留后。杜黄裳因为韩全义出征无功，桀骜不驯，直接令他退休，任命右骁卫将军李演为夏绥节度使。杨惠琳勒兵抵抗，上表称“将士逼臣为节度使”。河东节度使严绶上表请求讨伐。皇帝下诏，命河东、天德军合击杨惠琳，严绶派牙将阿跌光进及弟弟阿跌光颜率军前往，阿跌光进本是河曲步落稽人出身，兄弟二人在河东军都以勇敢闻名。

三月十七日，夏州兵马使张承金斩杨惠琳，传首京师。

**12** 东川节度使韦丹抵达汉中，上表说：“高崇文客军远斗，没有供给。如果把梓州给他，维系军心，必能有功。”夏，四月四日，任命高崇文为东川节度副使、知节度事。

**13** 潘孟阳所到之处，专事游宴，仆从三百人，多纳贿赂。皇帝听闻，四月十一日，任命潘孟阳为大理卿，罢免其度支、盐铁转运副使职务。

**14** 四月十三日，皇帝亲自策试制举之士，于是校书郎元稹，监察御史独孤郁，校书郎、下邽人白居易，前进士萧俛及沈传师脱颖而出。独孤郁，是独孤及之子；萧俛，是萧华之孙；沈传师，是沈既济之子。

**15** 杜佑申请解除自己财赋职务，并举荐兵部侍郎、度支使、盐铁转运副使李巽替代自己。四月十四日，加授杜佑为司徒，罢免其盐铁转运使职务，任命李巽为度支使、盐铁转运使。自从刘晏之后，掌管财赋的大臣，没有一个能赶上他的。李巽任职一年，捐税收入，和刘晏时一样多，第二年，超过刘晏，第三年，再增加一百八十万缗。

**16** 四月十五日，加授陇右经略使、秦州刺史刘澭为保义军节度使。

**17** 四月二十八日，任命元稹为左拾遗，白居易为盩厔县尉、集贤校理，萧俛为右拾遗，沈传师为校书郎。

元稹上疏论谏官职责，认为：“当年太宗以王珪、魏徵为谏官，宴游寝食未尝不在左右，又命三品以上入议大政，必须派谏官一人跟随，以参谋得失，所以天下大治。如今的谏官，大多得不到召见，其次也不得参与时政，只是排行就列，朝谒而已。近年以来，更不许在正殿当面奏事（参见公元802年记载），又废止百官轮流参见制度（去年废止），谏官能举职的，只是在诰命有不妥时上呈亲启密奏而已。臣子事奉君王，在错误还未发生之前出言进谏，对应该怎么做进行周密的筹划，尚且不能让君王回心转意；何况对君王已经颁布的诰令，已经下达的人事任免，上呈一封奏折，就想要君王收回诏书，实在是很难。愿陛下能经常在延英殿召对谏官，让他们能畅所欲言，岂能把他们置于谏官之位，而摒弃、疏远、轻贱他们呢！”

不久，元稹再次上疏，认为：“治乱之始，必有萌象。广开言路，扩大视听，这是治世的萌芽；甘于阿谀奉承，蔽于近习弄臣，这是乱世的萌芽。自古人主即位之初，必有敢言之士，人主如果能接受而赏赐他，则君子乐行其道，竞相做忠直之士；小人也贪其利，起而追随。如此，则上下心志相通，幽远之民情也得以上达天听，能不天下大治吗！如果拒绝谏诤直言，甚至治他的罪，则君子卷怀括囊，明哲保身，小人阿意迎合，窃取权位。如此，则十步之内的事，都可以欺骗，国家能不乱吗！当年太宗初即政，孙伏伽以小事进谏，太宗喜悦，厚赏他。所以在当时，进谏的人唯恐自己说得不够深切，从不担忧自己触犯什么忌讳。太宗难道喜欢别人忤逆他的心意，而不愿意顺从自己的欲望吗？只是因为顺从自己欲望的快乐很小，而国家危亡的祸事很大。陛下践祚，现在已经一周年，还没听说过有哪位像孙伏伽一样进谏受赏的。臣等备位谏臣之列，旷日弥年，不得召见，每次在班列中就位，屏气鞠躬，不敢仰视，又怎么能议论朝政得失，贡献自己的意见呢！有资格参加朝会的官员尚且如此，更何况疏远的臣子们！这都是群下因循敷衍之罪。”

于是逐条上奏，请皇帝依次轮流召见百官、恢复正殿奏事、禁止赋税之外的额外进贡等十件事。

元稹又以贞元年间王伾、王叔文以偏才得幸于东宫，永贞之际几乎祸乱天下，上书劝皇帝早日选择修养端正之士，让他们辅导诸皇子，认为：“太宗自从为藩王，就与文学清修之士十八人交往。后代太子、诸王，虽有僚属，日益疏远轻视，以至于担任太子和亲王师傅的官员，不是目昏耳聋、老病残废、不能任事的；就是退休或被罢免兵权的将帅，连书都没有读过的。而那些宾客、幕僚、参议，更是冗散闲官，做官的人都以做这些官为耻。就算能物色到一位僻老儒生，也是一两个月才召见一次，哪有时间辅导他们尊德守义，教导他们遵守法度呢！平民百姓爱他的儿子，尚且知道访求明哲之师来教导他，何况万乘之君的嗣子，关系着天下的命运呢！”皇帝颇为赞赏采纳其言，时常召见他。

**【华杉讲透】**

## “偏才”无法成大事

元稹说王伾、王叔文，原文是“伎术”，我把它译为“偏才”。伎术是技艺方术，类似特异功能之类。王伾、王叔文不是术士，他们也是儒生，也想要国家兴盛，手握大权的时候，能革除时弊，利国利民。但是，要办好政事，需有两样东西，一是正直的修养，二是高超的手腕。这两者，二王都没有，他们属于毫无修养又一味蛮干的人。

这种“偏才”的人很有迷惑性，听他高谈阔论的时候，你觉得他胸怀天下，才华横溢，所以顺宗李诵在做太子的时候就被他们蒙骗了。但是，真正把大任交给他，他就成事不足、败事有余，既断送了自己，也断送了主君。

**18** 四月二十九日，邵王李约薨逝。

**19** 五月十三日，任命横海留后程执恭为节度使。

**20** 五月十七日，尚书左丞、同平章事郑余庆罢相，转任太子宾客。

**21** 五月二十八日，尊太上皇后为皇太后。

**22** 刘辟在鹿头关筑城，八个营栅相连，屯兵一万余人，以拒战高崇文。六月五日，高崇文击败刘辟。刘辟又设置栅栏工事于关东万胜堆。六月六日，高崇文派骁将、范阳人高霞寓攻夺万胜堆，居高临下，俯瞰鹿头关城，八战八捷。

**23** 加授卢龙节度使刘济兼任侍中。六月七日，加授平卢节度使李师古兼任侍中。

**24** 六月八日，高崇文击破刘辟于德阳。六月十一日，又击破之于汉州。严砺派部将严秦击破刘辟军一万余人于绵州石碑谷。

**25** 当初，平卢节度使李师古有异母弟李师道，常被疏斥在外，不免贫穷。李师古私底下对自己亲信说："我并不是跟李师道兄弟关系不亲，我十五岁就掌握军政大权，自恨不知稼穑之艰难。何况李师道又比我小几岁，我想要让他知道衣食是从哪里来的，所以让他去做州县官员，想来你们都没有体会到我这番苦心。"等到李师古病危，李师道当时代理密州刺史，喜好画画及吹奏筚篥（一种龟兹乐器）。李师古对判官高沐、李公度说："趁我还神志清醒，想要问你们一个问题。我死之后，你们准备推举谁为统帅？"二人互相看了看，没有回答。李师古说："岂不是李师道吗？人情谁肯薄待自己的骨肉，而厚待他人，但是，如果统帅人选不当，那就不仅是败坏军政，而且会覆灭我的家族。李师道是公侯子孙，不懂得训兵理人，专习一些小人贱事，当作自己的才能，他能做统帅吗？希望你们仔细研究决定！"

闰六月一日，李师古薨逝。高沐、李公度秘不发丧，秘密到密州迎回李师道，推举他为节度副使。

**【华杉讲透】**

李师古这一番废话，不知道什么意思，我把他看作一种心理学上的"兄弟关系综合征"，就是兄弟之间一种天生的竞争关系，念念叨叨忘不了的就是强调我比我弟（我哥）强！李师古既然知道自己要死，就要指定继承人，这是他最大的责任，既是政治责任，也是对家族的责任。他知道继承人只能是李师道，却要在最重要的幕僚面前贬低李师道，而不是支持他，相当于临死还恶心一下自己的弟弟，这心病病得很重。

司马光把这一段话载入史册，是觉得李师古说得很有道理，有镜鉴的价值。但是，我从这面镜子中看到的东西和司马光不一样。李师古这一番表面上很有道理的话，说得没一点道理，不仅一钱不值，而且是反面典型。因为这样说话，恰恰是对家族和他的利益集团最大的不负责任，他岂止是“不知稼穑之艰难”，简直是不知军政之艰难了。幸得二人是他的好家臣，没有管他说了什么，直接去迎接李师道。如果反过来，有人利用他的话推举别人，那才是祸起萧墙。

倒霉的是李师道，他承担起大任，却不仅没得到兄长的祝福，还被兄长在下属面前贬低。

李师古对李师道的评价也不公平，李师道固然不是什么好人，但他可不是只知道画画和吹奏乐器，他也是狠角色，和他哥哥一样狠。至于最后覆灭的下场，是他们家本来就该覆灭，早晚而已，能传三代，已经是异数了。

**26** 秋，七月二十二日，高崇文在玄武击破刘辟军一万人。七月三日，皇帝诏：“所有增援西川的部队，全部由高崇文指挥。”

**27** 七月十一日，葬至德大圣大安孝皇帝李诵于丰陵，庙号顺宗。

**28** 八月二日，封妃郭氏为贵妃。

**29** 八月七日，立皇子李宁为邓王，李宽为澧王，李宥为遂王，李察为深王，李寰为洋王，李寮为绛王，李审为建王。

**30** 李师道总掌军权，过了很久，朝廷的正式任命仍然没有下达。李师道与将佐们商议，有人建议出兵到临近地区抢掠，高沐坚决制止，建议向朝廷缴纳两税，申请委派官吏，执行食盐专卖法，派出使者，相继奉表到京师。杜黄裳建议乘李师道地位尚未稳定，分割平卢。皇帝认为刘辟尚未平定，不宜再制造事端。八月九日，任命李师道为平卢留后、知郓州事。

**31** 堂后主书（中书省文书官）滑涣久在中书，与知枢密（宫廷机要部门）刘光琦相结，宰相议事有与刘光琦意见不一的，令滑涣出面沟通，往往都能达到目的，杜佑、郑絪等都放低身段和他交好。郑余庆与诸宰相议事，滑涣在一旁指点是非，郑余庆大怒，呵斥他。不久，郑余庆被罢相。各方对滑涣的贿赂馈赠，没有一天中断，中书舍人李吉甫指控他专权放肆，建议解除他的职务。皇帝命宰相关闭中书省四面大门，突击搜查，搜出滑涣全部犯罪证据，九月十一日，贬滑涣为雷州司户，不久赐死。籍没全部家产，有数千万之多。

## 高崇文数次击败刘辟军，攻克成都

**32** 九月十二日，高崇文又击败刘辟军于鹿头关，严秦击败刘辟军于神泉。河东将阿跌光颜率军与高崇文在行营会合，误期一日，惧怕被军法制裁，想要深入敌后，为自己赎罪，驻军于鹿头城西，截断刘辟军粮道，城中忧惧。于是刘辟军将领、绵江栅将李文悦、鹿头守将仇良辅都献出城堡向高崇文投降。俘获刘辟的女婿苏强，士卒投降者数以万计。于是高崇文长驱直指成都，所向崩溃，马不停蹄。

九月二十一日，攻克成都。刘辟、卢文若率骑兵数十人西奔吐蕃，高崇文派高霞寓等追击，在羊灌田追上。刘辟投江自杀，未遂，被生擒。卢文若先杀死自己妻子儿女，然后在自己身上系上石头，沉江而死。高崇文进入成都，就屯驻在大街小巷，休息士卒，市肆不惊，珍宝山积，秋毫不犯，把刘辟关进槛车，押送京师。斩刘辟大将邢泚、馆驿巡官沈衍，其他人一概不追究。军府事无巨细，命令一律遵照韦皋当年的规矩办理，从容指挥，全境平定。

当初，韦皋任命西山运粮使崔从知邛州事，刘辟反，崔从写信进谏；刘辟发兵攻打他，崔从婴城固守；刘辟败，崔从得以免于灾祸。崔从，是崔融的曾孙。

韦皋的参佐房式、韦乾度、独孤密、符载、郗士美、段文昌等都身着白衣，脚穿麻鞋，口衔土块，前来请罪。高崇文将他们全部释放，以礼相待，草写奏表，举荐房式等人，馈赠厚礼，然后遣送他们回去。目视段文昌说："君必将为将相，我不敢举荐你。"

符载，是庐山人；房式，是房琯的侄儿；段文昌，是段志玄的玄孙。

刘辟有二妾，都是绝色美女，监军建议献给皇帝，高崇文说："天子命我讨平凶竖，当以抚慰百姓为先，立刻献妇人以求媚，岂是天子之意！高崇文义不为此。"于是许配给将吏之无妻者。

杜黄裳建议征蜀及指示高崇文的作战方略，都与千里之外的实际情况相符。高崇文一向忌惮刘澭，杜黄裳派人对他说："如果无功，就以刘澭替代你。"所以能得其死力。蜀地平定之后，宰相入贺，皇帝看着杜黄裳说："这都是卿的功劳！"

**33** 九月二十三日（原文为辛巳日，根据柏杨考证修改），皇帝下诏，征召少室山人李渤为左拾遗。李渤称病不来，但是朝政有得失，李渤则上奏表达意见。

**34** 冬，十月五日，易定节度使张茂昭入朝。

**35** 皇帝下制，割资、简、陵、荣、昌、泸六州隶属东川。房式等还未到京师，都已任命各省寺官职。十月七日，任命高崇文为西川节度使。十月九日，任命严砺为东川节度使。十月十一日，任命将作监柳晟为山南西道节度使。

柳晟抵达汉中，府兵征讨刘辟回来，还未进城，皇帝诏书送达，调他们戍防梓州，军士怨怒，胁迫监军，密谋作乱。柳晟听闻，疾驱入城，慰劳军队，既而问他们说：“你们为何得以成功？”他们回答说：“诛反贼刘辟。”柳晟说：“刘辟不受诏命，所以你们得以立功，岂能又让他人因诛讨你们而立功呢？”众人都下拜谢罪，愿意接受诏书，到梓州戍所。军府由此获安。

**36** 十月十三日，任命平卢留后李师道为节度使。

**37** 十月二十九日，刘辟被押解到长安，被灭族，他的党羽也全被诛杀。

**38** 武宁节度使张愔生病，上表请求朝廷派人接替自己。十一月十九日，征召张愔为工部尚书，以东都留守王绍接替他，又以濠州、泗州二州隶属武宁军。武宁军高兴二州回归，所以不作乱。

**39** 十一月二十七日，任命内常侍吐突承璀为左神策中尉。吐突承璀在皇帝于东宫为太子时就事奉在侧，以敏捷干练得到宠幸。

**40** 本年，回鹘入贡，第一次带着摩尼教僧侣前来，在唐朝设置寺庙安置。他们的教规是，日暮时分才吃饭，食荤，而不食牛奶和乳酪。回鹘人信奉摩尼教，可汗有时与僧侣们商议国事。

## 元和二年（公元807年）

**1** 春，正月三日，皇帝在圜丘祭天，赦天下。

**2** 皇帝因为杜佑高年重德，礼重他，常呼他为司徒，而不叫他的名字。杜佑因为老病，请求退休。皇帝诏令杜佑每月入朝两三次，到中书省商议大政。其他时间允许他返回樊川家中。

**3** 门下侍郎、同平章事杜黄裳，有经济大略而不修小节，所以不得久在相位。正月十七日，任命杜黄裳为同平章事，充任河中、晋、绛、慈、隰节度使。正月二十一日，任命户部侍郎武元衡为门下侍郎，翰林学士李吉甫为中书侍郎，都担任同平章事。李吉甫闻之感泣，对中书舍人裴垍说："我流落江、淮，超过十五年，一朝之间，蒙恩至此。我考虑报答皇恩的方法，惟在进贤，而朝廷中的年轻人，我很少接触和认识，你有鉴别人才的眼光，希望都告诉我。"裴垍取笔，写了三十余人的名字，数月之间，全部任用。当时翕然称赞李吉甫有知人之明。

**4** 二月十五日，邕州奏报击破黄贼，俘获其酋长黄承庆。

**5** 夏，四月七日，任命右金吾大将军范希朝为朔方、灵、盐节度使，使右神策、盐州、定远兵都隶属于他，以革除旧弊，任用边将（之前盐州改为直属朝廷，事见803年记载）。

**6** 秋、八月，卢龙节度使刘济、成德节度使王士真、义武节度使张茂昭因为私人矛盾，互相控告，不断上表朝廷请加罪于对方。八月二十三日，皇帝任命给事中房式为幽州、成德、义武宣慰使，前往调停。

**7** 九月一日，密王李绸薨逝。

**8** 夏、蜀既平，藩镇军阀们感到畏惧，多请求入朝。镇海节度使李锜也不自安，求入朝，皇帝批准。派宦官到京口慰抚，并慰劳其将士。李锜虽任命判官王澹为留后，实际上并没有出行的意思，屡次迁延行期，王澹与敕使数次劝谕他。李锜不悦，上表称病，申请到年末再入朝。皇帝问宰相，武元衡说：“陛下初即政，李锜求朝得朝，求止得止，来不来都在他，将何以令四海！”皇帝以为然，下诏征召。李锜计谋穷尽，于是谋反。王澹既掌管留务，在军府颇有行事权力，李锜更加不满，密谕亲兵杀掉他。正巧颁发冬装，李锜严兵坐于帷幄之中，王澹与敕使进来谒见，有军士数百人在庭院中鼓噪说：“王澹何人，擅主军务！”将他拖拽下来，剐成肉酱吞食；大将赵琦出面慰止，也被剐成肉酱吃掉；士兵们把刀刃架在敕使颈上，诟骂，要杀他。李锜假装惊讶，起身把他救下。

冬，十月五日，皇帝下诏，征召李锜入朝为左仆射，任命御史大夫李元素为镇海节度使。十月六日，李锜上表说发生兵变，杀了留后、大将。之前，李锜选腹心五人为所部五州镇将，姚志安在苏州，李深在常州，赵惟忠在湖州，丘自昌在杭州，高肃在睦州，各有兵数千，监视刺史动静。至此，李锜命他们各自杀死其刺史，派牙将庾伯良将兵三千镇守石头城。常州刺史颜防用宾客李云的计策，假传圣旨，自称被皇帝任命为招讨副使，斩李深，传檄苏州、杭州、湖州、睦州，请共同进攻讨伐。湖州刺史辛秘秘密招募乡闾子弟数百人，夜袭赵惟忠营，斩赵惟忠。苏州刺史李素被姚志安击败，押送去李锜处，戴着脚镣手铐，钉在船舷上，未及京口，李锜已经失败，得以免死。

十月十一日，皇帝下制，削夺李锜官爵及皇室属籍（李锜是淮安王李神通的后裔）。任命淮南节度使王锷统诸道兵为招讨处置使，征调宣武、义宁、武昌兵以及淮南、宣歙兵都从宣州出击，江西兵从信州出击，浙东兵从杭州出击，讨伐李锜。

**9** 高崇文在蜀一年，一天，对监军说：“我只是河朔一个士卒而已，幸而有功，坐上如此高位。西川乃宰相任职之地，我在这里时间太久，岂敢自安！”屡次上表称：“蜀中安逸，无所贡献，愿效死边陲。”皇帝想选择可以替代高崇文的，而很难找到合适的人。十月十三日，任命门下侍郎、同平章事武元衡为同平章事，充任西川节度使。

**10** 李锜因为宣州富饶，想要先攻取，派兵马使张子良、李奉仙、田少卿将兵三千人袭击。三人知道李锜必败，与牙将裴行立同谋讨伐他。裴行立，是李锜的外甥，所以知道李锜全部密谋。三将扎营于城外，将要出发，召士卒晓谕他们说：“仆射反逆，官军四面而来，常州、湖州二将相继被杀，李锜已经是穷途末路。如今又想要让我们远取宣城，我们为什么要跟随他一起被灭族！岂不如去逆效顺，转祸为福！”众人喜悦，许诺，当晚拔营回城。裴行立举火鼓噪，在城内响应，引兵直扑军府大门。李锜听闻张子良等举兵，怒，听闻裴行立也响应，捶胸说：“我还有什么指望！”光脚逃走，藏匿于楼下。亲将李钧带弓箭手三百人直向山亭，准备作战，裴行立伏兵将他斩首。李锜举家皆哭，左右抓获李锜，以帐幕裹起来，用绳拴住从城上放下，械送京师。弓箭手、蕃落兵争相自杀，尸体相互枕藉。

十月十九日，本军报告朝廷。十一月一日，群臣贺于紫宸殿。皇帝愀然说：“朕之不德，以致国内数次有违法乱纪的，这是朕的羞愧，何贺之有！”

宰相们讨论诛杀李锜堂兄弟以上亲属，兵部郎中蒋乂说：“李锜的堂兄弟，都是淮安靖王李神通之后。淮安王有佐命之功，陪葬皇陵、配享宗庙，岂可因末代子孙为恶而连累他呢！”又想要诛杀他的亲兄弟，蒋乂说：“李锜兄弟，是故都统李国贞之子，李国贞死于王事（事见762年记载），岂可使他没有子孙祭祀呢！”宰相们以为然。十月二十七日，李锜的堂弟、宋州刺史李铦等都被贬官流放。

十一月一日，李锜被押到长安，皇帝登兴安门，当面诘问他。李锜回答说：“臣本来不反，是张子良等教唆臣的。”皇帝说：“卿为元帅，张子良等谋反，何不斩了他们，然后入朝？”李锜无言以对。于是连同他的儿子李师回一起腰斩。

有司建议拆毁李锜祖庙，中丞卢坦上言：“李锜父子受诛，已经足以抵偿他的罪行了。当年汉朝诛杀霍禹，并不归罪霍光；先朝诛杀房遗爱，而不罪及房玄龄。《康诰》说：‘父子兄弟，罪不相及。’岂能因为李锜为不善而罪及五代祖先呢？”于是不拆毁。

有司籍没李锜家财送往京师。翰林学士裴垍、李绛上言，认为："李锜僭越奢侈，割剥六州之人以富其家，甚至为了夺取富人财物而将人陷害冤杀。陛下怜悯百姓求告无门，所以讨伐而诛杀他，如今把他的金帛装车送往京师，恐怕远近之人失望。愿以逆人资财赐给浙西百姓，以代今年租赋。"皇帝赞叹良久，即刻听从。

**【华杉讲透】**

李锜死了，留下一个才华横溢的侍妾杜秋娘，作为罪臣家眷入宫为奴，后来得到唐宪宗宠爱，展开了她传奇的一生。杜秋娘15岁成为李锜侍妾，只因她写的一首诗让李锜惊叹，这就是所有中国人都耳熟能详的《金缕衣》：劝君莫惜金缕衣，劝君惜取少年时。花开堪折直须折，莫待无花空折枝。

**11** 昭义节度使卢从史，与成德节度使王士真、卢龙节度使刘济暗中来往密切，而表面上献策请朝廷削平山东军阀，擅自引兵东出。皇帝召令他回上党，卢从史托言说带军队到邢州、洺州就地获取粮食供应，不及时奉诏。拖延很久，才回去。

有一天，皇帝在浴堂殿召见李绛，对他说："有一件极为奇怪的事，朕本来不想说的。朕与郑絪商议敕令卢从史回上党，然后再征召他入朝。郑絪竟然将朕的话泄露给卢从史，并且教唆他声称上党缺粮，要就食于山东。身为人臣，辜负朕到这种地步，该怎么处置？"李绛回答说："如果真是这样，灭族也有余！但是郑絪、卢从史自己必定不会说出来，陛下从谁那里听来的呢？"皇帝说："李吉甫密奏。"李绛说："臣私底下听朝臣们谈论，都说郑絪是个好人，恐怕他必定不会做出这种事。或许是与他同级别的官员，想要专揽朝政，嫉恨郑絪受陛下宠爱，希望陛下更进一步考察，不要让人说陛下听信谗言！"皇帝默然良久，说："诚然，郑絪必定不至于此。如果不是卿的话，朕几乎做出错误处理。"

皇帝又曾经从容问李绛："谏官多谤讪朝政，都无事实依据，朕想要贬谪其中情节严重的一二人，以儆其余，如何？"李绛回答说："这恐怕并非陛下本意，必定是有邪臣想要蒙蔽陛下的耳目。人臣生死，系于人主喜怒，敢发言进谏的能有几个！就算要进谏的，都昼度夜思，朝删暮减，等表章呈上来，想说的话都剩不下十分之二三。所以人主孜孜求谏，还担心没人敢说，更何况要治他们进谏不当之罪呢！如果这样，堵塞天下之口，恐非社稷之福。”皇帝嘉许他的话，放弃了这个想法。

【华杉讲透】

## 信源往往比信息更重要

这两次问对，非常有价值！第一次问对，对应一句俗话：“来说是非者，便是是非人。”皇帝听见了一件坏事，李绛则指出关键不在这件事说了什么，而在于是谁说的，他说这件事可能有什么目的。在分析信息之前，要先分析信源。每一个信息都是经过选择的，选择信息的人，就是信源。选择都有标准，信源都有动机，信息往往是假的，而信源比较容易查证。所以，信源即信息，信源比信息重要！

第二次问对，李绛首先关注的也是信源，谁又跟陛下说什么了，他的目的，也只是蒙蔽皇帝罢了。其次，这是一个博弈论思想，不过分要求谏官对自己说的话负责任，才能鼓励他们畅所欲言，“狂夫之言，圣人择焉”，让他们随便说，听不听在你。如果对他们的谏言严格要求，禁止谤讪朝政，又要问他事实依据，他们就一句话都不敢说了。

**12** 群臣请上尊号为睿圣文武皇帝，十一月十三日，皇帝同意。

**13** 盩厔县尉、集贤校理白居易作乐府及诗一百余篇，规劝讥讽时事，流传到皇宫之中。皇帝看到之后，很喜欢，召入翰林为学士。

**14** 十二月三日，皇帝对宰相说：“太宗以神圣之资，群臣进谏者还要反复说明三四次，何况朕寡闻愚昧，自今往后，事情有错误，卿当反复进谏十次，不要只说一两次就停止。”

**15** 十二月十三日，任命高崇文为同平章事，充任邠宁节度使、京西诸军都统。

**16** 山南东道节度使于頔害怕皇帝英威，为自己的儿子于季友请求娶公主为妻。皇帝把皇女普宁公主嫁给他儿子。翰林学士李绛进谏说：“于頔，是蛮虏（鲜卑族），于季友，不是正妻所生，是庶子，不足以辱帝女，陛下应为公主另择高门美才。”皇帝说：“这不是卿所懂得的了。”

十二月二十六日，公主下嫁于季友，恩礼甚盛。超乎于頔意料之外，于頔大喜。不久，皇帝派人规劝他入朝谢恩，于是于頔奉诏。

**17** 本年，李吉甫编撰《元和国计簿》上呈，总计全国有方镇四十八个，州府二百九十五个，县一千四百五十三个。其中凤翔、鄜坊、邠宁、振武、泾原、银夏、灵盐、河东、易定、魏博、镇冀、范阳、沧景、淮西、淄青等十五道七十一州不向朝廷申报户口、缴纳赋税，每年赖以缴纳赋税的只有浙江东、浙江西、宣歙、淮南、江西、鄂岳、福建、湖南八道四十九州，一百四十四万户，比天宝年间税户减少四分之三。全国军队依靠朝廷供养的有八十三万余人，比天宝年间增加三分之一，大概两户人家要养一个兵。其他水灾旱灾带来的支出和不在正常赋税之内的临时征收，还不在此数。

## 元和三年（公元808年）

**1** 春，正月十一日，群臣上尊号为睿圣文武皇帝；皇帝赦天下。又下诏：“自今往后，各地长官到京朝见，不得进奉财物。”知枢密刘光琦上奏建议，分派宦官带着赦令到诸道颁布，意欲瓜分其馈赠，翰林学士裴垍、李绛上奏说：“敕使所至，烦扰地方，不如交给快速驿递就行。”

皇帝听从。刘光琦说派钦差宦官是旧例，皇帝说：“旧例是对的，就依从，如果本来就不对，为什么不改！”

**2** 临泾镇将郝玭认为临泾地势险要，水草丰美，吐蕃将要入寇，必定屯驻其地，向泾原节度使段祐建议，上奏朝廷批准，在临泾筑城镇守，自此泾原得以安定。

**3** 二月二十六日，咸安大长公主薨逝于回鹘。三月，回鹘腾里可汗去世。

**4** 三月十一日，郇王李总薨逝。

**5** 三月二十九日，御史中丞卢坦上奏弹劾前山南西道节度使柳晟、前浙东观察使阎济美违背赦令，擅自进贡。皇帝召见卢坦，表扬慰抚他，说：“朕已经赦免了他们的罪，不可失信。”卢坦说：“赦令宣布海内，是陛下之大信。柳晟等不畏陛下法令，陛下为什么要存小信弃大信呢！”于是皇帝下令，将他们进贡的财物转交给有司。

**6** 夏，四月，皇帝亲自策试贤良方正和直言极谏的举人，伊阙县尉牛僧孺、陆浑县尉皇甫湜、前进士李宗闵都指陈时政之失，无所回避；吏部侍郎杨于陵、吏部员外郎韦贯之为考策官，韦贯之把他们署为上第。皇帝也很嘉许。

四月十三日，皇帝下诏，命中书省将他们提拔到较高职位。李吉甫厌恶他们的直言，泣诉于皇帝，并且说：“翰林学士裴垍、王涯主持复试。而皇甫湜是王涯的外甥，王涯没有事先声明回避；裴垍也没有提出异议。”皇帝不得已，罢免裴垍、王涯翰林学士职务，裴垍为户部侍郎，王涯为都官员外郎，韦贯之为果州刺史。过了几天，韦贯之再贬为巴州刺史，王涯贬为虢州司马。四月二十三日，贬杨于陵为岭南节度使，也是因为考策时没有提出异议。牛僧孺等长久得不到选调，各自应藩府征召。牛僧孺，是牛弘的七世孙；李宗闵，是李元懿的玄孙；韦贯之，是韦福嗣的六世孙；皇甫湜，是睦州新安人。

**【华杉讲透】**

此处是埋下伏笔，牛僧孺、李宗闵等人，后来都是了不得的大人物。

**7** 四月二十五日，取消五月一日宣政殿朝贺。

**8** 任命荆南节度使裴均为右仆射。裴均一向依附宦官，得以贵显，当了仆射之后，更加骄傲自大，曾经在入朝的时候，站到更高官阶才可以站的位置；中丞卢坦作揖请他后退，裴均不从。卢坦说："当年姚南仲做仆射时，就站在那个位置。"裴均问："姚南仲是什么人？"卢坦说："是执守正道，不交结权贵佞臣的人。"卢坦不久就被调任为右庶子。

**9** 五月，翰林学士、左拾遗白居易上疏，认为："牛僧孺等直言时事，恩奖登科，却反而遭到斥逐，都外放出京为藩府官员。杨于陵等因为担任主考官敢于录取直言之士，裴垍等在复试时尊重初选结果，都获罪而被贬谪。卢坦因为坚持自己的职守而被贬为右庶子。这几个人，都是众望所归，天下人都以他们的进退来判断国家兴衰。一旦无罪而全部被疏远抛弃，上下缄口不言，众心汹涌，陛下知道吗？况且陛下既下诏征求直言，号召极谏，牛僧孺等如此回应，就算不能推行他们的建议，又何忍把他们治罪而斥逐呢！当年德宗初即位，也是征求直言极谏之士，策问天旱，穆质回答说：'按两汉惯例，三公应当免职，按卜式的意见，桑弘羊应该被烹杀（卜式说'烹弘羊，天乃雨'，事见公元前110年记载）。'德宗深为嘉许，把他从畿尉擢升为左补阙。如今牛僧孺等所说的话并未超过穆质，而立即被斥逐，臣恐怕这不是继承祖宗之道！"

穆质，是穆宁之子。

**10** 五月二十五日，册封回鹘新可汗为爱登里啰汨密施合毗伽保义可汗。

**11** 西原蛮酋长黄少卿请降。六月十二日，任命他为归顺州刺史。

## 沙陀归降唐朝

**12** 沙陀劲勇冠于诸胡，吐蕃把他们安置在甘州，每次作战，都以他们为前锋。回鹘攻吐蕃，取凉州。吐蕃怀疑沙陀将倒向回鹘，想要把他们迁到河外。沙陀惧，酋长朱邪尽忠与其子朱邪执宜密谋再次归降唐朝，于是率部落三万人，顺着乌德鞬山向东。走了三天，吐蕃追兵大至，从洮水转战到石门，前后作战数百回合。朱邪尽忠战死，士众死者大半。朱邪执宜率余众仍近万人，骑兵三千，到灵州归降。灵盐节度使范希朝听闻，亲自率众迎于塞上，把他们安置在盐州，为他们购买牛羊，扩大畜牧，尽心抚慰。皇帝下诏，设置阴山府，任命朱邪执宜为兵马使。不久，朱邪尽忠的弟弟朱邪葛勒阿波又率领七百人向范希朝投降，皇帝下诏，任命他为阴山府都督。自此，灵盐每有征讨，用沙陀兵，所向无敌，灵盐军更加强大。

**13** 秋，七月一日，日食。

**14** 任命右庶子卢坦为宣歙观察使。

苏强（刘辟的女婿）被诛杀时，他的兄长苏弘在晋州幕府，自行辞职回家，没有人敢再聘用他。卢坦上奏："苏弘有才行，不可以因为他弟弟而废黜他，建议聘用为判官。"皇帝说："如果苏强不死，他有才行，也可以任用，何况是他的兄长呢！"卢坦到官，正赶上旱灾饥荒，谷价日增，有人建议平抑粮价。卢坦说："宣歙道土地狭窄，谷物产量太少，全靠四方供应。如果谷价太贱，则商船不再来，更加陷入困境了。"既而米价一斗达到二百钱，粮商蜂拥而至，百姓因此得以生存。

**【华杉讲透】**

难得卢坦有如此见识，可以给他颁发一个经济学奖！

1998年，印度经济学家阿玛蒂亚·森因研究饥荒的理论而获得诺贝尔经济学奖，并因此被称颂为“经济学的良心”。阿玛蒂亚·森通过对1943年的孟加拉大饥荒、1973年至1975年的埃塞俄比亚饥荒、70年代时期非洲萨赫勒地区的饥荒以及1974年的孟加拉国饥荒进行研究，得出这样的观点：“绝大多数饥荒不仅是因为食物产量下降，还因为不合理或者是低效的食物分配，而且通常结合着对于问题严重程度认识方面的信息匮乏或者干脆是有意的误导信息……”

卢坦有这样的良知良心，如果他执行了错误的政策，平抑粮价，打击“奸商”，就没有商人来了。此地本无粮，没有贸易，就没有粮食运来，百姓就饿死了。因为卢坦相信市场调节，“商旅辐辏”，像辐条归向轴心一样四面八方而来，百姓就有粮了。这就是卢坦的饥荒经济学，由市场调节供求曲线，无为而治。

**15** 九月十一日，任命于頔为司空，同平章事职务保留如故；加授右仆射裴均为同平章事，充任山南东道节度使。

淮南节度使王锷入朝。王锷家巨富，丰厚进奉皇帝及贿赂宦官，想要求得同平章事职务。翰林学士白居易上言认为：“宰相是人臣极位，不是有清望或立大功的，不应授予。之前任命裴均，外间已经议论纷纷，如今又任命王锷，那么，和王锷一样的人，都心生冀望。如果让他们都当上宰相，则典章大坏，又不感恩；不给他们呢，又厚薄有殊，心生怨望。侥幸之门一开，就没法收场。况且王锷在镇五年，千方百计搜刮民财，自己货财既足，又拿到朝廷打点。如果他被任命为宰相，那四方藩镇都认为王锷因为进奉而得，竞相割剥，则百姓何以堪之！”于是王锷的事被搁置。

**16** 九月十三日，加授宣武节度使韩弘为同平章事。

**17** 九月十七日，任命户部侍郎裴垍为中书侍郎、同平章事。皇帝虽然因为李吉甫而罢免了裴垍翰林学士职务，但是对他的宠信更加深厚，所以没过多久，就再次擢升他为宰相。

当初，德宗不信任宰相，天下大事小事都自己决定，由此裴延龄之辈得以弄权用事。皇帝在藩邸，心中对此并不认同，即位之后，选擢宰相，推心置腹地委任他们，曾经对裴垍等人说："以太宗、玄宗之明，尚且要依靠辅佐以成其理，何况像朕这样，不及先圣万分之一呢！"裴垍也竭诚辅佐。皇帝曾经问裴垍："为理之要，以何为先？"裴垍回答说："先正其心。"

按旧制，百姓缴税有三种：一是"上供"（上缴朝廷的），二是"送使"（给节度使或观察使的），三是"留州"（留给本州的）。建中年间初定两税制，规定以物资缴纳，于是物资值钱，钱不值钱；后来改为缴纳现款，于是钱值钱，东西不值钱，百姓所实际缴纳的，已经是当初的两倍。而留州及送使的部分，当地又不采用朝廷制定的物资估价标准，要求百姓按市价上缴，加重敛财。等到裴垍为相，上奏："全国留州及送使的税款，请一切按朝廷估价标准征收。各地观察使，先在自己直接管辖的州征收以自给，如果不足，才允许在所属其他州征收。"由此江、淮之民稍微得以休养生息。

以前，执政宰相多厌恶谏官谈论时政得失，唯独裴垍很欣赏。裴垍器局严峻整肃，人们都不敢跟他谈私事。曾经有故人从远方来，裴垍给他非常优厚的馈赠，亲密说笑。那人乘机请求要做京兆判司，裴垍说："你的才能配不上这个官，不敢以故人之私伤朝廷至公。如果哪天有一个瞎眼宰相怜悯你的，不妨去求他，在我这里，绝对不行。"

**18** 九月十九日，任命中书侍郎、同平章事李吉甫为同平章事，充任淮南节度使。

**19** 河中、晋、绛节度使邠宣公杜黄裳薨逝。

**20** 冬，十二月三日，设置行原州于临泾，以镇将郝玼为刺史。

**21** 南诏王异牟寻去世，儿子寻阁劝嗣位。

## 元和四年（公元809年）

**1** 春，正月十一日，简王李遘薨逝。

**2** 渤海康王大嵩璘去世，儿子大元瑜嗣位，改年号为永德。

**3** 南方旱灾饥荒。正月十三日，命左司郎中郑敬等为江、淮、二浙、荆、湖、襄、鄂等道宣慰使，赈济抚恤，将要出发时，皇帝告诫他说：“朕宫中用帛一匹，都要记账，唯独周济百姓，则不计其费，你们要领会我的用心，不要效仿潘孟阳，只是去饮酒游山而已。”

**【柏杨注】**

潘孟阳事，参考806年4月。潘孟阳的罪不在饮酒游山，而在贪污勒索。皇帝对潘孟阳的恶行印象如此深刻，不过改调大理卿，使他更有机会贪污而已，这算什么处罚？李纯在帝王中头脑尚称明白，竟然如此。

**4** 给事中李藩在门下省，皇帝制敕有他认为不妥当的，就在诏书所用黄纸末端书写批注。官吏请他另附一张白纸书写，李藩说：“如此，是写状子，还叫什么批敕！”裴垍举荐说李藩有宰相之器。皇帝因为门下侍郎、同平章事郑絪因循沉默、取悦于人，二月二十一日，罢免郑絪宰相职务，转任太子宾客，擢升李藩为门下侍郎、同平章事。李藩知无不言，皇帝非常器重他。

**5** 河东节度使严绶，在镇九年，军政大事，官员任命，全部由监军李辅光一手操办，严绶只是拱手而已。裴垍向皇帝详细奏报情况，建议以李鄘替代他。三月九日，任命严绶为左仆射，以凤翔节度使李鄘为河东节度使。

**6** 成德节度使王士真薨逝，他的儿子、副大使王承宗自任为留后。河北三镇（成德、卢龙、魏博），相承各自设置副大使，以嫡长子担任，父亲死了，就代领军务。

**7** 皇帝因为天旱时间太久，想要颁布慰问诏书。翰林学士李绛、白居易上言，认为："欲令实惠及人，不如减租减税。"又说："宫女除了供差遣驱使的，无事可做的人还有很多，应该放她们出宫，既节省费用，又顺应人情。"又建议："禁止诸道横征暴敛，向皇上进贡。"又说："岭南、黔中、福建风俗，多抢掠良人，卖为奴婢，乞请严厉禁止。"

闰三月三日，皇帝下制，命全国囚犯减刑，免除租税，释放宫女，拒绝进奉，禁止买卖人口，都按二位大臣的建议。

闰三月十三日，天雨。李绛上表祝贺说："由此可知，忧先于事，故能无忧；如果事情发生才担忧，无济于事。"

**8** 当初，王叔文之党既被贬，皇帝又下诏，即便遇上大赦，也不得向内地挪移。吏部尚书、盐铁转运使李巽上奏："郴州司马程异，吏才明辨，建议任命为杨子留后。"皇帝批准。李巽精于督察，吏人居于千里之外，也如同李巽就在跟前一样战战兢兢。程异检查簿籍，精明又甚于李巽，终于得以发挥他的才干。

**9** 魏徵的玄孙魏稠，非常贫穷，把旧宅抵押给人借钱，平卢节度使李师道请求拿出自己私财帮他赎回。皇帝命白居易草诏，白居易上奏说："这种事关系到对人的激励劝勉，应该由朝廷出面。李师道什么人，敢掠取这样的美名！望敕令有司以官钱赎回还给魏徵后人。”皇帝听从，从内库出钱二千缗赎回房产，赏赐给魏稠，并禁止他再次抵押借款或卖房。

**10** 王承宗的叔父王士则，因为王承宗擅自立自己为留后，恐怕祸及宗族，与幕客刘栖楚一起回归京师。皇帝下诏，任命王士则为神策大将军。

## 立李宁为太子

**11** 翰林学士李绛等上奏说：“陛下继承帝位，至今已有四年，而储君尚未确定，册立太子的大典还未举行，这是开启各方窥觎之端，有违慎重之义，不是承宗庙、重社稷的正确做法。希望陛下能抑制谦逊的小节，推行至公之大典。”

闰三月二十一日，皇帝下制，立长子、邓王李宁为皇太子。李宁，是纪美人之子。

**12** 闰三月二十五日，灵盐节度使范希朝上奏，把太原防秋兵六百人的衣粮拨给沙陀兵，皇帝批准。

**13** 夏，四月，山南东道节度使裴均仗恃有宦官相助，在皇帝下诏禁止进贡之后，首先进贡银器一千五百余两。翰林学士李绛、白居易等上言：“裴均想要以此来试探陛下，希望陛下拒绝他。”皇帝即刻下令拿出银器交付度支。既而有旨通知进奏院：“自今往后诸道进奉，不得通报御史台；如果有人查问，是谁在问，把名字报上来。”白居易再次上书劝阻，皇帝不听。

**14** 皇帝打算革除河北诸镇世袭之弊，乘王士真之死，想要从朝廷任命新节度使，不从则兴师进讨。裴垍说：“李纳跋扈不恭，王武俊有功于国，陛下之前允许李师道继承，如今却拒绝王承宗，标准不一，他必定不服。”由是议久不决。皇帝问诸学士意见，李绛等回答说：“河北诸镇不遵守国家法令教化，谁不愤叹，但是，现在要攻取他们，却恐怕不能。成德军自王武俊以来，父子相承四十余年，人情都习惯了，不认为这样不对。何况王承宗已经总掌军务，一旦要换掉他，恐怕他不会奉诏。又，范阳、魏博、易定、淄青以地相传，与成德同体，他们听说成德换人，内心必定不能自安，暗中结党相助，虽然义武军张茂昭表态愿意率军讨伐，恐怕也不是真心。之所以这样，如今国家任命节度使替代王承宗，他们这些邻道一致赞成，这样对他们来说，进退有利。如果所任命的人得以到职，他们就认为是自己支持有功；如果诏令得不到执行，他们就借此相互交结。而朝廷为了维护国体，岂可罢休！必须兴师四面攻讨，他们的将帅则晋升官爵，士卒则得到衣粮拨付，然后并不真心出力作战，而是拥兵玩寇，坐观胜负，如此，劳师动众，军费庞大的困难，全都是国家的。如今江、淮水灾，公私困竭，军旅之事，恐怕未可轻议。”

左军中尉吐突承璀想要迎合皇帝心意，夺裴垍的权力，自请将兵征讨。皇帝犹豫未决，宗正少卿李拭奏称：“王承宗不可不讨。吐突承璀是亲近信臣，应该委以禁兵，让他统帅诸军，谁敢不服！”皇帝把李拭的奏章出示给诸学士说：“这是奸臣，知道我想任用吐突承璀，所以上呈此奏。你们记住，自今往后，这个人不得进用。”

昭义节度使卢从史遭遇父丧，朝廷长久没有起复任用他，卢从史惧怕，通过吐突承璀跟皇帝说，请发本军征讨王承宗。四月十七日，起复卢从史为左金吾大将军，其余官职如故。

## 吐蕃数次请和，宪宗接受

**15** 当初，平凉之盟（事见787年记载），副元帅判官路泌、会盟判官郑叔矩都被吐蕃俘虏。其后吐蕃请和，路泌的儿子路随三次到宫门前号泣上表，乞请接受吐蕃和议。德宗认为吐蕃多诈，不许。至此，吐蕃再次请和，路随又五次上表，并找执政大臣泣请，裴珀、李藩也建议皇上，与吐蕃和解。皇帝听从。五月，命祠部郎中徐复出使吐蕃。

**16** 六月，任命灵盐节度使范希朝为河东节度使。朝议认为沙陀在灵武，迫近吐蕃，担心他们反叛，又部落众多，恐怕拉高谷价，于是命令他们全部跟范希朝到河东。范希朝选其骁骑一千二百人，号为沙陀军，设置大将率领，而把其他部众安置于定襄川。于是朱邪执宜开始占据神武川的黄花堆。

**17** 左军中尉吐突承璀兼领功德使，大修安国寺，奏立圣德碑，高度和大小完全比照李隆基的《华岳碑》，先建造碑楼，请皇帝敕令学士撰文，并说："臣已准备了钱一万缗，作为酬劳。"皇帝命李绛撰写，李绛上言说："尧、舜、禹、汤，未尝立碑自言圣德，唯有秦始皇于巡游所过之处，刻石自夸自大，不知道陛下想要效法谁！并且记叙修寺之美，不过是谈论游览时如何壮丽，岂能光益圣德！"皇帝览奏，吐突承璀正好在一旁，皇帝命拽倒碑楼。吐突承璀说："碑楼甚大，不可拖拽，请求慢慢拆毁。"希望以此拖延，找机会再论。皇帝厉声说："多用牛拖拽！"于是吐突承璀不敢再说。用一百头牛拖曳，拽倒。

# 卷第二百三十八　唐纪五十四

元和四年（809）七月至元和七年（812）九月，共3年3个月

# 宪宗昭文章武大圣至神孝皇帝上之下

## 元和四年（公元809年）

**1** 秋，七月十八日，御史中丞李夷简弹劾京兆尹杨凭，之前为江西观察使，贪赃枉法，奢侈僭越。七月二十三日，贬杨凭为临贺县尉。李夷简，是李元懿的玄孙。皇帝命令籍没杨凭全部资产，李绛进谏说：“旧制，不是反逆大罪，不籍没其家。”于是皇帝停止。杨凭的亲友无人敢去送行，唯独栎阳县尉徐晦到蓝田与他告别。太常卿权德舆一向与徐晦友善，对他说：“你去送杨凭，诚然是你厚道，但是就不怕连累自己吗！”徐晦回答说：“我自布衣时就蒙杨公知遇之恩，如今他流放远方，我岂得不去道别！假如您他日为谗人所逐，我敢与您形同路人吗！”权德舆嗟叹，在朝廷称颂他。后来过了数日，李夷简上奏擢升徐晦为监察御史。徐晦道谢说：“我从未有幸见过您，您怎么知道举荐我呢！”李夷简说：“君不负杨凭，岂肯辜负国家呢！”

**2** 皇帝秘密问诸学士说：“现在朕想要用王承宗为成德留后，分割他的德州、棣州二州，另为一镇，以削弱他的势力，并且要求他缴纳二税，由朝廷任命他的官吏，就如同李师道一样，如何？”李绛等回答说：“德、棣二州隶属成德，为日已久，现在一旦分割，恐怕王承宗及其将士忧疑怨望，并以此为对抗朝廷的借口。何况其邻道情形相同，各自担心他日被分割，可能会秘密勾结，相互煽动。万一他们联合抗拒，就加倍难以处置，希望陛下三思。关于缴纳二税，由朝廷任命官吏，可以让吊祭使前往的时候，作为自己的建议晓谕王承宗，让他上表请求，就像李师道那样，不要让他知道这出自陛下的意见。这样，如果他幸而听命，于理固顺，如果他不听，也不损失陛下体面。”

皇帝又问：“如今刘济（卢龙节度使）、田季安（魏博节度使）都有病，如果他们死亡，岂能都像成德那样由儿子继承，天下何时才能平定！议论的人都说‘应该乘此机会替换他们，如果不接受，就发兵讨伐，时不可失。’如何？”李绛等回答说：“群臣见陛下西取蜀，东取吴，易如反掌，所以阿谀谄媚、急于晋升官爵的人争相献计献策，劝陛下开辟河北，而不为国家深谋远虑，陛下也因为之前成功容易而相信他们的话。臣等夙夜思索，河北的形势与蜀、吴二方不同。为什么呢？西川、浙西本来就不是割据地区，其四邻也都是国家臂膀之臣。刘辟、李锜独生狂谋，他们的部下都不愿参与，刘辟、李锜徒以货财来引诱他们，朝廷大军一到，就涣然离心了。所以臣等当时也劝陛下诛讨，是有万全把握的缘故。成德则不同，内部根深蒂固，外部蔓连势广，其将士百姓与节度使都有几代照顾的恩情，不懂得君臣逆顺之理，谕之不从，威之不服，朝廷如果强制征讨，一定是自取其辱。又，邻道平时或许相互猜恨，一旦听闻要被替换，必定合为一心，这是各自为子孙考虑，也担心他日落到自己头上的缘故。万一临近几道相互勾结，兵连祸结，财殚力竭，西戎、北狄乘机入侵，那忧患可以说尽吗！刘济、田季安与王承宗情况相同，如果他们死亡的时候，有机可乘，可以临时决定。如果现在就用兵，则恐怕不可。太平之业，不是朝夕之间可以实现的，愿陛下谨慎处理。”

当时吴少诚病得很重，李绛等再次上言：“吴少诚（彰义节度使，总部在蔡州）的病必定好不了。淮西事体与河北不同，四旁都是国家州县，不与其他军阀相邻，没有党援相助。朝廷任命下一任统帅，正当其时，万一不从，可以讨论征讨之事。建议放弃很难成功的对成德的军事行动，而对付比较容易的彰义。万一成德战事爆发，又不顺利，蔡州再发生事变，势必兴兵讨伐，南北两场战争同时进行，财力之用不足。如果事不得已，就必须赦免王承宗，这赦免的恩德没有意义，而朝廷的威令也没有效力。不如早日满足王承宗的要求，以收揽成德人心，坐待时机，必定能收复彰义。”

既而王承宗久未获得朝命，颇为惧怕，累次上表自诉。八月九日，皇帝才派京兆少尹裴武到真定宣慰，王承宗受诏，非常恭敬，说：“三军将士都逼迫我，所以等不及朝廷圣旨，就暂掌兵权，我愿献出德州、棣州二州，以表明我的诚心！”

**3** 八月二十三日，安南都护张舟奏报，击破环王军三万人。

**4** 九月一日，裴武从真定回京复命。

九月七日，任命王承宗为成德节度使，恒、冀、深、赵州观察使；德州刺史薛昌朝为保信军节度使，德、棣二州观察使。薛昌朝，是薛嵩的儿子，也是王家女婿，所以任用他。田季安得到情报，事先知道消息，派人对王承宗说：“薛昌朝与朝廷私通，所以得到节钺。”王承宗立即派数百骑兵驰入德州，逮捕薛昌朝，押回真定囚禁。钦差宦官送薛昌朝的符节经过魏州，田季安假装设宴慰劳，留下使者数日，等到抵达德州，已经来不及了。

皇帝认为裴武欺君罔上，又有人陷害他说：“裴武出使回来，先住宿在裴垍家，第二天才入宫晋见。”皇帝暴怒，告诉李绛，想要把裴武贬到岭南。李绛说：“裴武当年曾陷入李怀光军中，守节不屈，怎么会今天突然成了奸人！这都是反贼狡诈多端，人们未能识破他们的诡计。王承宗开始时惧怕朝廷诛讨，所以申请献出二州。得到朝廷恩贷之后，邻道都不愿意成德开了分割地盘的先例，想来必定有人暗中引诱游说而胁迫他，让他不得坚守其初心而已，不是裴武之罪。如今陛下选裴武出使，进入逆乱之地，出使回来，一句话不满意，就把他流放于荒远之地，臣恐怕今后奉使贼庭者都以裴武为戒，只求自保，全都说一些模棱两可的话，不肯尽诚具陈利害关系，如此，不是国家之利。况且裴垍、裴武久处朝廷，熟悉事体，岂会有出使回来，还没见天子，就先住宿在宰相家里的事！臣敢向陛下担保，必定不会，这是有谗人想要陷害裴武及裴垍，愿陛下明察。”皇帝良久说：“有这可能。”于是不问。

**5** 九月十三日，振武奏报，吐蕃骑兵五万余人抵达拂梯泉。

九月二十八日，丰州奏报，吐蕃骑兵一万余人抵达大石谷，掳掠回鹘入朝进贡归国的使团。

**6** 左神策军吏李昱向长安富人借钱八千缗，满三年不偿还，京兆尹许孟容将他逮捕，戴上枷锁关押，定下日期，让他还钱，说：“到期没有还清，当处以死刑。”一军大惊。中尉向皇帝控告，皇帝派宦官宣旨，要他把李昱送还本军，遭到许孟容拒绝。宦官再次前来催促，许孟容说：“臣不奉诏，当死。但是，臣为陛下治理京畿，如果不能抑制豪强，何以肃清京师！钱未还清之前，李昱不能出狱。”皇帝嘉许他的刚直，同意，京城震栗。

## 宪宗不顾反对，命宦官吐突承璀统领神策军

**7** 皇帝派钦差宦官晓谕王承宗，让他派薛昌朝还镇。王承宗不奉诏。

冬，十月十一日，皇帝下制，削夺王承宗官爵，任命左神策中尉吐突承璀为左、右神策，河中、河阳、浙西、宣歙等道行营兵马使及招讨处置等使。

翰林学士白居易上奏，认为："国家征伐，当责成将帅，近年开始以宦官为监军。自古及今，未有征天下之兵，专令宦官统领的。如今神策军既不设置行营节度使，那吐突承璀就是制将了。又兼任诸军招讨处置使，那么吐突承璀又是都统了。臣恐怕四方听闻，必定轻视朝廷；四夷听闻，必定嘲笑唐朝。陛下忍心让后代相传，说以宦官为制将、都统，是从陛下开始的吗！臣又担心刘济（卢龙节度使）、张茂昭（义武节度使）及范希朝（河东节度使）、卢从史（昭义节度使）乃至诸道将校都耻于受吐突承璀指挥，军心不齐，何以立功！这是长王承宗之计而挫诸将之势。如果陛下念吐突承璀勤劳，让他担任显贵的官职就可以了；怜悯他的赤胆忠心，让他富有就可以了。至于军国权柄，关乎国家治乱，朝廷制度，出自祖宗，陛下怎能忍心照顾他的感情而自毁法制，顺从他的欲望而自损圣明，不加思考而让自己取笑于万代后人呢！"当时谏官、御史论吐突承璀职名太重者前后相继，皇帝一概不听。

十月十六日，皇帝登延英殿，度支使李元素、盐铁使李鄘、京兆尹许孟容、御史中丞李夷简、谏议大夫孟简、给事中吕元膺及穆质、右补阙独孤郁等极力劝谏，不能任命吐突承璀。皇帝不得已，第二天，削除吐突承璀四道兵马使，改称处置使为宣慰使，换个头衔而已。

李绛曾经极言宦官骄横，侵害政事，谗毁忠贞。皇帝说："这些人怎么敢进谗言！就算他们说，朕也不听。"李绛说："这些人大抵不知仁义，不分枉直，唯利是嗜，得到贿赂，则赞扬盗跖、庄蹻（二人都是战国时期的大盗）为廉良，不合他们的意，则诋毁龚遂（事见公元前66年记载）、黄霸（事见公元前58年记载）为贪暴，能用倾巧之智，构成疑似之端，朝夕左右向陛下浸润渗透，陛下必定有时会相信他们。自古宦官败国的事，都详细地记载在史册上，陛下岂不得防微杜渐吗！"

十月二十七日，吐突承璀率领神策兵从长安出发，皇帝命恒州四面藩镇各自进兵招讨。

**【华杉讲透】**

## 所有求胜的决策都具有赌博性质

宪宗皇帝为什么不听？谁说都不听，所有人反对都不听，这是一种决策的赌博心理，他已经把赌注下在吐突承璀身上，他拒绝让人破坏他的赌盘。你们说吐突承璀不行，但是你们也不知道谁行，你们所有的道理都对，但是与现在要办的事情无关，把你们所有的道理都加起来，也不等于能解决问题，所以我还是下自己的赌注。

决策有两种，一种是求不败，一种是求胜。

求不败是长期战略，行王道仁政，悦近来远，修身齐家治国平天下，这是圣人之治，宪宗听不懂，也做不到。第二种就是争霸求胜，一件事一件事地办，一仗一仗地打，随机应变，见招拆招，这是普通人的境界。而所有求胜的决策，都具有赌博性质。赌博就是押宝，劝谏的大臣们，光是说不能任用吐突承璀，却没提出一个人选，只有破，没有立，所以即使他们的劝谏再强烈十倍，也没有效果。有效的做法，是他们推举出一个人来，说这个人行！那么，皇帝反正都是赌，就很容易把宝押在他们身上。但是，他们也没举出这样一个人，不敢承担这个责任。那么，就还是让皇帝自己下注吧，反正最后承担责任的是他，他愿赌服输。

**8** 当初，吴少诚宠信其大将吴少阳，认作自己的堂弟，署以军职，吴少阳出入吴少诚家，如同至亲，一路升迁到申州刺史。吴少诚病重，病得不认识人，家僮鲜于熊儿诈称吴少诚命令，召吴少阳摄理副使、知军州事。吴少诚有一个儿子吴元庆，吴少阳杀了他。

十一月二十七日，吴少诚薨逝，吴少阳自任为留后。

**【华杉讲透】**

吴少诚是逆贼，逆贼家里也出逆贼，黑吃黑，这就是家传。孟子的义利之辨，道理又在这里了。

**9** 本年，云南王寻阁劝去世，儿子劝龙晟继位。

**10** 田季安听闻吐突承璀将兵讨伐王承宗，聚集他的徒众说：“王师不过黄河已经二十五年了，如今一旦越过魏博讨伐成德，成德亡，魏博也就亡了，怎么办？”一位将领从行列中站出来说：“给我骑兵五千，为您解除忧患！”田季安大喊说：“壮哉！决定出兵，反对者斩！”

幽州牙将、绛州人谭忠为刘济出使魏博，知道了他的计划，晋见田季安说：“如果按您的计划，那是把天下之兵都引来魏博了。为什么呢？如今王师越过魏博讨伐成德，不派耆臣宿将，而把兵权交给宦官，不动员全国武装部队，而以神策军为主，您想想这是谁的主意？这一定是天子自己的决定，是想要夸耀自己英明，让臣下心服口服。如果王师还未抵达成德，就先在魏博战败，那就是皇上的智略反而不如臣下，他能不耻于面对天下吗！皇上既耻且怒，必定任用智士，谋划长策，任命猛将，操练精兵，全力再举，渡过黄河，鉴于之前战败，必定不会越博魏去讨伐成德；比较罪行的轻重，必不先成德而后魏博，而是不上不下，直奔魏博而来。”

田季安问：“那怎么办？”

谭忠说：“王师进入魏博，您厚厚犒劳。然后全军压境，号称讨伐成德，而暗中派人送信给他们说：‘魏博如果讨伐成德，则河北义士都会说魏博卖友求荣；魏博如果与成德联合，则河南忠臣都会说魏博反叛君王。卖友与反君之名，魏博都不忍承受。阁下如果能暗中解除防御，让魏博攻下一城，以此向天子报捷，作为符信，这样，魏博北得以交好成德，西得以臣侍天子，对于成德来说，只是很小的损失，而魏博则可获不世之利，阁下能帮魏博这个忙吗！’成德如果不拒绝您，魏博的霸业就安稳了。”

田季安说：“善！先生之来，是上天眷顾魏博啊！”于是用谭忠之谋，与成德暗中定计，得了成德的堂阳县。

谭忠回到幽州，想要激刘济（卢龙节度使）讨王承宗。正巧刘济集合诸将说：“天子知道我与成德结怨，如今命我讨伐，成德也必定大举防备我。伐与不伐，哪个利益大？”谭忠立即回答说：“天子必定不会派我们讨伐成德，成德也不会防备我们。”刘济怒道：“你何不直言我与王承宗同反呢！”命令将谭忠关进监狱。派人去探查成德边境，果然没有防备。过了一天，皇帝诏书送到，令刘济“专护北疆，不要让朕担忧胡人入侵，而得以专心对付王承宗。”于是刘济把谭忠从狱中释放，召见他说：“果然都和你的判断一样，你是怎么知道的？”

谭忠说：“卢从史（昭义节度使）表面上与我们亲近，内心实际上忌恨；表面上与成德决裂，实际上与他们勾结。他替成德设计说：‘卢龙以成德为屏障，虽然怨恨成德，但必定不会对成德不利，不必防备，’这样，一方面可以显示成德不敢与卢龙为敌，另一方面也可使天子怀疑卢龙。成德既不防备卢龙，昭义就会向天子报告说：‘卢龙与成德有旧怨（王武俊攻击朱滔事，参见公元784年记载），成德被讨伐，而对卢龙完全不设防备，可见卢龙已经反叛，与成德联手。’由此可知，天子不会派您讨伐成德，成德也不会防备卢龙。”刘济说：“那么现在应该怎么办？”谭忠说：“卢龙、成德结怨，天下无人不知。如今天子讨伐成德，您坐拥卢龙全军，按兵不动，没有一兵一卒渡过易水，这正是让昭义指控我们向成德卖恩，背叛皇上，昭义一举两得。我们满怀忠义之心，却染上私通成德的恶名，成德并不领我们的情，我们却臭名远扬，希望您仔细考虑！”

刘济说：“我知道了。”于是下令军中说：“五日之内，全军出动，拖后的一律剐成肉酱示众！”

## 元和五年（公元810年）

**1** 春，正月，刘济亲自将兵七万人攻击王承宗，当时诸军都未前进，刘济独前奋击，攻拔饶阳、束鹿。

河东、河中、振武、义武四军为恒州北道招讨，会师于定州。正逢元宵夜，军吏因为有外军进驻，建议取消灯会。张茂昭说："三镇都是官军，怎么说是外军！"命令张灯，不禁行人，不关闭街巷栅门，三夜如同平日，也没有敢喧哗的。

正月二十六日，河东将王荣攻下王承宗的洄湟镇。吐突承璀抵达行营，威令不振，与王承宗战，屡战屡败。左神策大将军郦定进战死。郦定进是骁将，军中士气沮丧。

**2** 河南尹房式有不法之事，东台监察御史元稹上奏建议将他逮捕，并且在未接到诏令批复之前，擅自下令将房式停职。朝廷认为不可，罚元稹一季薪俸，召还西京。元稹走到敷水驿站，有宦官从后赶到，打破驿门，呼骂而入，以马鞭击伤元稹面部。皇帝又援引元稹之前的过失，贬为江陵士曹。翰林学士李绛、崔群说元稹无罪。白居易上言："宦官陵辱朝士，不问罪宦官，而先贬元稹，恐怕今后宦官出外更加暴横，人们都不敢说话。又，元稹为御史，举奏弹劾的人不少，又不避权势，对他咬牙切齿的人很多，恐怕自今往后，无人肯为陛下当官执法，惩治恶人。再有大奸大猾之人，陛下也无从得知了。"皇帝不听。

**3** 皇帝因为河朔地区正在用兵，不能讨伐吴少阳。三月十九日，任命吴少阳为淮西留后。

**4** 诸军讨伐王承宗者久无战功，白居易上言，认为："河北本来不该用兵，如今既然出师，吐突承璀未尝苦战，已失大将，与卢从史两军进入贼境，拖延进退，不只是他们意在逗留，也确实是力难支敌。范希朝（河东节度使）、张茂昭（义武节度使）抵达新市镇，最终不能通过。刘济（卢龙节度使）引全军围攻乐寿，久不能下。李师道（平卢节度使）、田季安（魏博节度使）本来就不能保证忠于朝廷，观察他们的情状，看起来是相互有密约，各自占领一个县，就不再进军。陛下观此事势，成功还有什么希望！以臣愚见，必须尽快罢兵，如果再迟疑，有四个害处：两个痛惜，两个深忧。什么呢？

“战争如果能够保证成功，那么不论用度多少，都可以投入；既然确实知道没有胜算，就不应该虚费钱粮。现在醒悟停止，也为时未晚。如今每拖延一天，就有一天的军费，再拖延十天半月，花费更多，最终还是要罢兵，不如早罢！以府库钱帛、百姓脂膏去资助河北诸侯，转而令他们强大，这是臣为陛下感到痛惜之一。

“臣又担心河北诸将见吴少阳已得到朝廷下制任命，必定引以为事例，同声同气申请赦免王承宗。如果章表相继而来，则没有不批准的理由。接受他们的申请而赦免王承宗，形势可知，是转而令王承宗和他们这些同类紧密团结，更为坚固。如此，则与夺皆由邻道，恩信不出朝廷，朝廷威权，尽归河北。这是为陛下感到痛惜之二。

“如今天时已热，兵气相蒸，至于饥渴疲劳，疾疫暴露，驱以就战，人何以堪！就算不惜生命，也难忍受痛苦。何况神策军都是城市之人，乌合之众，不能适应如此艰苦，如果他们忽然想到要找一条生路，或许就会出现逃兵，一人若逃，百人相煽，一军若散，诸军必摇，如果事态突然发展到这一步，悔将何及！这是为陛下感到深忧之一。

“臣听说回鹘、吐蕃都有奸细，唐朝之事，小大尽知。如今聚天下之兵，唯讨王承宗一贼，从冬到夏，都未立功，则兵力之强弱，资费之多少，岂能让西戎、北虏一一知晓！如果见利生心，乘虚入寇，以朝廷今日之势力，能同时打两场战争吗！兵连祸生，何事不有！万一至此，事关国家安危。这是为陛下感到深忧之二。”

**5** 卢从史（昭义节度使）第一个建议朝廷讨伐王承宗，而等到朝廷兴师，卢从史逗留不进，暗中与王承宗通谋，令军士暗藏王承宗旗号；又抬高粮食草料价格，增加朝廷财政支出，暗示朝廷，要求给自己同平章事职务，诬奏诸道与反贼勾结，不可进兵，皇帝对他非常厌恶。正巧卢从史派牙将王翊元入京奏事，裴垍与他谈话，晓谕以为臣之义，打动其心，于是王翊元投诚，交代卢从史的阴谋以及制服他的策略。裴垍令王翊元回本军筹划。

王翊元第二次来京师，又带来都知兵马使乌重胤等愿意配合的情报。裴垍对皇帝说：“卢从史狡猾骄狠，必将为乱。如今听说他的大营就在吐突承璀大营对面，视吐突承璀如婴儿，往来都不设防备。如果错失如今的机会，不乘机把他拿下，以后就算兴起大军，也不是一年半载能平定的了。”皇帝起初愕然，熟思良久，终于批准。

卢从史性格贪婪，吐突承璀盛陈奇珍异宝，看他所喜欢的，稍稍送一些给他。卢从史喜悦，与吐突承璀更加亲密狎昵。四月十五日（原文为三月，根据柏杨考证修改），吐突承璀与行营兵马使李听密谋，召卢从史入营赌博，埋伏壮士于幕下，突出，生擒卢从史到帐后捆缚，装入车中，飞驰押送京师。卢从史左右惊乱，吐突承璀斩十余人，晓谕以朝廷诏旨。卢从史营中士卒听闻，都披甲而出，手持兵器喧哗。乌重胤拦在军门前呵斥说：“天子有诏，从者赏，敢违者斩！”士卒都收兵回自己部伍。当时正是夜间，马车疾驱，天未明，已出境。

乌重胤，是乌承洽之子；李听，是李晟之子。

**【华杉讲透】**

朝廷也好，地方也罢，都是钩心斗角。讨伐王承宗，突然抓了卢从史，防不胜防。

**6** 四月十八日，范希朝、张茂昭大破王承宗军于木刀沟。

**7** 皇帝嘉许乌重胤的功劳，想要即刻授任他为昭义节度使。李绛认为不可，建议授任为河阳节度使，调任河阳节度使孟元阳为昭义节度使。正巧吐突承璀上奏说，已经正式下文，任命乌重胤代理昭义留后，李绛上言：“昭义五州据有山东要害，魏博、成德、卢龙诸镇盘根错节，朝廷全靠昭义来牵制他们。邢州、磁州、洺州楔入三镇腹内，这是国之宝地，安危所系。之前被卢从史占据，让朝廷寝食难安，如今幸而得之，吐突承璀又把它交给乌重胤，臣闻之惊叹，实在痛心！之前朝廷诱捕卢从史，虽为长策，已失大体。如今吐突承璀又公开下文，任命乌重胤为重镇留后，为他索求旌节，无君之心，孰甚于此！陛下昨日得昭义，人神同庆，威令再立；今日忽然又授给本军牙将，人心沮丧，纲纪大乱。比较利害，还不如继续让卢从史担任。为什么呢？卢从史虽然心藏奸谋，但他毕竟已经是朝廷牧伯。而乌重胤不过是列校出身，吐突承璀下一道公文，就取代了卢从史，恐怕河南、河北诸侯听闻，无不愤怒，耻于与他为伍。并且说吐突承璀引诱乌重胤驱逐卢从史，取而代之，他们麾下各有将校，能不人人自危吗！如果刘济、张茂昭、田季安、程执恭、韩弘、李师道随后上表抗议，并指控吐突承璀不奉上命自由行事之罪，不知陛下如何处置？如果对他们的上疏都不批复，那么众人愤怒更甚；如果等他们抗议再改变任命，则朝廷的威信已失。”

皇帝又派枢密使梁守谦密谋于李绛说：“如今乌重胤已经总掌军务，事不得已，应该给他符节。”李绛回答说：“卢从史任节度使，不是朝廷本意（事见公元804年记载），所以他产生邪念，最终背叛国家。如今因为乌重胤典兵，就授任他为节度使，威福之柄不在朝廷，跟当初卢从史有什么区别！乌重胤能得到河阳，已经喜出望外，岂敢挟众抗命！何况乌重胤之所以能制服卢从史，本来就是以归顺朝廷而得以成功，一旦自逆诏命，他怎能保证他的同僚不效仿他而行动呢！乌重胤军中同级别的将领很多，必定不愿意唯独他当上主帅。把他调往别的军镇，可以让大家满意，何须担忧他们作乱！”皇帝喜悦，批准李绛全部计划。

四月二十三日，任命乌重胤为河阳节度使，孟元阳为昭义节度使。

四月二十九日，贬卢从史为驩州司马。

**8** 五月六日，昭义军三千余人夜间溃散，逃奔魏州。

刘济奏报，攻拔安平。

**9** 五月二十一日，吐蕃派大臣论思邪热入朝晋见，并且归还路泌、郑叔矩灵柩（二人于平凉劫盟时被俘，距今已二十四年）。

**10** 五月二十五日，奚部落入寇灵州。

**11** 六月十五日，白居易再次上奏，认为：“臣之前建议罢兵，如今的形势，又不如前，不知陛下还在等什么！”

当时，皇帝每有军国大事，必与诸学士谋议。曾经超过一月没有见学士，李绛等上言：“臣等饱食不言，就自己而言倒是安逸，但是，对陛下又如何呢！陛下垂询治国理政之道，开纳直言，实在是天下之幸，难道是我们几人之幸！”皇帝即刻下令：“明日三殿召见。”（三殿就是麟德店，因为三面开门，所以有此绰号。）

白居易曾经在与皇帝论事时，直接说“陛下错”，皇帝脸色严厉，停止会议，密召承旨李绛，说：“白居易小臣不逊，应该让他离开翰林院。”李绛说：“陛下容纳直言，所以群臣敢竭诚而没有隐瞒。白居易说话虽然有欠考虑，但他志在效忠。陛下今天治他的罪，臣恐怕天下人各自缄口不言，这不是让君王耳聪目明、昭明圣德的做法。”皇帝喜悦，待白居易如初。

皇帝曾经想要就近在皇家林苑打猎，走到蓬莱池西，对左右说：“李绛必谏，不如不去。”

**12** 秋，七月二日，王承宗派使者到朝廷，自陈说是被卢从史所离间，请求输送进贡，缴纳赋税，并请朝廷任命属下官吏，允许他改过自新。李师道等数次上表请求洗雪王承宗，朝廷也因为师久无功，七月九日，朝廷下制，洗雪王承宗，任命为成德军节度使，又把德州、棣州二州交还给他。诸道行营将士全部撤军，共赏赐布帛二十八万端匹，加授刘济为中书令。

**【华杉讲透】**

## 最高级的兵法是不战之法

朝廷下制，“洗雪承宗”，洗雪和赦免不同，赦免是有罪赦免；洗雪是无罪，相当于之前被冤枉了，反贼最后“沉冤得雪”。专门记载给军队的赏赐是布帛二十八万端匹，胡三省注解说，唐制，布帛六丈为一端，四丈为一匹。如此，也不清楚这里是端还是匹，总之朝廷花了大钱打仗，最后结果是给叛将平反昭雪。

兵法首先不是战法，而是不战之法。打不赢也打不起的仗，不要打，只会自取其辱。

**13** 刘济讨伐王承宗时，以长子刘绲为副大使，掌幽州留务。刘济驻军于瀛州，次子刘总为瀛州刺史，刘济任命他为行营都知兵马使，派他屯驻饶阳。刘济生病，刘总与判官张玘、孔目官成国宝密谋，让人冒充使者从长安来，说："朝廷因为相公逗留无功，已经任命副大使为节度使了。"第二天，又派人来报告说："副大使旌节已抵达太原。"又让人在街上一边走，一边呼喊说："旌节已过代州。"举军惊骇。刘济愤怒，不知所为，杀了一向与刘绲关系好的大将数十人，派人把刘绲召到行营，以张玘的哥哥张皋代知留务。刘济从早上到下午没有吃东西，渴了要水喝，刘总在水中下毒送去。

七月十七日，刘济薨逝。刘绲走到涿州，刘总伪造父命，将他乱棍打死，于是掌管军务。

**【华杉讲透】**

刘总干的事，朝廷完全不知道。但他之后总是看见父兄鬼魂，非常瘆惧，于是在官署后安排几百个和尚，昼夜念经谢罪。晚年忧悸更甚，落发为僧，暴卒。

**14** 岭南监军宦官许遂振以谣言向皇帝诋毁节度使杨于陵，皇帝命召杨于陵回来，任命他为散官。裴垍说："杨于陵性格廉直，陛下因为许遂振一面之词而罢黜藩臣，不可。"

七月十九日，任命杨于陵为吏部侍郎。许遂振不久自己认罪。

**15** 八月七日，皇帝与宰相谈到神仙，问："果真有神仙吗？"李藩回答说：“秦始皇、汉武帝访求神仙的结果，史书上写得很清楚，太宗服天竺僧的长生不老药，导致疾病，这都是古今明戒。陛下春秋鼎盛，正励志于天下太平，应该拒绝方士之说。如果道德充盛，国泰民安，何愁没有尧、舜之寿呢！”

## 宪宗罢免吐突承璀中尉职务

**16** 九月二日，吐突承璀自行营还京。九月十四日，再任命为左卫上将军，充左军中尉。裴垍说：“吐突承璀首倡用兵，疲弊天下，结果没有成功，陛下就算因旧恩不公开处刑，岂能不贬黜他以谢天下吗！”给事中段平仲、吕元膺说吐突承璀可斩。李绛奏称：“陛下不问责吐突承璀，以后再有败军之将，又将怎么处置？如果诛杀，则同罪异罚，他必定不服；如果释而不问，那以后个个都只保自身安全，不去奋勇杀敌！愿陛下割舍不忍之恩，依法处理，让将帅有所惩戒。”过了两天，皇帝罢免吐突承璀中尉职务，降为军器使（兵工厂厂长）。朝廷及地方，一致庆贺。

**17** 裴垍中风，皇帝非常痛惜，问候的宦官在路上一个接一个。

**18** 九月二十九日，任命太常卿权德舆为礼部尚书、同平章事。

**19** 义武节度使张茂昭请求任命人替代他，想要举族入朝。河北诸镇纷纷派人劝阻，张茂昭不听，前后四次上表。于是皇帝批准。任命左庶子任迪简为义武行军司马。张茂昭把易州、定州二州簿书和钥匙全部交给任迪简，派他的妻子儿女先行，说：“我不想让子孙被恶劣的风气所污染。”

张茂昭既去，冬，十月十一日，虞候杨伯玉作乱，囚禁任迪简。

十月十四日，义武将士共杀杨伯玉。兵马使张佐元又作乱，囚禁任迪简，任迪简乞请归朝。既而将士们又杀了张佐元，拥护任迪简主掌军务。时易定府库空竭，民间财富也早被搜刮一空，任迪简没有东西犒赏将士，于是煮了一些糙米饭，与士卒共食，在戟门下住了一个月。将士们感怀，共请任迪简还家睡觉，然后得以稳住自己的官位。皇帝命令以绫绢十万匹赏赐易定将士。

十月二十五日，任命任迪简为义武节度使。

十月二十七日，任命张茂昭为河中、慈、隰、晋、绛节度使，从行将校都拜官。

**【华杉讲透】**

张茂昭举家入朝，打破了河北诸镇父死子继、断绝朝贡的惯例，所以其他节度使纷纷阻止。任迪简到任之后，两次被变兵囚禁，可见改邪归正之难，所幸任迪简运气好，也会做人，最终稳住局面，义武成为朝廷任命的藩镇。

皇帝对张茂昭的奖赏，是任命他为河中节度使。但他是真不想干了。有人辞官归故里，有人漏夜赶科场，张茂昭现在只想回京师享受清闲生活。

**20** 右金吾大将军伊慎以钱三万缗贿赂右军中尉第五从直，求任河中节度使。第五从直担心事情泄露，奏报皇帝。十一月三日，贬伊慎为右卫将军，连坐处死者三人。

当初，伊慎从安州入朝，留他的儿子伊宥主掌留守事务，于是朝廷任命伊宥为安州刺史，而未能清除伊家势力。正巧伊宥的母亲在长安去世，伊宥贪图手中兵权，不按时发丧。鄂岳观察使郗士美派僚属以其他事经过其境，伊宥出迎，使者告诉他母丧凶讯，事先准备好篮舆，即日送他启程奔丧。

**21** 十一月七日，会王李纁薨逝。

**22** 十一月十三日，任命前河中节度使王锷为河东节度使。皇帝左右收受王锷丰厚贿赂，多称誉他，皇帝命王锷兼同平章事，李藩坚决反对。权德舆说："宰相不是按部就班就能当上的官。唐兴以来，方镇不是大忠大勋，就是飞扬跋扈，朝廷不得已而加授给他。如今王锷既无忠勋，朝廷又非不得已，为什么急于把这么大的名位给他呢！"于是皇帝停止。

王锷有吏才，擅长修葺城郭，聚集粮食，凝聚部众。范希朝以河东全军出屯河北，消耗很大。王锷到镇之初，兵不满三万人，马不过六百匹，一年之后，兵至五万人，马有五千匹，器械精利，仓库充实，又向皇帝进献家财三十万缗，皇帝又想加授王锷为同平章事。李绛进谏说："王锷在太原，虽然颇有绩效，如今因献家财而任命他，后世怎么看！"于是皇帝停止。

**23** 中书侍郎、同平章事裴垍数次因病请求辞位。十一月二十三日，罢为兵部尚书。

**24** 十二月十二日，张茂昭入朝，申请将埋葬在定州的祖父和父亲的骨骸迁葬于京兆。

**25** 十二月十六日，任命御史中丞吕元膺为鄂岳观察使。吕元膺曾经想要在夜里登上城墙，门已锁，守门人拒绝开门。左右说："这是中丞大人。"守门人回答说："夜里难辨真伪，即使是中丞也不行。"于是吕元膺回去。第二天，将守门人擢升为重职。

**26** 翰林学士、司勋郎中李绛向皇帝当面陈述吐突承璀专横，语气极为恳切。皇帝改变神色说："卿的话太过了！"李绛哭泣说："陛下把臣放在腹心耳目之地，如果臣畏避左右，爱惜自身安全，而不肯直言，那是臣辜负陛下；如果臣直言不讳，而陛下厌恶听闻，那是陛下辜负臣。"皇帝怒气消解，说："卿所说的，都是别人所不能说的，让朕听到在别的地方听不到的，真是忠臣！以后卿有话尽管说，就像今天这样。”

十二月二十三日，任命李绛为中书舍人，翰林学士如故。

李绛曾经从容谏止皇帝聚敛钱财，皇帝说：“如今两河数十州，都是国家政令所不及，河、湟数千里，沦于蛮夷之手，朕日夜思雪祖宗之耻，而财力不足，所以不得不蓄聚而已。不然，朕宫中用度极为俭薄，有那么多钱做什么呢！”

## 元和六年（公元811年）

**1** 春，正月九日，任命彰义留后吴少阳为节度使。

**2** 正月二十五日，任命前淮南节度使李吉甫为中书侍郎，同平章事。

二月七日，宰相李藩免职，转任太子詹事。

**3** 二月二十四日，忻王李造薨逝。

**4** 宦官厌恶李绛在翰林院，把他排挤出去，任命为专职户部侍郎。皇帝问李绛：“按过去的惯例，户部侍郎都要向皇帝进献盈余，唯独卿没有进献，为何？”李绛回答说：“地方官员在当地苛征厚敛，进献皇帝，换取对自己的恩宠，天下人尚且非议。何况户部所掌，本来就是国家财政，是陛下府库之物，出纳都有账目，怎么会有‘盈余’！如果把国库的钱输送到宫库，当成进奉，那不就是从东库移到西库，臣不敢继续做这种坏事。”皇帝嘉许他的正直，更加敬重他。

**5** 乙巳（二月无此日），皇帝问宰相：“为政宽猛，以何为先？”权德舆回答说：“秦以惨刻而亡，汉以宽大而兴。太宗观《明堂图》，禁止杖打人的背部，所以自安史以来，屡有悖逆之臣，都接连自取灭亡，这是祖宗仁政结于人心，人们不能忘怀的缘故。如此，则宽猛之先后可见。”皇帝欣赏他的话。

**6** 夏，四月四日，任命兵部尚书裴垍为太子宾客，是因为李吉甫厌恶他。

**7** 四月六日，任命刑部侍郎、盐铁转运使卢坦为户部侍郎、判度支。有人告发说，泗州刺史薛謇为代北水运使，曾经得到一匹奇马，没有进献皇帝。事情交到度支处理，派巡官前往查验，还没回来，皇帝认为太慢，又派宦官刘泰昕前去调查。卢坦说：“陛下既然已经派有司查验，又派宦官去，岂是大臣不如宦官可信吗！臣请先受黜免。”于是皇帝召刘泰昕回来。

**8** 五月，前行营粮料使于皋谟、董溪被查出贪污数千缗，皇帝敕令免死，于皋谟流放春州，董溪流放封州。走到潭州，都追派宦官赐死。权德舆上言，认为：“于皋谟等罪当死，陛下把他们在刑场公开处决，谁不惧法！不应当已经赦免了，又杀掉他们。”董溪，是董晋之子。

**9** 五月七日，任命金吾大将军李惟简为凤翔节度使。陇州地与吐蕃相接，以前经常朝夕相互窥伺，更攻入对方境内抢掠，人人不得休息。李惟简认为边将应谨慎守备，积蓄财谷以待敌，不应当看见一点小利，就起事盗恩，于是禁止妄入吐蕃境内。又购买耕牛，铸造农器，供给无力自备的农民，增加开垦田地数十万亩。又遇上连年丰收，公私有余，商贩卖到其他地方。

**【华杉讲透】**

## 边境应追求相安无事而非捷报频传

李惟简是个好边将。边境应该相安无事，而不是“捷报频传”。李惟简认为边将不应该“起事盗恩”，这四个字用得好！起事就是挑事，盗恩就是盗取朝廷的恩宠。本来平安无事，你攻进去杀对方几个人，抢一点东西，就有了战功，要晋升官爵，朝廷费钱，百姓遭殃，实在是为害一方，哪里有什么功劳！

不赏边功防黩武，就是这个意思。

**10** 赐振武节度使阿跌光进姓李氏。

**11** 六月四日，李吉甫上奏：“自汉至隋，共有十三个王朝，官员之多，都没有超过现在的。天宝年以后，中原地区驻扎的军队，列在军籍中可计算的，有八十余万人，其余为商贾、僧人、道士等不从事农耕的，占全国人口十分之五六，所以，这是常以十分之三劳筋苦骨的农民，来供奉十分之七坐待穿衣吃饭之徒。如今京师及地方官员，靠税钱给薪俸的不下一万人，全国一千三百余县，有很多以一县之地为州，以一乡之民而为县，请敕令有司详加审定，撤销一些州县编制，吏员可省则省，州县可并则并，入仕之途可减则减。又，国家旧章，是依照官员品级制定薪俸标准，一品官月俸钱三十缗，职田禄米不过一千斛。艰难以来，增加各种‘使’职，厚给俸钱，大历年间，权臣月俸到九千缗，州无论大小，刺史都给一千缗。常兖为相，才开始设立限约，李泌又根据工作繁重程度，随事增加，当时认为合乎实际，现在自然也难以减削。但是，也存在一些情况，有的官位名义还在，而职事已经废除；有的官位名义都已撤销，而薪俸预算还在，繁重与清闲之间，厚薄差异很大。请敕令有司详细考查薪俸及津贴，量定以闻。”于是皇帝命给事中段平仲、中书舍人韦贯之、兵部侍郎许孟容、户部侍郎李绛共同详定。

**12** 秋，九月，富平人梁悦报父仇，杀秦杲，到县府自首请罪。皇帝敕令：“复仇，按《礼经》，不共戴天；按法令，则杀人者死。礼、法二事，都是王教之大端，当两者冲突，就需要论辩，宜令都省集议，听奏结论。”职方员外郎韩愈认为：“法律没有复仇条款，并非缺陷，而是因为不许复仇，则伤孝子之心而有违先王之训；允许复仇，则人们将有恃无恐，自专杀人，无法禁止。所以圣人反复在经典中叮咛其义，而在法律上却不设条文，其用意，就是让法吏能按法律断案，而经术之士能引经据典而议论。应该下制说：‘凡复父仇者，事发，由尚书省集议奏闻，酌情处理。’这样，对经典和法律都没有违背。”

皇帝下敕：“梁悦杖打一百棍，流放循州。”

**13** 九月二十二日，吏部奏报，依照皇帝敕令，裁减朝廷和地方官员共计八百零八人，诸司九品以下官吏一千七百六十九人。

**14** 黔州大水，毁坏城郭，观察使窦群征发溪洞蛮人抢修。督役太急，于是辰、溆二州蛮人造反，窦群讨伐，不能平定。九月二十六日，贬窦群为开州刺史。

## 宪宗贬谪吐突承璀

**15** 冬，十一月，弓箭库使刘希光收受羽林大将军孙璹贿赂钱二万缗，为他寻求方镇节度使职务，事情被察觉，赐死。事情牵连到左卫上将军、知内侍省事吐突承璀，十一月五日，贬吐突承璀为淮南监军。皇帝问李绛：“朕把吐突承璀驱逐出去，怎么样？”李绛回答说：“外面的人想不到陛下突然能这样果断处置。”皇帝说：“他是我的家奴而已，之前因为驱使他时间很久，所以假以恩私；如果有违法乱纪的事，朕去之轻如一毛！”

**16** 十六宅诸王全都不出宫，他们的女儿也不能按时出嫁，选女婿都由宦官进行，很多人都丰厚地贿赂宦官，以求早日许配。李吉甫上言：“自古以来，公主下嫁，都必定要选择合适的人，唯独近世不然。”

十二月十一日，皇帝下诏封恩王等人的六个女儿为县主，委托中书、门下、宗正、吏部选门第、人品、才能相称的人下嫁。

**17** 十二月二十八日，任命户部侍郎李绛为中书侍郎、同平章事。李吉甫为相，打击报复很多跟他有旧怨的人，皇帝也颇为知道，所以擢升李绛为相。李吉甫善于逢迎上意，而李绛耿直，数次在皇帝面前争论；皇帝多半认同李绛而听从他的话，由此二人有了矛盾。

**18** 闰十二月一日，黔州上奏：辰州、溆州贼帅张伯靖入寇播州、费州。

**19** 试太子通事舍人李涉知道皇帝对吐突承璀的恩宠并未衰退，于是撰写奏章，投入匭（武则天创立的铜柜意见箱）中，称："吐突承璀有功，刘希光无罪。吐突承璀长期被委为皇上心腹，不宜轻率抛弃。"知匭使、谏议大夫孔戣见了奏章副本，严厉斥责，不接受。于是李涉通过行贿，到光顺门呈递。孔戣听闻，上疏极言："李涉奸险欺天，应该公开处刑。"

闰十二月十八日，贬李涉为峡州司仓。李涉，是李渤的哥哥；孔戣，是孔巢父的儿子。

## 太子李宁薨逝

**20** 闰十二月二十一日，惠昭太子李宁薨逝。

**21** 本年，全国大丰收，有的地方一斗米价格低到只有二钱。

## 元和七年（公元812年）

**1** 春，正月十一日，任命京兆尹元义方为鄜坊观察使。

当初，元义方媚事吐突承璀，李吉甫想要投靠吐突承璀，擢升元义方为京兆尹。李绛厌恶元义方为人，把他外放出京。元义方入宫谢恩，借机对皇帝说：“李绛结党营私，偏袒他的同年许季同，任命为京兆少尹，把臣外放到鄜坊，是他擅作威福，欺罔陛下。”皇帝说：“朕知道李绛不是这样的人。明天我直接问他。”元义方惶愧而出。

第二天，皇帝诘问李绛说：“人对于同年有感情吗？”李绛回答说：“同年，是四海九州之人偶尔同科及第，或者登科之后相识，能有什么感情！况且陛下不以臣愚昧，备位宰相，宰相的职责在于量才授任，如果其人果有才能，就算是在自己的兄弟子侄之中也要用他，何况同年！为了避免自己的嫌疑，而放弃人才，这是为自保，而不是为公。”皇帝说：“善，朕知道卿必定不会如此。”于是催促元义方马上赴任。

**2** 振武黄河决堤，冲毁东受降城。

**3** 三月二十八日，皇帝登延英殿，李吉甫上言：“天下已经太平，陛下应该及时行乐。”李绛说：“汉文帝时兵器都是木头做的，家家富足，贾谊尚且认为犹如在木柴堆下放了火种，不能叫作平安。如今国家法令所不能统治的，还有河南、河北五十余州。周边蛮夷部落，近接泾、陇，烽火频繁。加上水灾旱灾不时发生，仓廪空虚，这正是陛下日夜操劳之时，岂能说已经太平，要及时行乐呢！”皇帝欣然说：“卿的话正合朕意。”退朝之后，他对左右说：“李吉甫专为谄媚取悦，像李绛这样，才是真宰相！”

皇帝曾经问宰相：“贞元年间政事治理不佳，为何至此？”李吉甫回答说：“德宗自认为圣智，一切自己决策，不信宰相而信其他人，于是让奸臣得以乘机作威作福。政事不理，就是这个缘故。”皇帝说：“这也未必都是德宗之过。朕幼年在德宗左右，见事有得失，当时宰相也没有再三执奏的，都只顾自己的禄位，苟且偷安，现在怎么能都归咎于德宗呢！你们应该以此为戒，事情有做得不对的，应当力陈不已，不要畏惧朕的谴怒而停止。”

李吉甫曾经说：“人臣不应当强谏，让君悦臣安，不也很好吗！”李绛说：“人臣应当犯颜直谏，苦口婆心，指陈皇帝得失，如果陷君于行恶，岂能说是忠臣！”皇帝说：“李绛说得对。”

李吉甫到中书省，每日高卧，不理政事，只是长吁短叹而已。李绛有时长时间没有进谏，皇帝就诘问他说：“岂是朕不能包容接受吗，还是你真的无事可谏？”

李吉甫又对皇帝说：“赏罚，是人主的两大权柄，不可偏废。陛下继位以来，恩惠已经很深，而威刑未振，朝廷内外懈惰，建议加严以振威。”皇帝回头问李绛说：“如何？”李绛回答说：“王者之政，尚德不尚刑，岂可舍弃成、康、文、景，而效法秦始皇父子呢！”皇帝说：“对。”后来过了十几天，于頔入宫问对，也劝皇帝严刑峻法。又过了几天，皇帝对宰相说：“于頔是大奸臣，劝朕严刑峻法，你们知道他什么意思吗？”宰相们都回答说：“不知道。”皇帝说：“他这是想要让朕失人心罢了。”李吉甫失色，退朝之后，一整天都低着头，面无笑容。

**【华杉讲透】**

这一段婆婆妈妈，像小孩子过家家一样，令人绝望。李吉甫的及时行乐说，莫名其妙，如果说他跟赵高劝秦二世享乐一样，是为了蒙蔽皇帝，自己独揽大权，那么宪宗没有胡亥那么蠢，他也没有赵高的环境条件。至于赏罚不可偏废，恩威并施，宽严相济，本是正常讨论，如果说于頔认为应该严刑峻法，就是包藏祸心，故意让皇帝失去天下人心，那皇帝也想得太多了，难怪吓着李吉甫。

再说，李吉甫一会儿要皇帝及时享乐，一会儿又要皇帝整肃朝纲，前后逻辑不一致，可见他也没有一以贯之的思想，只是一会儿显示他对皇帝个人的关心，一会儿又要表现自己对国家的忧虑，要弄口舌罢了，还没有表现好！

勤政还是享乐，进谏还是逢迎，宽厚还是威刑，几千年就这点事儿，来回打转。

**4** 夏，四月二十九日，任命库部郎中、翰林学士崔群为中书舍人，翰林学士职务保留如故。皇帝嘉许崔群的忠直，命令翰林学士："自今往后，奏事必须有崔群连署，然后进呈。"崔群说："翰林院的一举一动都会成为惯例。如果这样，后来万一有阿媚之人做了翰林院长官，在下位的人直言就无从进呈了。"坚决不奉诏。他上了三次奏章，皇帝才听从。

**【华杉讲透】**

## 做任何事都要看到后果

做任何事情，都要往后看几步，不要只看眼前。皇帝只看到眼前，崔群则看到后果。

**5** 五月三日，皇帝对宰相们说："你们多次说淮、浙去年水灾、旱灾，最近有御史从那边回来，说不至于为灾，事情究竟如何？"李绛回答说："臣考察淮南、浙西、浙东上奏的情况，都说水旱成灾，人多流亡，请求设法招抚，看他们的意思，都是害怕朝廷怪罪他们，岂肯无灾而妄言有灾呢！这都是御史想要以奸谀之词取悦皇上而已，希望陛下把御史的名字告诉我，依法惩治。"皇帝说："卿说得对。国以人为本，听闻有灾就当立即救济，岂能还怀疑呢！朕刚才欠考虑，失言了。"遂命令立即免除灾区租赋。

皇帝曾经与宰相论治道于延英殿，天色已晚，又炎热，汗透御服，宰相们怕皇帝疲倦，求退。皇帝留他们说："朕回到禁中，相处的只有宫女、宦官而已，所以乐意与卿等共谈为政之要，完全不觉得疲倦。"

**6** 六月七日，司徒、同平章事杜佑以太保身份退休。

## 立李宥为太子，更名李恒

**7** 秋，七月十九日，册立遂王李宥为太子，更名为李恒。李恒，是郭贵妃之子。诸姬的儿子、澧王李宽，年长于李恒。皇帝将立李恒，命崔群为李宽草写让表。崔群说：“把自己该得的东西给别人，那叫作‘让’。遂王本来是嫡子，李宽有什么让的呢！”于是皇帝停止。

**8** 八月十二日，魏博节度使田季安薨逝。

当初，田季安娶洺州刺史元谊的女儿，生下儿子田怀谏，为魏博节度副使。牙内兵马使田兴，是田庭玠之子，有勇力，颇读书，性格恭谨谦逊。田季安淫暴，田兴数次规谏，军中都依赖他的保护。田季安认为他收买人心，把他外放为临清镇将，想要杀掉他。田兴假装得了风痹症，艾灸的伤疤灼满全身，才得以逃脱。田季安中风，杀戮无度，军政废乱。夫人元氏召诸将立田怀谏为副大使，知军务，时年十一岁。把田季安迁到别的寝室，一个多月后薨逝。召田兴为步射都知兵马使。

八月二十五日，朝廷任命左龙武大将军薛平为郑滑节度使，想要借此控制魏博。皇帝与宰相们商议魏博之事，李吉甫建议兴兵讨伐，李绛认为不必用兵，魏博自己就会归顺朝廷。李吉甫竭力陈述不可不用兵的理由，皇帝说：“朕的意思也是这样。”李绛说：“臣私底下观察两河藩镇之中，那些最飞扬跋扈的节度使，都把兵权分散给诸将，而不是集中在一个人，是因为担心他权任太重，乘机图谋自己。诸将势均力敌，谁也制服不了谁，如果想要联合其他人，则众心不同，阴谋必定泄露；单独发动兵变，则兵少力微，势必不成。加上悬赏很高，刑诛又很严峻，所以诸将互相顾忌，不敢先发，节度使们都认为这是好办法。但是，在臣看来，如果主帅严明，能控制诸将的命门，那大略还能巩固局面。如今田怀谏只是一个乳臭小子，不能自己做主，军府大权必须有所归属，诸将厚薄不均，怨怒必起，互相不服，那么，之前分散兵权之策，正足以成为今日祸乱之阶。田氏不被屠杀，就要全数成为俘囚了，不需要麻烦朝廷出兵！魏博如果有列将自起代任主帅，邻道其他节度使最厌恶的，莫过于此。他如果不倚靠朝廷的援助以自存，则立即被邻道所粉碎。所以，臣认为不必用兵，坐等魏博归顺就可以了。但愿陛下按兵养威，严敕诸道选练士马，等待诏令。而且故意让魏博知道消息，如此不过数月，魏博军中必有自效于朝廷的人。到那时候，只要朝廷应对敏速，抓住机会，不惜爵禄赏赐其人，让两河藩镇听闻，担心他们自己麾下有人效仿以取朝廷之赏，必定都心怀恐惧，争相表现恭顺。此就是不战而屈人兵的办法。”皇帝说：“善！”

又一天，李吉甫再次在延英殿盛陈用兵之利，并且说粮草金帛都已有备。皇帝回头问李绛，李绛回答说：“兵不可轻动。前年征讨恒州，四面发兵二十万，又发两神策兵从京师奔赴战场，天下骚动，所费七百万余缗，最终无功而返，为天下所耻笑。如今疮痍未复，人们都害怕战争，如果又以敕命驱使，臣恐怕不仅无功，或许还会生出其他变故。何况魏博不必用兵，形势很明白，希望陛下不要再怀疑。”皇帝挺身拍案说：“朕不用兵，已经决定了。”李绛说：“陛下虽然这么说，恐怕退朝之后，又有荧惑圣听的人。”皇帝正色厉声曰：“朕志已决，谁能蛊惑！”于是李绛拜贺说：“这是社稷之福啊。”

既而田怀谏幼弱，军政都由家僮蒋士则裁决，多次以自己爱憎撤换诸将，众将都很愤怒。朝廷诏命久未送达，军中不安。田兴早上进入军府，士卒数千人大声鼓噪，围着田兴下拜，请求他担任留后。田兴惊骇，扑倒在地上，众人不肯散去。过了很久，田兴知道无法摆脱，于是对众人说：“你们肯听我一句话吗！”士卒们都说：“听命！”田兴说：“不要伤害副大使，遵守朝廷法令，申报军民户口，请朝廷任命官吏，这之后就可以。”士卒们都说：“诺。”于是田兴杀蒋士则等十余人，把田怀谏迁到军府外居住。

# 华与华文库

## 超级符号序列

**《超级符号就是超级创意》**
席卷中国市场20年的华与华战略营销创意方法

**《超级符号原理》**
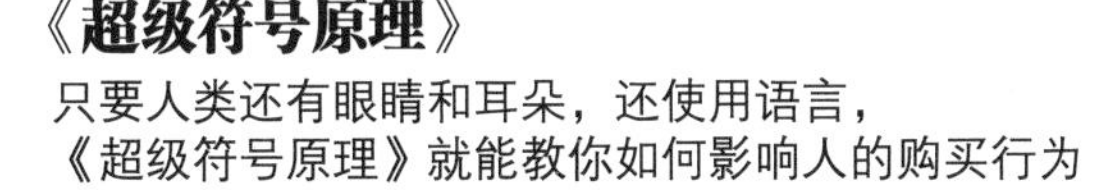
只要人类还有眼睛和耳朵，还使用语言，
《超级符号原理》就能教你如何影响人的购买行为

**《华与华使用说明书》**
不投标！不比稿！
100%精力服务现有客户，长期坚持就会客如云来

**《华与华正道》**
走正道，很轻松，一生坚持必成功

**《华与华方法》**
企业经营少走弯路、少犯错误的九大原理

**《华与华超级符号案例集》**
同一个创意套路诞生上百个经典案例，
20年来不断颠覆中国各个行业

**《华与华超级符号案例全史》**
全面收录华与华20年来155个案例，无遗漏、无隐藏、
无秘密讲透如何用超级符号打造超级品牌！

**《华与华文库之设计的目的》**
品牌设计、门头设计、包装设计、广告设计、海报设计
都服务于同一目的，就是卖货！立刻卖！持续卖！一直卖！
这需要目标明确的系统性设计解决方案！

**《华与华文库之包装设计的目的》**
好的包装会自己销售自己，
详解华与华27个放上货架就大卖的经典包装设计

# 国学智慧序列

## 《华杉讲透〈孙子兵法〉》

通俗通透解读经典战例，
逐字逐句讲透兵法原意！

## 《华杉讲透〈论语〉（全2册）》

逐字逐句讲透《论语》原意，带你重返孔子讲学现场！

## 《华杉讲透〈孟子〉》

逐字逐句讲透《孟子》原意，无需半点古文基础，
直抵2500年儒学源头！

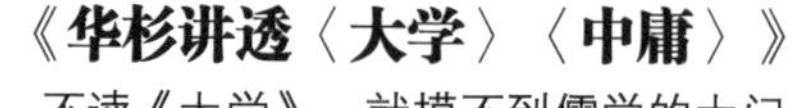

## 《华杉讲透〈大学〉〈中庸〉》

不读《大学》，就摸不到儒学的大门；
不读《中庸》，就到不了儒学的高峰！
逐字逐句讲透《大学》《中庸》，由浅入深领悟儒家智慧！

## 《华杉讲透王阳明〈传习录〉》

逐字逐句讲透《传习录》，无需半点古文基础，
从源头读懂阳明心学。

## 《华杉讲透〈资治通鉴〉》

通篇大白话，拿起来你就放不下；
古人真智慧，说不定你一看就会。

## 《牢记〈孙子兵法〉口诀》

牢记99句《孙子兵法》口诀，你就能立人生于不败之地！

# 激发个人成长

多年以来，千千万万有经验的读者，都会定期查看熊猫君家的最新书目，挑选满足自己成长需求的新书。

读客图书以“激发个人成长”为使命，在以下三个方面为您精选优质图书：

## 1. 精神成长

熊猫君家精彩绝伦的小说文库和人文类图书，帮助你成为永远充满梦想、勇气和爱的人！

## 2. 知识结构成长

熊猫君家的历史类、社科类图书，帮助你了解从宇宙诞生、文明演变直至今日世界之形成的方方面面。

## 3. 工作技能成长

熊猫君家的经管类、家教类图书，指引你更好地工作、更有效率地生活，减少人生中的烦恼。

每一本读客图书都轻松好读，精彩绝伦，充满无穷阅读乐趣！